사성제는 수행의 시작이자 중간이고 끝이다

부처님께 깨달음의 길을 묻다

전법륜경 강기 轉法輪經講記

담마디파Dhammadipa 스님 강의

도영 스님 편역

일러두기

1. 이 책은 파아 옥 선사의 제자인 담마디파 스님께서 대만의 향광니중香光尼衆 불학원佛學院에서 강연한 것을 채록하여 책으로 펴낸 「사성제와 수행의 관계, 전법륜경 강기(四聖諦與修行的關係 ; 《轉法輪經》講記」(2003년)를 텍스트로 삼았다.

2. 텍스트에서는 부록에 『전법륜경』 경문과 담마디파 스님의 몇 가지 법문을 실었으나, 편역자는 『전법륜경』에 대한 체계적인 연구를 위해 『전법륜경』 네 가지 역본의 경문과 세친 보살의 『전법륜경 우바제사』를 번역하여 실었다.

3. 각주에 있는 세친보살의 『아비달마구사론阿毗達磨俱舍論』의 한글번역은 권오민 교수가 역주한 『아비달마구사론(阿毘達磨俱舍論)』, (동국역경원)을 참조하였다.

추천의 글

사성제四聖諦와 수행修行

2002년 겨울 향광니중香光尼眾 불학원佛學院에서는 성공(性空; 담마디파) 스님을 초빙하여 불학원에 오셔서 「사성제와 수행의 관계」를 특별주제로 강좌를 열어주시길 청하였습니다. 사성제四聖諦를 불교의 근본교의根本教義로 하는 교재는 매우 많으나, 스님께서는 남전 『전법륜경轉法輪經』을 틀로 삼아 북전의 『아비달마구사론阿毗達磨俱舍論』의 관점에 비추어 강의하셨습니다. 이것이 바로 본서의 주요내용입니다.

『전법륜경』은 부처님께서 성도成道하신 후 다섯 비구를 대상으로 수차례 설법하신 내용을 결집한 경전입니다. 부처님께서는 당신이 증오證悟하신 사성제의 심수(心髓 ; 정수)를 다섯 비구에게 전수하여 주셨습니다. 다섯 비구는 법을 들은 후, 한 분 한 분 아라한과阿羅漢果를 개오開悟 증득하였습니다. 오늘 강의교본은 빨리어 『상윳따닛까야 ; 상응부경전相應部經典』「전법륜품轉法輪品 · 여래소설일如來所說一」의 제1소경입니다. 이 경에 들어 있는 내용은

(1) 중도中道 즉 팔정도八正道의 설명

(2) 사성제의 설명

(3) 사성제의 삼전십이행상三轉十二行相

입니다. 교진여 등 다섯 비구가 차례로 법안정法眼淨[1]을 얻는 내용이 이 경전에 서술되어 있습니다.

일본학자 미즈노 고오겐(水野弘元)의 고증에 의거해서 광의의 『전법륜경』을 그것이 속하는 문헌의 종류에 따라 구분하면

(1) 『아함경』에 들어있는 「전법륜경」으로 3종이 있고,

(2) 단행본으로 유통되는 『전법륜경』으로 5종이 있고,

(3) 『율장律藏』에 들어있는 「전법륜경」으로 6종이 있고,

(4) 불전문학에 수록되어 있는 『전법륜경』으로 6종이 있고,

(5) 기타 문헌에 인용되는 『전법륜경』으로 3종이 있습니다.

이상에서 열거한 총 23종의 경문은 비록 서로 길이와 순서에 있어 차이가 있을지라도 본경이 전해지는 가운데 문헌 종류가 이처럼 많았던 것은 그만큼 이 경전이 상당히 중시되었음을 알 수 있습니다.

사성제 수행은 하나의 과정이지만 사성제의 증오證悟는 알고 보면 즉각적인 현관(現觀 ; 즉각적인 통찰)입니다. 사성제를 현관하여, 번뇌가 끊어짐을 두루 알고(斷遍知), 먼지와 때를 멀리 여위어(遠塵離垢) 법안정을 얻어서 수다원과須陀洹果를 증득하거나 애욕이 다한 아라한과를 증득하는 것은 모두 다 사성제의 수행과정입니다. 그래서 사성제는 이미 수도修道의 시작이자 중간이며 끝입니다. 스님께서는 이와 같이 해석하셨습니다.

---

1) 교법을 듣고 능히 진리를 보는 것. 소승은 초과初果에서 사성제의 진리를 보며 대승은 초지初地에서 무생법인無生法忍을 얻는 것을 말함.

저는 사성제 과정을 분명히 이해하는 것이 바로 수도의 과정이고, 지관止觀의 과정이며, 계속 이어져서 끊어짐이 없는 하나의 과정이라고 생각합니다. 당연히 여기서 말한 "분명한 이해(了解)"는 학문이 매우 깊다는 뜻입니다. 부처님께서는 『잡아함경雜阿含經 · 391경』에서 "사성제에 대해 여실히 알지 못하면 사문沙門의 수數에 들어가지 못하고, 사성제에 대해 알면 사문의 수에 들어간다."고 말씀하셨습니다. 이로써 사성제를 "분명히 이해"하는 것이 수행의 시작이자 중간이며 끝임을 알 수 있습니다. 우리는 수행자이자 부처님의 제자임을 잊지 말아야 됩니다.

성공 스님께서는 체코 출신 비구로 일찍 북전 불교국가와 남전 불교국가에서 수학하시면서 북전불교와 남전불교의 수행법을 깊이 숙지하셨습니다. 중국어를 유창하게 말씀하시고, 불어로 『담사동譚嗣同의 인학仁學연구』를 번역하셨으며, 『입보살행론入菩薩行論』과 『대승기신론大乘起信論』에 주석을 다시고,[2] 체코 말로 강연도 하였습니다. 본서는 견개見愷 스님이 녹음한 원고를 정리하고 주석, 부록 등을 덧붙여 같이 도를 닦는 사람의 편의를

---

2) 성공법사性空法師는 1986年 일본으로 가서 하라다 세레이 로쉬(厚田禪師)를 따라 조동종을 수학하여 「성공」이란 법명을 얻었다. 1987年년 스리랑카에서 삭발 출가하여 나라마 마하테라(那攤拉瑪 大長老) 좌하에 의지하여 남전불교의 선법을 수습하고 「담마디파Dhammadipa」란 법명을 받았다. 1989년 로스앤젤레스 서래사西來寺에서 북전삼단대계北傳三壇大戒를 받았다. 1996년 미얀마로 건너가 당대 선수대덕禪修大德인 파아옥 사야도(帕奧禪師)를 친견하고 선법을 수습하였으며, 깊은 신임을 얻어 선사의 선법을 공개적으로 가르치라는 인가를 받았다. 10여 년 동안 성공스님은 구미 · 대만 · 중국 · 인도 및 동남아시아 각국 등 세계 각지에서 홍법 및 수행을 지도하고 있다. 이 밖에도 그는 불교논전을 체코어 및 프랑스어로 저술하고 번역하는데 힘썼다. 번역서로는 『대승기신론』, 『입보살행론』 및 『한산寒山 시집』이 있다. 그는 대만 지역에서 교학한 내용을 결집하여 중국어로 출판하였다. 저서로는 『수습사무량심 자비의 배양』, 『념처의 도-대념처경大念處經강기』, 『사성제와 수행의 관계-전법륜경 강기』, 『사무량심四無量心』과 『아비달마의 이론 및 실천』 등이 있다.

위해 깊이 연구한 결과물입니다. 성공 스님께서는 학술적으로 연구한 것이 아니라 수도와 실천을 통해 얻은 체험에 근거하여 여실하게 설법하셨습니다.

강연 기간 동안 저는 가능한 일상의 잡무를 내려놓고 수강할 수 있었습니다. 끝으로 이 책을 출간하기에 앞서 서문을 지으면서 저는 "여시아문如是我聞"의 자세로 수강하였고, 수강한 후에도 계속해서 노력하여 "신수봉행信受奉行"하겠다는 다짐을 말씀드리고 싶습니다.

오인悟因, 2003년 9월

들어가는 말

수행과 깨달음의 길

『전법륜경』은 부처님께서 설법하신 첫 번째 경전입니다. 상좌부上座部 전통에서는 이 경전은 가장 흔히 염송되는 경전 중의 하나로 불교에서 수습修習과 깨달음(覺悟)에 이르는 독특한 방법의 요의要義인 중도中道를 포함하고 있습니다. “중도”는 수행과 깨달음의 지름길이고, 감각적 향락과 무익한 고행의 두 가지 극단을 해탈하는 것입니다. 광의로 말하면 괴로움의 모든 층면을 멈추는(止息) 것을 말합니다. 그래서 불교 수행자에게 이 경전은 사성제를 이해함으로 생기는 지혜를 기초로 삼고, 그것을 근거로 수행을 지도하는 것입니다. 그것은 팔정도를 사무쳐 깨달아 경험으로 증명한 “법”의 내용을 포괄합니다. 팔정도는 열반으로 통하고 열반에 안온히 머무는 것으로, 즉 사유를 통하여 ‘나’와 ‘나의 것’이 해탈한 상태에 이르는 유일한 경로이자 중생으로 하여금 윤회를 따르는 그릇된 견해와 탐욕의 속박에서 해탈하는 길입니다.

만약 이 경전과 부처님께서 가르치는 “현관”의 뜻을 분명히 이해하려면 먼저 이 경전을 정성을 다해 잘 염송하고, 그 의취를 맛보아야만 합니다. 지혜의 발현을 위해서 남전 불교지역에서는 북전 불교지역에서 『반야바라밀다심경』을 염송하는 것처럼 길상한 날마다 이 경전을 염송하고 있습니다. 이 경전에 내포된 뜻은 너무나 풍부하여 항상 염송하고 읽으면 우리들로 하여금 새로운 견해를 발견하게 하고, 우리들이 이 경전의 가르침에 대해 보다 깊은 인식 및 체험을 생기도록 인도할 수 있습니다. 전통적으로 부처님께서 이 경전을 설법하신 교진여(꼰다냐, Koṇḍañña) · 발제가(밧디야, Bhaddiya) · 위발(왑빠, Vappa) · 마하나마(Mahānāma) · 아설시(아삿지, Assaji) - 이들 최초의 제자들은 부처님과 여러 생에 걸쳐 누겁의 인연관계가 있었을 것으로 여겨지고 있습니다. 그래서 그들은 부처님의 최초 제자가 되었고, 부처님께서는 과거 생애에 보살도菩薩道를 수학하는 동안 그들에게 여러 차례 수많은 도움을 주셨습니다. 예를 들면 부처님께서는 여러 차례 지혜를 보시하셨고, 심지어 그들의 목숨을 위해 자신의 몸을 보시하기까지 하셨습니다. 이로 말미암아 그들은 부처님에게 경건한 마음을 가졌고, 부처님께서는 이 경전을 통해 그들에게 심오한 법의法義를 분명히 이해하도록 인도하셨습니다.

오늘날처럼 대부분의 사람들이 불교교리에 대한 신앙과 신심이 모자란 시대에 『전법륜경』은 우리들 마음 깊숙히 기운을 북돋아서 우리들로 하여금 경건한 마음으로 정성 다해 봉헌하는 마음을 일으켜 그것을 학습하도록 이끌어 줍니다. 이 경전은 모든 중생들에게 강력한 이성의 관점에서 깨달음의 길을 해석하고, 나아가 깊고 간절한 종교정신으로 원만한 능력을 구족하여 더욱 더 높은 진리를 분명히 이해할 수 있음을 명백히 논술하였습니다. 이 경전은 진정한 불교도가 걸어가는 수행의 도에 속합니다. 그것은 가장 이성적인 사고 및 대법(對法)[3]의 보편성 및 해탈의 본질에 대한 깊은 신앙과 신심을 결합시킵니다.

이를 통해 세세생생 이미 깨달음에 이른 수행자들은 수행과 깨달음의 길에 대한 본질을 분명히 이해하였고, 모든 극단의 본질을 멀리 여의었습니

3) 아비담마(Abhidharma)를 말하며, 법(法) 즉 불타가 말한 교법에 대한 연구와 해석을 말한다.

다. 우리들이 어떤 종류의 법문을 추구하던지 상관없이 괴로움으로부터 해탈을 구하기 위해서는, 만약 불교도라면 자신의 수행과 부처님의 제일설법에서 열어 보이신 사성제와 팔정도를 결합시켜야만 합니다. 이 경전에서 열어 보인 사성제와 중도를 관조하는 방법은 모든 바른 알아차림(正念)의 공능功能을 함장하고 있습니다. 이는 시리즈로 강연할 『대념처경大念處經』에서 상세히 설명할 주제와 연관되어 있습니다. 『전법륜경』과 『대념처경』은 불법을 분명히 이해하는데 없어서는 안 되는 경전으로 우리들의 불법수학에서 필수적인 기초입니다.

성공性空, 2003년 9월

편역자의 말

이고득락離苦得樂의 길이 여기 있다

'무슨 일이든지 세 번 생각하고 행하라'는 말은 곧 삼전십이행(三轉十二行) 법문의 한 모습이라 생각합니다. 그러나 사성제를 한 번이 아닌 시전(示轉), 권전(勸轉), 증전(證轉)의 세 단계로 돌리며 무상, 고, 무아의 가르침을 일깨워 주고 계시는 부처님의 초전법륜에서 삼전십이행에 대한 심오한 가르침의 원리를 우리 불자들은 잘 모르고 있는 것 같습니다.

지혜의 씨앗이 사성제라면 중도, 곧 팔정도는 지혜의 잎과 꽃으로서 자비실천이라고 할 수 있겠지요. 그리고 무상, 고, 무아의 가르침은 곧 지혜와 자비실천의 보살도로서 '이고득락(離苦得樂)'의 참 의미를 드러내고자 한 것이 아닐까 합니다. 때문에 저는 '불교심리학이란 무엇인가?' 질문할 때, 불교심리학은 '지혜와 자비의 심리학'이라 감히 주장하고 있습니다.

특히 제가 이 책에 관심을 두었던 것은 초전법륜에서의 삼전십이행에 대한 가르침을 다루고 있었기 때문입니다.

부처님께서 녹야원에서 5명의 제자들에게 처음 설법을 하고 쿠쉬나가라에서 반열반(般涅槃)에 드실 때까지 45년 동안 설한 가르침은 고집멸도(苦集滅道) 4성제를 벗어나지 않습니다. 결국 모든 불교교리는 사성제에 다 포섭될 수 있을 정도로 가장 근본적인 가르침임을 알 수 있습니다.

이 책 〈전법륜경 강기〉는 이러한 사성제를 중심으로 중도로서의 팔정도를 설한 부처님 최초의 설법인 〈전법륜경〉을 해설한 책입니다. 세존의 가르침 중 가장 오래되고 가장 직설적인 법문인 〈전법륜경〉은 미얀마, 스리랑카를 비롯한 남방불교 국가의 불자들이라면 누구나 알고 외우는 경이기도 합니다. 위빠사나 수행전통이 잘 남아있는 미얀마의 경우, 거의 모든 도시와 마을에서 '전법륜경독송회'란 이름아래 불교단체들이 단체독경을 하고 또 그것을 경청할 정도입니다. 이 경이 세존의 첫 법문이기 때문에 불자들은 이 경을 존경과 외경의 마음으로 대하는 것입니다.

현재 〈전법륜경〉은 남북방 불교국가는 물론, 서구에서도 다양한 판본이 번역 · 출간되어 있습니다. 하지만, 정작 경에서 취해질 수 있는 실제적인 수행방법과 도과(道果)를 얻고자 하는 진지한 수행자가 그 방법을 어떻게 사용할 수 있는지를 명확하게 알려주는 저작은 거의 없습니다. 이런 점에서 〈전법륜경 강기〉는 경을 번역하고 용어를 풀이하는 한편, 남방과 북방의 교리적 · 수행적 관점을 비교분석해서 알기 쉽게 설명함으로써 수행에 실제적인 응용이 가능하도록 한 점이 장점이라 하겠습니다.

우리가 당면한 인류의 극단적 갈등과 위기를 호기로 바꿀 수 있는 지혜가 절실한 요즘, '나에게도 좋고 남에게도 좋은 공생의 길'은 사성제와 팔정도에 모두 들어있습니다. 그리고 이러한 중도의 고귀한 가르침과 수행법이 간직된 지혜의 보고(寶庫)가 바로 이 〈전법륜경〉입니다.

'원음(原音)불교의 소의경전이 바로 〈전법륜경〉이라면, 이 경의 줄기는 곧 중도로서의 팔정도이며, 팔정도의 핵심은 '사띠(sati: 마음챙김 · 알아차림)'라 할 수 있습니다. 우리는 이 책을 통해 '사띠'를 일상의 삶속에서 닦을 수 있는 방법을 얻어, 마침내 고통으로부터의 대자유를 실현하는 시절인연을 맞이할 것입니다.

이 책의 번역과 교정에 큰 도움을 주신 허만항 거사님과 흔쾌히 책을 발행해주신 도서출판 비움과소통 김성우 대표님께 깊은 감사의 말씀을 전합니다. 이 책과 인연 닿은 모든 분들이 '이고득락'하여 성불하시기를 발원합니다.

불기 2561년 부처님오신날에 도영 합장

목 차

추천 글 3

들어가는 말 7

엮은이의 말 10

제1장 서론 15

제2장 전법륜경을 설법한 인연 28

제3장 중도 36

제4장 고성제 50

제5장 집성제 70

제6장 멸성제 82

제7장 도성제 104

제8장 삼전법륜 130

제9장 사성제 맺음말 156

제10장 문답 요점정리 188

부록 1. 『전법륜경』 개요 206

부록 2. 『전법륜경』 4종 역본 경문

A. 아함경 전법륜경 212

B. 단행본 전법륜경 230

C. 율장 전법륜경 242

D. 불전문학 전법륜경 256

부록 3. 『전법륜경』 우바제사 264

전법륜경 강기 轉法輪經 講記

Dhammacakkapavattaṇa-Vagga Dutiya Tathāgateṇa Vutta

사성제四聖諦와 수행의 관계

담마디파Dhammadipa 스님 강의

도영 스님 옮김

제1장 서론

1. 불법의 간략한 변천사

현대사회를 살아가는 우리들은 무엇이 진정한 불법인지 학습하고, 분명히 이해해야 합니다. 열린 환경에서 낡은 불교 전통은 과감히 버려야 한다고 생각하지 말고, 전통적 방법을 어떻게 효과적으로 운영할 것인지 사고하여서 지나온 발자취와 현대생활의 새로운 결합을 향해 나아가야 합니다.

이곳에서 여러분들과 함께 『전법륜경』에 대해 깊이 검토할 수 있게 되어 너무나 기쁩니다. 저는 주로 남전불교[4]의 이론에 의거해서 해석할 것입니다. 왜냐하면 여러분들은 북전 대승불교의 계통에서 수학하고 있기 때문에 저는 개인적으로 북전의 경론에 대해 분명히 이해한 것과 몇몇 비교되는 면들을 소개할 것입니다. 저는 학술적인 면을 검토 연구하는 것이 아니라

---

4) 또는 남방불교 · 남전상좌부 · 소승불교라 부른다. 불교는 인도에서 발원하여 그 후 바깥으로 전파되면서 양대 주류로 나뉘어졌다. 스리랑카, 미얀마, 태국, 캄보디아, 라오스 등 동남아 일대로 전해진 것이 곧 남전불교南傳佛教이다. 이른바 남전불교는 주로 이상의 다섯 국가에 성행하였고, 실론 대사파大寺派로 전승된 상좌부불교를 말한다. 다른 주류는 중앙아시아를 경유하여 전해져 중국 · 한국 · 일본에 도달한 것이 북전 대승불교이다. 양대 주류의 가장 크게 다른 점은 남전불교의 삼장경전은 율장이 주를 이루고, 빨리어로 문서가 작성되어 있으며, 대개 남전불교도가 중요하게 실천한 까닭에 계율지상을 강조하여 장경에서는 성문승聲聞藏이라 총칭한다. 북전불교의 삼장경전은 경장을 우선하고, 범어로 문서를 작성하며, 장경에서는 보살승菩薩藏이라 총칭한다. 『불광佛光』「남전불교」, 3750페이지 참조.

여러분의 수행에 도움이 되길 희망합니다. 전통적 경험을 받아들여야 하기 때문에 우리는 약간 멀리서부터 말하기 시작할 것입니다. 부처님께서 열반하신 후 제자들이 불법을 전하는 과정에 경과 율에 편중되고 기타 몇 가지 요소 때문에 일미一味의 불교로부터 두 개의 부파로 분열되었고, 나중에 다시 분열되어 18부 혹은 20부파[5]가 되었습니다. 이들이 중국에 전해져서 8종 혹은 10종[6]으로 변화 발전되었습니다. 부파 중에는 일체유부(一切有部; Sabbattivāda)[7]의 영향이 가장 컸습니다. 석가(Sakya) 시대에 유부有部는 그 당시 국왕이 유부의 교의로 불법을 홍양弘揚하였기 때문에 "국왕의 철학"이라 불리었습니다. 유부의 발전은 당시 인도 서북부 지역인 구다라, 가습미라(Karsmīra)[8]를 중심으로 이루어졌고, 중앙아시아를 경유하여 중국에 전해졌습니다. 그리고 다른 한 쪽에서는 기원전 1세기 후반 대승불교가 점점 흥기하여 사방으로 전파되어, 중국에 전해졌습니다.

대승불교와 소승불교가 잇따라 중국에 전해져 시대를 따라 변화 발전되었습니다. 소승불교의 교의는 그 당시 배경아래 소승불교에 대한 분명한 이해가 갈수록 약해지면서 중국환경에서는 점점 더 받아들여지지 않게 되었습니다. 그렇지만 중국의 대승불교는 점점 더 일체유부의 중요학설을 사용하기 위해 이를 흡수하면서 천천히 일체유부의 교의는 중국 대승불교의

---

5) 인순印順, 『인도불교사상사』제1, 2장(대북시台北市 : 정문正聞, 민77년 2판)참조.

6) 8종은 율종律宗 · 삼론종三論宗 · 정토종淨土宗 · 선종禪宗 · 천태종天台宗 · 화엄종華嚴宗 · 법상종法相宗 · 밀종密宗이고 8종에다 성실종成實宗 · 구사종俱舍宗을 추가하여 10종이 있다.

7) 전체 명칭은 「근본설일체유부根本說一切有部」(mūlasarvastivadin)이다. 20부파 중의 하나로 삼세의 일체법이 모두 실제로 존재한다고 주장하여 「유부有部」라 일컫는다. 주6 참조.

8) 서북 인도에 위치, 건다라 지방의 동북부, 히말라야산 산기슭의 고대 국가 즉 한나라 시절 계빈罽賓이라 불림.

체계로 융합되어 들어갔습니다. 일부 북전의 불교학자들은 "일체유부"가 바로 "소승불교"라고 생각하여 남전불교의 내용과 일체유부를 같은 것으로 생각하였습니다. 경전 연구를 통하여 중국이나 일본에서 일부 스님과 학자들은 남전불교와 북전불교의 교의에 차이가 있고, 또한 남전불교와 일체유부의 견해에도 매우 큰 차이가 있음을 서서히 알게 됩니다. 이들 차이는 주로 각자 자신이 의지하는 아비달마(Abhidhamma)[9]가 다르다는데 기인합니다. 아비달마는 "경전"에 대한 철저한 설명과 깊이 있는 논술입니다. 그래서 각 부파의 아비달마 사이에 존재하는 차이를 분명히 이해하려면 반드시 **"경전"의 연구로 돌아가야** 비로소 남전 · 북전 불교의 다른 견해와 설명을 명확하게 알 수 있습니다.

일체유부의 아비달마는 모든 북전 아비달마의 기초이고, 대승불교의 특수한 기초입니다. 대승불교의 중요조건을 인식하면 아비달마 학문에 대해 분명히 이해할 뿐만 아니라 일체유부의 수행과정에 대해서도 분명히 이해할 수 있습니다. 제가 알기로는 북전의 아비달마는 "살아있는" 전통이 아니라 일종의 학문이고 지식일 따름입니다. 저는 북전의 아비달마는 본래 반드시 수행과 관계가 있었다고 믿습니다. 아비달마에서 논술하는 것은 수행 역정의 경계에 관한 것으로 이러한 현관現觀[10] 수행의 경계 안에 있는 것이므로 우리들은 반드시 이전 대덕들의 무루無漏 지혜 및 수도修道 경험에 의지해야 하고, 무엇이 깨달음(開悟)의 경계인지 분명히 이해해야 합니다. 그러나 오늘날 유부의 초기 수행방법이나 현관과정을 분명히 이해하려면 눈앞에

9) 불교성전 삼장 중의 하나로 경과 율과 합쳐서 삼장三藏이라 한다. 아비달마는 교법에 대한 연구 및 경장과 율장에 대한 논술이다. 부파불교의 시기에 각 부파는 모두 각자의 아비달마가 있었고 심오하고 번쇄한 철학적 이치를 깊이 연구하였다.

10) 현관(現觀 ; abhisamaya)은 무량지無漏智로 직접 진리를 경험하고 보리의 증과를 얻는(開悟證果) 과정이다. 빈틈없이 한결같음(無間等)이라 번역함.

직접 우리들을 가르치고 인도할 수 있는 스승님이 이미 계시지 않으므로 반드시 문헌자료에 근거하여 이를 분명히 이해하여야 합니다.

『구사론俱舍論』은 일체유부의 중요 교의를 귀납한 논서이지만, 범문『구사론』 주해에서 논주論主인 세친世親[11]은 일체유부 계통의 출신이 아니고 오히려 경량부經量部[12] 계통에 속한다는 사실을 알아야 합니다. 부파의 발전을 살펴보지 않아도 경량부가 일체유부의 삼장경三藏經에 의지하고 있기 때문에 우리들은 경량부와 일체유부의 관계가 긴밀하다고 알고 있습니다. 비록 세친이 경량부에 속한 학자일지라도 『구사론』을 저술한 것은 오히려 유부의 전통을 따라서 이들 자료를 안배하여 유부의 7부 중요 논서[13]의 내용을 귀납시켰을 따름입니다. 그래서 저는 이번 강연에서 수행 역정이나 현관 과정을 설명하면서 북전의 설법으로 일체유부를 들 때 주로 구사론을

11) 세친世親은 4~5세기 북인도인으로 무착無著의 동생이다. 설일체유부에 출가하였고 나중에 유부의 교의를 개선하여 경량부에 들어갔으며, 가습미라迦濕彌羅에서 『대비바사론大毘婆沙論』을 연구하였으며, 귀국한 후 중생들에게 강의를 하였고 또 『아비달마구사론阿毘達磨俱舍論』을 지었다. 처음에는 대승을 비난했으나 후에 전향하여 대승을 홍양하였다. 그가 쓴 논저와 주석서는 매우 많다. 중요한 저술로는 『구사론俱舍論』30권, 『유식삼십송唯識三十頌』, 『섭대승논석攝大乘論釋』15권 등의 40여종이 있다. 『불광佛光』「세친」, 1529페이지 참조.

12) 소승 20부파의 하나로 설일체유부에서 나뉘어져 나온 부파이다. 일체유부는 논서를 중시하였지만, 경량부는 경서를 중시하여 경을 정량正量이라 보아서 경량부라 일컫는다. 마음과 물질의 이원론을 세우고, 유부에서 주장한 만물실유설萬物實有說을 부정하고, 단지 사대四大와 마음만이 실재하며 사대와 마음으로 말미암아 중단없이 상속하는 생사만이 있다는 견해를 인정하였다. 『불광』「경량부」, 5555 페이지 참조.

13) 『집이문족론集異門足論』, 『법온족론法蘊足論』, 『시설족론施設足論』, 『식신족로識身足論』, 『계신족론界身足論』, 『품류족론品類足論』, 『발지론發智論』을 가리키고, 그 중에서 『발지론發智論』은 주로 일체유부의 교의를 설명하고 있어 「신론身論」이라고 부르며, 기타 6론은 「족론足論」이라고 한다.

위주로 설명하겠습니다.

2. 초전법륜初轉法輪

『전법륜경轉法輪經』14)은 부처님께서 성도하신 후 가르침을 열어 보이신 첫 번째 경전으로 그 대상은 다섯 명의 과거 도반이었고, 그 내용은 양변에 떨어지지 않는 중도中道 · 팔정도八正道 · 사성제四聖諦 세 가지에 중점을 두고 있습니다. 그중에서 가장 주되고 근본적인 내용으로 사성제를 설하였습니다. 싯다르타 태자는 출가한 후 끈기와 인내로 꿋꿋하게 각종 고행을 수련하였고, 이때 다섯 도반들도 그와 같이 수행하였습니다. 6년이 지나자 태자는 고행이 깨달음(證悟)의 길로 유도하는 것이 아니라 결국 자아를 학대하는 것에 불과함을 깨닫고 바로 고행을 중단하였습니다. 다섯 도반들은 태자가 더 이상 고행을 완성할 수가 없고 다시는 깨달음을 위해 노력하지 않을 것이라 오해하고, 바로 태자를 떠나서 이씨빠따나(仙人墮處)의 녹야원鹿野苑으로 가서 계속 수행하였습니다.

태자는 보리수 아래 금강좌 위에서 중도를 행하면서 생명의 진상眞相을 사유하였고, 12인연을 순관과 역관으로 관찰하였으며, 밤에 금성을 보고서 확연히 깨달아 성불하였습니다. 성불한 후 이전의 다섯 도반들이 사람들

14) 전법륜(轉法輪 ; Dhammacakka-pavattana)은 석존 일생 중 전부의 설법을 가리키지만, 『전법륜경轉法輪經』이라 불리는 경전은 석존이 제1차로 법륜을 굴린 것을 기록하여 바로 다섯 비구에게 최초로 설법을 한 경전이다. 불교도에게 이 최초의 설법은 처음으로 만나는 기념적인 사건의 하나라고 말할 만하다. 그래서 『전법륜경』은 후세에 널리 전해졌다. 지금 알려진 여러 부파의 『전법륜경』은 그 수가 많아서 23종에 달한다. 미즈노 고오겐(水野弘元) 저, 『불교문헌연구佛教文獻研究』(대북台北시 법고문화法鼓文化, 2000년), 293페이지 참조.

중에서 불법을 가장 먼저 사무쳐 깨닫게 될 무리임을 관찰하였습니다. 이 때문에 바로 녹야원으로 가서 그들에게 『전법륜경』을 열어 보이셨습니다. 다섯 도반이 법을 들은 후에 부처님을 따라 출가하였으니, 첫 번째 무리의 비구들로 이로써 삼보三寶[15]가 갖추어졌습니다.

『전법륜경』은 불교도에게 고도의 추앙을 받았고, 특히 남전불교 지역에서 그러합니다. 왜냐하면 이것은 부처님의 최초 설법이고, 모든 천인과 사람들이 이전에는 들어본 적이 없는 법으로 중도와 사성제를 말하고 있기 때문입니다. 부처님께서 49년 동안 설하신 법은 바로 사람들에게 중도를 실행에 옮기게 하고, 괴로움의 진리와 고통에서 해탈하는 방법을 분명히 이해하는 것입니다.

부처님께서 이 경전을 설하신 시간은 지금으로부터 2천여 년이 지났습니다. 시공간이 변천하여 생활환경이 엄청나게 변화되어 각종 인연조건이 달라졌지만, 번뇌의 본질은 한결같아서 바로 무상의 생멸로 인해 생기는 고통이 핍박하는 느낌과 실재하지 않는 듯한 느낌으로 말미암아 영원히 우리들이 원하는 대로 할 수 없습니다. 번뇌의 본질이 서로 같은 이상 오늘날 우리들도 깨달은 자의 지혜로써 중도를 실천하여 괴로움(苦)의 진제眞諦를 통찰하고, 고통에서 벗어나는 방법을 학습해야 할 것입니다.

3. 사성제의 중요성

사성제는 불교 교의의 정화精華로 그것은 불법을 분명히 이해하고 깨달음을

15) 불보佛寶는 석가모니불이고, 법보法寶는 사성제이며, 승보僧寶는 다섯 비구로 이들 세간삼보世間三寶를 구족하여 정법正法을 주지住持한다.

여는데 필요한 모든 것이 갖추어져 있습니다. 『코끼리 발자국에 비유한 큰 경(象跡喩大經)』16)에서 다음과 같이 설하고 있습니다.

"유정들이 걸어가며 땅 위에 남긴 발자국 보다 코끼리의 발자국이 크기 때문에 유정의 발자국이 코끼리의 발자국에 들어가 버리듯이, 사성제 또한 이와 같아서 일체 부처님의 교의가 그 속에 들어가 있다."

남·북전의 경전에서 사성제의 내용은 여러 가지 방식으로 상세히 논설되었습니다. 수많은 경전에서 부처님께서는 직간접적으로 법을 듣는 대중에게 사성제의 내용을 분명히 이해시키고 있습니다.

어느 날 부처님께서 마게국(摩竭國 ; 마가다국) 왕사성王舍城에서 신서림(申恕林 ; 시사파尸舍婆)에 머물러 계실 때, 나뭇잎을 몇 장 주워서 비구들에게 물으셨습니다.

"비구들이여! 너희들 생각은 어떠한가? 내 손안에 있는 나뭇잎이 많은가? 숲속에 있는 나뭇잎이 많은가?"

"세존이시여! 부처님의 손안에 있는 나뭇잎은 적지만, 숲속에 있는 나뭇잎은 많습니다."

"비구들이여! 마찬가지로 내가 깨달음(證悟)을 이루고서 설한 법은 손안에 있는 나뭇잎과 같다. 왜냐하면 법은 염리厭離·적멸寂滅·청정淸淨·각覺悟·열반涅槃으로 인도해 주기 때문이다. 숲속에 있는 나뭇잎처럼 내가 설한 법은 없다. 왜 설한 것이 없는가? 왜냐하면 저 법은 아무런 이익이

---

16) 남전에는 『코끼리 발자국에 비유한 큰 경(象跡喩大經)』(M028) 과 『코끼리 발자국에 비유한 작은 경(象跡喩小經)』(M027) 이 있고 북전에는 『코끼리 발자국에 비유한 경(象跡喩經)』이 있다. 『대정장』책1 , 항464。

없고, 고귀한 길을 걷는 삶에 아무런 이익을 주지 않으며, 염리·적멸·청정·각·열반으로 인도해 줄 수 없기 때문이다.

비구들이여! 나는 어떤 법을 설하였는가? 나는 말하였다. "이것은 고苦이다"·"이것은 고의 집(苦集)이다"·"이것은 고의 멸(苦滅)이다"·"이것은 고의 멸에 수순하는 길(順苦滅道)이다." 이것이 바로 내가 너희들에게 이미 말한 것이다.

비구들이여! 나는 왜 이들 법을 설하였는가? 왜냐하면 이 법은 확실히 이익이 있고, 고귀한 길을 걷는 삶에 이익을 주며, 염리·적멸·청정·각·열반으로 인도해 줄 수 있기 때문이다.[17)]

부처님께서는 지극히 높고 위없는 대의왕大醫王이십니다. 경전에서는 대의왕이 반드시 갖추어야 할 네 가지 조건을 설하고 있습니다. 즉 병을 잘 알아야 하고, 병의 원인을 잘 알아야 하며, 병의 치료법을 잘 알아야 하며, 병을 치료하였음을 알아야 합니다. 그러면 앞으로 다시는 병에 걸리지 않을 것입니다. 부처님의 사성제 설법은 대의왕이 병을 치료하는 이치와 같습니다. 의사는 무엇보다 우선 어떻게 아프냐(苦)를 진단한 다음, 병의 원인(集)을 찾아내고, 처방(道)을 내려서 병을 잘 치료(滅)합니다.[18)] 만약 사람들이 자신의 병·자신의 고苦가 갈애愛·견해見·무명無明에서 오는 것을 안다면 팔정도로 노력하여 닦아서 갈애·견해·무명을 적멸寂滅하여, 즉 질병을 치료하여 고로부터 벗어나게(解脫) 됩니다.

사성제를 분명히 이해하는 것은 한편으로는 불법을 수학하는 기초이고, 다른 한편으로는 수행을 실현하는 과정입니다. 부처·보살·아라한을 이룰

---

17) 『잡아항경雜阿含經·제404경』, 『대정장大正藏』책2 , 항108상 참조.
18) 『잡아함경·제389경』, 『대정장大正藏』책2 , 105페이지 상단 참조.

수 있는지 없는지, 수행을 성취할 수 있는지는 사성제를 얼마나 깊이 이해할 수 있는지에 주로 달려 있습니다. 사성제는 한 덩어리로 나눌 수 없습니다. 왜 이렇게 말할까요? 『상응부相應部』「제상응諦相應」에서 나한 가범바제(Gavampati)는 부처님으로부터 말씀을 들었습니다. "만약 고제苦諦를 볼 수 있다면 집제集諦 · 멸제滅諦 · 도제道諦를 볼 수 있다. 만약 집제를 볼 수 있다면 고제 · 멸제 · 도제를 볼 수 있다. 만약 멸제를 볼 수 있다면 고제 · 집제 · 도제를 볼 수 있다. 같은 이치로 도제 또한 이와 같다."19)

사성제四聖諦의 상호관계를 분명히 이해할 수 있어야 진정으로 불법을 이해할 수 있습니다. 만약 사성제의 상호관계를 분명히 이해할 수 없다면 사성제와 수학修學의 연관을 알지 못하고, 이렇게 되면 불법의 기초가 충분히 튼튼할 수 없습니다. 부처님께서 가르치신 무상無常 · 공空 · 무아無我와 같은 법은 모두 사성제를 분명히 이해함으로써 다가오고, 만약 사성제를 이해하지 못한다면 비록 우리들이 불법을 학습하였을지라도 오히려 장님처럼 단지 이것에서 조금 더듬고 저것에서 조금 더듬을 뿐, 부처님께서 가르치신 이들 다른 법 상호간의 관계를 분명히 이해할 수 없습니다. 삼장三藏의

---

19) 한때, 수많은 장자 비구들이 지제국支提國 살한사니잡薩罕奢尼卡에 머물러 계셨다. 이때 수많은 장자 비구들이 식후에 걸식에서 돌아와 강당에 모여 앉아 이와 같은 이야기를 나누었다. "벗들이여! 고苦를 보는 자는 또한 고집苦集을 보고, 또한 고멸苦滅을 보며, 또한 고멸에 수순하는 도를 보는가?" 이와 같이 말하고 존자 가범바제가 장로 비구들에게 말했다. "벗들이여! 나는 세존이 계신 곳에서 일찍 친히 묻고 친히 설법을 받았다. 여러 비구들이여! 고를 보는 자는 또 고의 집을 보고, 또 고의 멸을 보며, 또 고의 멸에 수순하는 길을 본다. 고의 집을 보는 자는 또한 고를 보고, 고의 멸을 보며, 고의 멸에 수순하는 도를 본다. 고의 멸을 보는 자는 또 고를 보고, 또 고의 집을 보며, 고의 멸에 수순하는 도를 본다. 고의 멸에 수순하는 도를 보는 자는 고의 집을 보고, 고의 멸을 본다." 『상응부경전相應部經典·육제상응六諦相應 · 가범바제한伽梵婆提漢』 『한전남전대장경漢譯南傳大藏經』 334-335 페이지.

큰 바다 속에는 갖가지 부류의 다른 법이 있습니다. 그들 상호관계를 분명하게 이해하느냐 못하느냐는 전적으로 사성제에 달려 있습니다. 만약 사성제를 이해한 기초를 바탕으로 불교의 여러 가지 다른 법을 바라보면 즉시 이익을 얻을 수 있습니다. 만약 이와 같은 이해가 없다면 비록 불법을 학습하였을지라도 우리들은 아마도 여전히 불법으로 자신을 이롭게 하는 수학을 할 수 없을지도 모릅니다.

이른바 현관現觀의 과정은 바로 사성제를 실현하는 과정이고, 개오開悟에 이르는 과정입니다. 사성제는 불교를 분명히 이해하고 불법을 실천하는 기초로 만약 이와 같은 인식이 없다면 불교에서 갖가지 다르게 향해가는 모습들을 분명히 이해할 수 없습니다. 그래서 **한편으로는 사성제가 불법 수행의 시작이자 중단이고 끝임을 분명히 이해하여야 하고, 한편으로는 사성제의 실현이 바로 불교의 개오 · 현관임을 분명히 이해하여야 합니다.** 『잡아함경雜阿含經』에서 부처님께서 말씀하셨습니다. "만약 우리들이 개오 · 현관 · 해탈에 이르고자 한다면 사성제의 개념을 분명히 이해하지 않으면 안 된다. 집을 짓는 경우처럼 1층의 지반을 닦지 않으면 4층, 5층 혹은 6층의 고층건물을 지을 수 없느니라."[20]

20) "비유컨대, 비구들이여! 만약 어떤 사람이 말하길, 네 계단으로 전당에 올라가면 첫 계단을 지나가야 하고 그런 다음 제2, 제3, 제4 계단에 올라 전당에 오르나니 응당 이렇게 말함은 무슨 까닭인가? 첫 계단을 지나간 다음 제2, 제3, 제4 계단에 올라 전당에 오름이 이곳에는 있는 까닭이니라. 이와 같이 비구들이여! 고성제에 대해 빈틈없이 한결같다(無間等; 현관)고 말하면 그런 다음 차례로 고집성제苦集聖諦, 고멸성제苦滅聖諦, 고멸도적성제苦滅道跡聖諦에 대해 빈틈없이 한결같나니, 이렇게 말함은 무슨 까닭인가? 고성제에 대해 빈틈없이 한결같으면 그런 다음 고집성제 · 고멸성제 · 고멸도적성제에 대해 빈틈없이 한결같음이 이곳에는 있는 까닭이니라." 『잡아함경 . 제436경』, 『대정장』 책2 , 1113 페이지 상단.

사성제는 전체 수행과정을 포괄하고, 사성제의 분명한 이해가 수행의 시작이자 중간이고 끝임을 분명히 이해하는 것이 북전 4부 아함경[21]과 남전5부 니까야[22] 중에서 모두 언급하고 있습니다. 예를 들면 『대념처경大念處經』[23]에서 부처님께서는 각기 다른 신身 · 수受 · 심心 · 법法의 4념처念處를 설명하고 있는데, 그 가운데 법념처의 다섯 번째 수행방법(修法)[24]이 곧 사성제의 설명입니다. 만약 우리들이 차례대로 신념처 · 수념처 · 십념처로부터 법념처에 이르기까지 중단하지 않고 익힌다면 또렷하게 철저하게 사성제를 통찰하여 해탈의 경계에 진입할 수 있습니다. 그리고 어떤 법문, 어떤 념처를 닦던지 간에 사성제에 관한 분명한 이해가 있다면 사성제의 지혜를 운영하여 법문마다 모두 해탈의 법문이 될 수 있습니다.

사성제의 분명한 이해가 우리 수행의 기초이고, 수행을 실현하는 과정이 바로 지관止觀의 과정이며, 사성제 현관의 과정입니다. 진정한 바른 지혜(正智) · 바른 삼매(正定)는 주로 사성제의 이해에 달려있고, 사성제에 대한 진정한 이해가 있어야 불법으로 자신을 이롭게 하고 타인을 이롭게 할 수 있습니다.

---

21) 즉 『장아함경』,『중아함경』, 『잡아함경』, 『증일아함경』의 4부 아함.

22) 즉 디가-니까야Dīgha-nikaya(장부), 맛지마-니까야Majjhima-nikaya(중부)、상윳따-니까야Samyutta-nikaya(상응부)、앙굿따라-니까야Anguttaraā-nikaya(증지부), 소부小部 등의 5부 니까야.

23) 디가-니까야 Dīgha-nikaya22. ;『장부경전2長部經典二 · 대념처경大念處經』, 『한역남전대장경』 275-299페이지.

24) 법념처를 수행하는 다섯 가지 방법으로 오온五蓋, 오취온五取蘊, 십이처十二處, 칠각지七覺支, 사성제四聖諦가 있다.

4. 남전·북전의 현관現觀 개요

현관現觀의 과정과 사성제의 사유에는 긴밀한 관계가 있습니다. 제가 남·북전 불교를 분명히 이해하게된 것은 번뇌의 분별이 같고, 가행加行이 같으며, 현관의 방법도 같기 때문입니다. 남전에서는 사제四諦를 분별하지 않고, 중단 없이 무상을 관하며, 관지觀智가 성숙하여 도심道心이 일어나는 찰나刹那에 고제를 벗어나고, 집제를 멸진하며, 도제를 갖추어서 멸제를 증입證入합니다. 그래서 사성제의 현관에서 견도見道[25]는 단지 심식心識 1개의 찰나일 뿐입니다. 북전 일체유부의 현관은 곧 욕계와 그 이상의 계를 분별하고, 고제·집제·멸제·도제를 차례로 관하며, 하나의 제諦마다 중단 없이 사성제를 사유하여 16행상行相[26]의 이치(道理)로 현관하니, 견도의 과정은 16개의 찰나입니다. [27] 그래서 현관은 다른 가행加行[28]에 의지하여

---

25) 견도見道 : 곧 무루지無漏智로써 사제를 현관하고 그 이理를 비추어 보는 수행계위階位로 견도 이전은 범부이고 견도에 들어간 후 성인이 된다.

26) 행상行相 : 즉 상상(相狀 ; 현상의 고찰)을 말함. 사제四諦를 관할 때 고집멸도 모두 각자 4종의 차별적인 관법이 있고 산생하는 행상은 모두 16종이다. 16행상은 고성제를 관하여 비상非常·고苦·공空·비아非我의 4행상을 닦고, 집성제를 관하여 인因·집集·생生·연緣의 4행상을 닦으며, 멸성제를 관하여 멸滅·정靜·묘妙·이離의 4행상을 닦고, 도성제를 과하여 도道·여如·행行·출出의 4행상을 닦는다. 16행상과 상관된 설명은 『아비달마구사론阿毘達磨俱舍論』권23「분별현성품分別賢聖品」페이지 119 중단과 『아비달마구사론』 권26「분별지품分別智品」, 137페이지 상단을 참조할 수 있다.

27) 견도에 들어간 후 여전히 상하 8제를 관하여 16찰나(十六心)를 거쳐야 하는데 이전 15심은 견도에 속하고 제16심은 수도에 속한다. 이른바 16심은 8인忍과 8지智인, 즉 고지인苦法智忍, 고지苦法智, 고류지인苦類智忍, 고류지苦類智, 집법지인集法智忍, 집법지集法智, 집유지인集類智忍, 집유지集類智, 멸법지인滅法智忍, 멸법지滅法智, 멸류지인滅類智忍, 멸류지滅類智, 도법지인道法智忍, 도법지道法智, 도류지인道類智忍, 도류지道類智이다. 이세걸李世傑 선撰,『구사학강요俱舍學綱要』153 페이지 , 91.2 수정 참조.

사성제를 사유하기 때문에 돈현관頓現觀 · 점현관漸現觀 2종의 다른 과정이 있습니다. 남전 아비달마에서의 현관의 내용과 우리들의 가행 · 자량資糧은 서로 관련되어 있습니다. 만약 자량이 다르면 현관과정도 다를 것이라 생각합니다.

저 자신은 남 · 북전 불교에 머물면서 학문과 수행력을 두루 갖춘 스님과 토론할 기회가 있었기 때문에 남전의 스님은 북전의 체현과정에 대해 편견이 있고, 북전의 스님은 남전의 현관에 대해 편견이 있음을 발견하였습니다. 현관現觀에 대해서 말하자면 남전의 스님들은 북전의 점현관漸現觀으로는 해탈할 수 없고, 설사 해탈하더라도 수면隨眠[29]을 완전히 끊을 수 없으며, 자량資糧의 측면에 대해 말하자면 수행자가 만약 자량이 충분하지 않으면 번뇌 · 수면을 완전히 끊을 수 없다고 생각합니다. 북전의 스님들은 점현관, 즉 차례로 사성제를 관해야 합리적이라고 생각합니다. 남 · 북전 불교의 이 두 가지 다른 설법은 각각 근거가 있고 이치가 있습니다. 제가 알고 있는 남전불교 지역의 대덕들에 따르면 대체로 여전히 그들의 전통을 수습하고 있지만, 북전불교의 관법은 일종의 교리지식일 뿐이고 이와 같은 순서대로 수습하는 사람은 이미 없습니다. 우리들은 사성제의 사유에 의지하여 현관과정을 분명히 이해하여야 합니다. 저는 『전법륜경』을 설명할 때 여러분에게 남전 · 북전의 현관 과정을 다시 소개할 것입니다.

---

28) 가행加行은 가공加功 · 용행用行을 가리킨다. 해탈에 도달하기 위해 짓는 일체의 노력을 말한다.

29) 수면(anusaya)은 번뇌의 다른 명칭임. 번뇌는 나와 남을 뒤쫓아 따라가 그로 하여금 혼매昏昧가 무거운 상태에 들어가도록 하고 그 활동 상태를 세세히 알기 어렵고 대경對境 및 상응의 마음, 심소心所가 상호 영향을 미쳐 증강隨增하고 나와 남을 속박하기 때문에 수면이라 칭함. 『불광』「수면隨眠」, 6351페이지.

제2장. 전법륜경을 설한 인연

여래의 설법 전법륜경(두번째 품) (1) [30]

Dhammacakkapavattaṇa-Vagga Dutiya Tathāgateṇa Vutta

如來所說 轉法輪經

이와 같이 나는 들었다. 한때, 세존께서 바라나시국 부근, 선인들이 내려와 머무는 곳, 녹야원에 머물러 계셨다.

Evam me sutaṃ ekaṃ samayaṃ Bhagavā Bārāṇasiyaāṃ viharati Isipatane Migadāye || ||

如是我聞. 一時, 世尊住波羅捺國仙人墮處鹿野苑.

1. 설법시간

---

30) 출처 : 상윳따 니까야 Saṃyutta-ṇikaya56,11. Dhammacakkapavattana-vaggo Thatagatena vutta,1 (Samyutta,v,p.420~424) , 이것은 남전 상좌에서 전하는 『전법륜경轉法輪經』. 『상응부경전6相應部經典六· 전법륜품 여래소설轉法輪品·如來所說(1) 』, 『한역남전대장경漢譯南傳大藏經』, 항311-315.

이와 같이 나는 들었다(Evam me sutaṃ ekaṃ)

이것은 아난 자신이 엉터리로 만들어 낸 것이 아니라 직접 부처님께서 설하신 교법教法을 청문하였음을 가리킵니다. 남전불교에서는 그들에게 원시의 언어, 원시의 아함경이 있다고 믿습니다. 현재 그것의 동의여부에 관한 연구와 관계 없이 저는 남전불교는 비교적 부처님께서 세상에 계실 때 원시적 교의教義에 접근한 것이고, 이 같은 설법은 당연히 합리적인 것이라 생각합니다.

한때(ekaṃ samayaṃ)

부처님의 설법은 갖가지 인연을 고려하여 장소·사람·시간·법 등을 선택하였고, 가장 적당한 설법조건으로 중생들을 이롭게 하였습니다. 남전불교에 따르면 부처님께서는 보름날 보리수 아래에서 개오開悟하셨는데, 시간은 대략 5월 보름날 즈음이었습니다. 주석서에 따르면 부처님께서 개오하신 2개월 후 7월 보름날 저녁에 다섯 비구를 향해 설법하셨다고 합니다. 인도 전통에서는 아침과 저녁은 수행을 하고 경전을 독송하며 선업을 짓기에 "가장 편한 시간"입니다. 인도인은 만약 가장 좋은 시간에 갖가지 선행·선업을 지은 힘이 증강된다고 믿었습니다. 이때에 4대四大가 평형 상태에 놓입니다. 사마야(samaya)는 바로 사람들이 밤낮으로 함께 법회에 모인다는 뜻입니다.

2. 설법지점

바라나시국(Bārāṇasiyaāṃ)

부처님께서는 가장 적당한 설법조건으로 중생을 이롭게 하십니다. 그래서 그는 바라나시국에서 『전법륜경』이란 경전을 연설하기로 결정하셨습니다. 왜 부처님께서는 이곳이 가장 적당한 설법지점임을 알았을까요? 과거 인도이든 현재 인도이든 상관없이 모든 대철학가, 수행자는 심도 깊고 철저하게 이해시키는 법을 발견하거나 개오한 후 그들은 반드시 바라나시국에 와서 중생을 이롭게 하였습니다. 그곳이 인도의 문화 중심지였기 때문입니다. 본생고사本生故事를 보면 부처님께서는 일찍이 여러 생에 걸쳐 바라나시국에서 태어나 그 나라의 국왕이 되었음을 알 수 있습니다.

선인들이 내려와 머무는 곳(Isipatane)

부처님께서는 바라니국의 교외에 위치한 선인의 거처를 선택하여 이 지방에서 그가 개오한 내용을 보여주셨습니다. 이시(Isi)는 바로 선인仙人·은둔자로, 이전에는 독각獨覺·선인·수도자들은 모두 각지에서 날아와 바라나성에 들어가 걸식·탁발하기 전에 먼저 고요한 산림으로 가서 그런 다음 성에 들어가 탁발하는 사람이 매우 많았다고 합니다. 탁발을 마친 후 이 땅에서 날아올라 원래 지방으로 돌아갔습니다. 과거 제불께서도 모두 일제히 이 땅에 와서 불법을 열어 보이셨습니다. 이 때문에 "선인들이 내려와 머무는 곳(仙人墮處)"이라 불렸고, 선인·은둔자가 내려와서 휴식하는 곳이란 뜻이며, 수행하기에 좋은 곳입니다.

녹야원(Migadāye)

녹야원은 "해롭지 않다(無害)"고 여겼습니다. 당시 인도는 소와 사슴 두 가지 동물을 무해의 상징으로 삼았습니다. 그래서 "살생하지 않는다(不殺)"라는 뜻이 생겼습니다. 인도 수행자의 문화에 따르면 해롭지 않은 도란 "영원불변의 도(常道)"이고, 오직 해롭지 않는 도라야 지정한 현관·개오에 도달할 수 있습니다. 인도의 종교는 베다[31]를 수학의 지도指導로 삼았습니다. 당시 두 명의 위대한 철학자, 즉 붓다와 지나(Jina)[32]가 있었는데, 그들은 베다와 다른 개념으로 인도철학을 비평하고 각자 자신의 종교를 세웠습니다. 바라문의 입장에서 말해보면 그들 붓다와 지나는 비록 베다와 다른 여러 가지 견해가 있을 지라도 여전히 베다의 기본 요의要義에 의지해 자신의 철학을 설명한 것에 불과하다고 생각하였습니다. 그 당시 붓다와 지나는 세상 사람들에게 해롭지 않은 도를 행하면 일체지一切智를 실현할 수 있고, 베다에 의지할 필요 없이 자기 자신의 수행에 의지해서 실현할 수 있다고 말했습니다.

3. 설법대상

이때 세존께서 다섯 비구들에게 이르셨습니다. "비구들이여! 출가자는 양변에 종사해서는 안 되니, 무엇이 양변인가?"

Tatra kho Bhagavā pañcavaggiye bhikkhū āmantesi ‖ ‖ Dve me bhikkhave antā pabbajītenana sevittabbā ‖ Katame dve ‖ ‖

爾時，世尊告五比丘：「諸比丘！出家者不可從事於二邊。以何爲二邊耶？」

다섯 비구(pañcavaggiye bhikkhū)

---

31) 고대인도 바라문교 근본성전의 총칭임. 바라문교의 신성한 지식보고, 제사의식과 밀접한 관련이 있음.

32) 자이나교의 중흥시조인 "니건타약제자尼乾陀若提子"를 가리킴. 그는 윤회는 업의 계박繫縛으로 인해 있고 윤회를 벗어나려면 살생 · 거짓말 · 도둑질 · 삿된 음욕을 하지 말아야 하고 얻는 바가 없어야 하는 다섯 가지 계율을 엄수하여야 하고, 고행을 중시하며, 이와 같이 하여야 업을 소멸하여 영혼의 본성을 발휘하여 해탈을 얻을 수 있다고 주장한다. 『불광』「자이나교耆那教」, 4283 페이지 참조.

개오하기 전에 부처님께서는 원래 다섯 비구33)와 함께 부다가야(부처가 깨달음을 얻은 곳) 부근에서 고행 수행을 하셨습니다. 나중에 부처님께서는 고행으로부터 멀리 벗어나자 다섯 비구는 더 이상 붓다를 믿고 따르지 않고 헤어졌습니다. 부처님께서는 개오하신 후 처음에 사바세계의 중생들이 이 심도 깊은 법을 이해할 수 없을 것이라 생각하여 열반에 들려고 하였으나, 후에 범천의 권청勸請을 받아서 정법의 수레바퀴를 굴리셨습니다. 정법을 막 굴리려하자 부처님께서는 이전에 그에게 선정을 가르친 두 분 스승34)을 이롭게 하고 싶어 천안으로 관찰한 후 스승이 이미 세상에 계시지 않음을 알았습니다. 그렇다면 이러한 심도 깊고 철저하게 이해하게 하는 법을 받을 수 있는 사람이 누가 또 있을까? 최후에 그는 다섯 비구를 가르쳐

---

33) 다섯 비구는 교진여(Aññā-koṇḍañña)·발제가(Bhaññīya)·위발(Vappa)·마하나마(Mahāṇama)·아삿지(Assaji)임.

34) 「나는 먼저 누구를 위해 이 법을 설해야 할까? 내 법을 알아야 할 사람은 누구일까?' 세존께서는 다시 이렇게 생각하셨다. '알라라카라마(羅勒迦藍)는 모든 근根이 이미 성숙하니 마땅히 먼저 제도해야 할 만한 사람이다. 또 그는 나에게 법이 있음을 알고 기다리고 있을 것이다.' 이렇게 생각하였을 때에 어떤 하늘이 허공에서 세존께 아뢰었다. "알라라카라마는 죽은 지 이미 이레나 지났습니다." 그때 세존께서는 다시 이렇게 생각하셨다.……나는 지금 제일 먼저 누구에게 설법해주어서 해탈을 얻게 해야 하나? 웃다카라마풋다(鬱頭藍弗)를 우선 제도해야겠다. 지금 그에게 설법을 해주자. 그가 내 법을 듣고 나면 아마도 제일 먼저 해탈하게 될 것이다.' 세존께서 이렇게 생각하실 때에 다시 어떤 천인이 허공에서 말하였다. "그는 어제 밤중에 죽었습니다."……그때 세존께서는 다시 곰곰이 생각하셨다. '나는 저 다섯 비구의 힘을 많이 입었다. 내가 어릴 때부터 그들은 내 뒤를 늘 따랐었다.' 이때 세존께서 다시 이렇게 생각하셨다. '지금 저 다섯 비구들이 살아 있을까?' 세존께서는 곧 천안天眼으로 다섯 비구가 있는 곳을 관찰해 보셨다. 그들은 바라나국 근교, 선인들이 내려와 머무는 곳, 녹야원에 머물고 있었다. '나는 이제 저곳으로 가서 저 다섯 비구들에게 제일 먼저 설법해주어야겠다. 저들이 내 법을 듣고 나면 틀림없이 해탈할 수 있을 것이다.'」『증일아함경增壹阿含經 고당품高幢品·『대정장大正藏』 책2 , 618페이지 중단.

인도하기로 결정하였습니다. 부처님께서는 우연한 인연으로 설법한 것이 아닙니다. 그가 가르쳐 인도하려는 다섯 비구는 결코 보통 사람이 아니라 복보가 있는 비구들이었습니다. 주석서에 따르면35) 그들은 십만 겁 동안 수행하였다고 합니다. 부처님께 공덕이 있고 신통력이 있어, 자신이 다섯 비구와 과거 세상에 함께 수행하였음을 알았습니다. 다섯 비구의 마음과 바라밀을 분명히 이해하여 그들이 능히 교법을 받을 수 있음을 알고서 이에 가장 적당한 설법의 인연을 선택하여 다섯 비구를 제도 교화하러 (녹야원으로) 왔습니다.

말단 · 제약(antā)

이것은 고苦와 락樂의 두 가지 극단적 수행으로부터 벗어난 불법의 수행자를 가리킵니다. 범어 안따(antā)의 진정한 뜻은 "말단"이고, "제약(限制)"이란 뜻도 지니고 있습니다. 부처님께서는 불법을 수행하는 과정에 모든 말단이 다 우리들의 제약임을 분명히 알아야 한다고 설명합니다. 만약 진정으로 불법을 이해하려면 먼저 모든 극단을 피해야 불법을 실현할 수 있습니다. 불법을 수학함에 가장 주된 두 가지 제약 및 장애는 바로 고행苦行과 욕락행(樂行)입니다.

은자(pabbajītena)

수행자, 출가한 사람을 가리킵니다.

종사(sevittabbā)

부처님께서는 만약 불법의 진정한 뜻을 분명히 이해하려면 고행과 욕락행

---

35) 주석서 : Saraāttha-ppakasiṇi , 부다고사Buddhaghosa의 상유따 니까여 주석 권III (상응부주해3 相應部註解三 . 정의현양精義顯揚) P.ṭ.S.1977。

두 가지 극단의 행위에 종사해서는 안 된다고 설명합니다.

4. 다섯 가지 욕락과 무익한 고행을 멀리 여읨

수행자는 마땅히 두 가지 극단의 행위에 종사하지 말아야 합니다. 이 두 가지는 무엇을 가리킵니까?

제3장. 중도中道

사성제四聖諦는 『전법륜경』의 주요내용으로 여기에 불법의 근본이 있습니다. 부처님께서는 처음부터 사성제를 열어 보인 것이 아니라 고행과 쾌락, 두 가지 극단을 벗어나는 중도를 먼저 언급하셨습니다.

애욕에 탐착을 일삼는 것은 하열하고, 비천하며, 범부의 행이고, 성현의 길이 아니며, 의에 상응함이 없다. 자아에 고행을 일삼는 것은 괴롭고, 성현의 길이 아니며, 의에 상응함이 없다.
비구들이여! 여래는 이 양변을 버리고 중도에 의지하여 현등각하였다. 그래서 법안이 생기고 지혜가 생기게 하여 적정·증지·등각·열반에 이르도록 돕는다.

Yo cāyaṃ kāmesu kāmesu khallikānuyogo hīno gammo puthujjanīko anariyo anatthasaṃhito || yo cāyam attakilamathānuyogo dukkho aṇariyo anatthasaṃhito || || Ete kho, bhikkhave ubho ante anupagamma majjhimā paṭipadā tathāgatena abhisambuddhā cakkhukaraṇī ñāṇakaraṇī upasamāya abhiññāya sambodhāya nibbānāya saṃvattati. || ||

以愛欲貪著爲事者，乃下劣·卑賤·凡夫·非聖賢·無義相應. 以自我苦行爲事者，爲苦・非聖賢・無義相應. 諸比丘！如來捨此二邊，依中道現等覺. 以此資於眼生・智生・寂靜・證智・等覺・涅槃.

하열(hīṇa)

애욕에 대한 집착은 모든 욕망 중에서 가장 하열한 것입니다. 왜 오욕은 하열한 욕망에 속할까요? 그것은 우리들로 하여금 선업의 길(善道), 해탈로 향하지 못하게 하고, 군자나 선한 이, 혹은 지혜 있는 수행자 부류에 속하지 못하도록 만들어서 교양이 없고 연단을 받지 못한 행위로 하늘에 나고 사람이 되는 복업福業을 지을 수 없기 때문에 "하열"하다고 합니다.

비천(gamma)

그는 범부의 경계에 속하기 때문입니다. 오욕에 방종함은 결코 지혜가 있고 수행력이 있는 사람의 행위에 속하지 못해서 이와 같은 향락을 가진 수행자는 거칠고 비천하다고 말합니다. 해탈하려면 이것에 집착하지 말아야 하고, '욕망'은 거칠다고 보아야 합니다. 수행력이 있는 사람의 경우 이러한 것들은 모두 괴로움입니다.

범부(puthujjanīka)

아직 연단을 겪지 않은 사람, 수행을 하지 않은 사람을 가리킵니다.

성현의 길이 아니며, 의義에 상응함도 없다(anariya anattha-saṃhita)

오욕을 향락하는 것은 우리들이 선업의 길을 실현하는데 이익이 될 수도 없고, 우리들을 도와 악법을 떼어내는데도 이익이 될 수 없는 아무런 의미가 없는 일임을 가리킵니다.

자아에 고행을 일삼는 사람(attakilamathānuyoga)

이는 고행을 통해 자아를 학대하는 사람을 가리킵니다. 주의 · 집착하는 방향으로는 자신을 이롭게 할 수 없습니다. 환희 · 욕락을 제외한 다른 방면에서 자신으로 하여금 괴로움을 느끼게 하고, 일부러 괴로운 느낌을 찾아서 자신을 핍박합니다.

부처님께서는 고행이 "하열"하다고 말한 적이 결코 없고, 단지 "괴롭다"라고 말했습니다. 일부러 자신으로 하여금 괴로움을 느끼게 하면 비록 하열하지는 않지만, 성인에도 속하지 않고 도를 실현하는 사람에도 속하지 않습니다. 왜 그럴까요? 도를 행하는 사람은 "나(我)"란 법이 없음을 알아서 일부러 자신에게 괴로움을 느끼게 하지 않고 고행 · 쾌락의 양변을 버릴 수 있어 이 때문에 "성인"라고 부릅니다.

고행은 인도에서 매우 보편적으로 존재하였고 부처님 자신도 6년간 고행으로 일반인이 참아낼 수 없는 괴로움을 경험하였습니다. 설사 이처럼 고행으로 도를 이룰 수가 없어도 이와 같은 신심을 "하열"하다고 할 수 없습니다. 왜냐하면 고행도 중도를 향하도록 부처를 도와주고 인도하는 이익이 약간은 있기 때문입니다. 비록 고행이 부처님을 중도로 이끌었을지라도 이와 같은 행은 우리들에게 진정한 이익이 될 수 없기 때문에 고행은 일반 중생에게 여전히 "의에 상응함이 없다"고 말합니다. 부처님께서 중도를 향해 감에 있어 고행이 아무런 의미가 없는 행위라고 발견한 이상 우리들도 부처님의 설법에 따라 "도"를 분명히 알아야 하고, 부처님과 같이 괴롭게 고행하며 도를 실현할 필요가 없습니다.

1. 중도행中道行

중도(majjhimā paṭipadā)

"양변(二邊)을 버림"이라 번역할 수 있고, 수행에 치우치는 극단이 없음을 가리킵니다. 욕락의 향수에도 치우치지도 않고, 고행에도 치우치지 않으면서 중도로써 행합니다. 도를 아직 실현하지 못했을 때도 양변에 집착하고, 도를 실현한 후에도 양변을 여의지 못합니다. 이 때문에 부처님께서는 다섯 비구에게 이미 도를 실현하였고, 다섯 가지 견해(五種見)[36] 등의 갖가지 제약이 더 이상 없음을 분명히 이해시켰습니다. 중도를 실천함으로 말미암아 여래께서는 양변에 의지하지 않고 행하셨습니다. 그래서 중도는 깨달음의 첫 번째 내용입니다.

법안을 생함(cakkhukaraṇī)

이것은 단지 중도에 의지해야 비로소 법안法眼 · 혜안慧眼이 생겨서 사성제를 꿰뚫어 볼 수 있고, 이로 말미암아 성인이 될 수 있다는 말입니다. 만약 지혜 · 청정 · 무루無漏의 눈이 없다면 중도를 실현할 수 없습니다. 법안이 없다면 다만 범부의 일반적인 눈으로 사유할 뿐이고, 오직 중도를 행함이 있어야 우리들에게 "법"의 눈이 창조될 수 있습니다.

---

36) 신견身見 · 변견邊見 · 사견邪見 · 견취견見取見 · 금계취견戒禁取見 등 다섯 견을 가리킨다. "신견身見" : 몸이 오온五蘊이 가합假合하여 된 것을 알지 못하고 그것에 집착하는 것을 가리킨다. "변견邊見" : 주로 두 가지가 있는데, 즉 사후에 단절된다는 단견斷見 혹 상주하여 멸하지 않는다는 상견常見에 집착함을 말한다. "사견邪見" : 인과의 도리를 부정함을 가리킨다. 예컨대 사제인과四諦因가 없다고 집지執持하여 악을 두려워하지도 선을 좋아하지도 않음. "견취견見取見" : 잘못된 견해를 진실이라고 집지함을 가리킨다. 예컨대 자신의 저열한 견해를 우월하다고 여김. "계금취견戒禁取見" : 부정확한 계율 금제 등을 해탈할 수 있는 계행이라고 보는 것을 가리킨다.

지혜를 생함(ñaṇakaraṇī)

오직 중도만이 사성제의 지혜를 만들어 낼 수 있음을 뜻합니다.

적정(upasamāya)

중도가 있어야 괴로움을 그치고, 멸을 증득할 수 있어 진정한 적정寂靜을 실현할 수 있습니다. 진정한 적정을 향하려면 반드시 바른 삼매(正定)가 있어야 합니다. 바른 삼매는 중도에 대한 분명한 이해에 의지합니다. 이 때문에 중도를 거쳐서 일어난 바른 삼매가 우리들을 인도하여 적정을 향해 나아갈 수 있게 합니다.

증지(abhiññāya)

사성제의 지혜를 증지證知하는 것입니다. 중도는 우리들에게 사성제를 증지하도록 도와줄 수 있습니다.

등각(sambodhāya)

진실·평등의 깨달음으로 곧 사성제의 성도지聖道智가 생겨났음을 분명히 아는 것입니다. 삼(sam)은 두 가지 뜻이 있습니다.

(1) 진실 : 중도가 있어야 진정한 개오가 있습니다.

(2) 평등 : 평형의 뜻이고 "같이"라는 뜻도 있습니다.

열반(ṇibbāṇāyā)

번뇌가 그친 구경 안락의 경계를 말합니다. 불교 수행의 목적은 열반에 도달함에 있습니다. 이 때문에 중도를 거쳐서 우리들을 인도하여 열반으로 나아가게 합니다.

중도中道는 부처님께서 실제 경험하신 것입니다. 그는 출가 전 왕자신분으로 높은 지위에서 부유한 생활을 누렸고, 극진한 향락의 생활을 보냈습니다. 출가 후 중도를 깨닫기 전에는 인도 전통수행자로 금욕과 고행의 생활을 보냈습니다. 부처님께서는 이 두 가지 극단적 생활방식을 경험한 후 어떠한 생활이 의미가 있는지 체득하셨고, 우리들을 청정 · 해탈로 인도하실 수 있었습니다. 그것이 바로 "중도"의 생활입니다. "중도"는 사람들에게 법안을 열어줌으로써 여실히 관하는 지혜를 생기게 하여 적정으로 인도하고 열반에 나아가도록 재촉하여 해탈경계에 도달하게 합니다.

2. 중도의 구체적 내용 - 여덟 가지 거룩한 길(八支聖道)

비구들이여, 어떻게 여래께서 중도에 현등각하여 법안을 생기게 하고, 지혜를 생기게 하여, 적정·증지·등각·열반에 이르도록 도울 수 있는가? 이른바 팔지성도八支聖道로 즉 바른 견해·바른 사유·바른 말·바른 행위·바른 살림·바른 정진·바른 알아차림·바른 삼매이다. 비구들이여, 이것이 여래께서 현등각한 중도로 법안을 생기게 하고 지혜를 생기게 하여 적정·증지·등각·열반에 이르도록 돕는다.

Katamā ca sā, bhikkhave, majjhimā paṭipadā tathāgatena abhisambuddhā cakkhukaraṇī ñāṇakaraṇī upasamāya abhiññāya sambodhāya nibbānāya saṃvattati || || Ayameva ariyo aṭṭhaṅgiko maggo || seyyathīdaṃ || sammādiṭṭhi sammāsaṅkappo sammāvācā sammākammanto sammāājīvo sammāvāyāmo sammāsati sammāsamādhi || || Ayam kho sā bhikkhave majjhimā paṭipadā Tathāgātena abhisam- buddhā cakkukaraṇī ñaāṇakaraṇī upasamāya abhiññaya sambodhāyā nibbānāya saṃvattati || ||

諸比丘! 云何如來能於中道現等覺，資於眼生·智生·寂靜·證智·等覺·涅槃? 謂八支聖道是. 卽 : 正見·正思惟·正語·正業·正命·正精進·正念·正定. 諸比丘! 此是如來現等覺之中道，資於眼生·智生·寂靜·證智·等覺·涅槃.

무엇을 중도라 합니까? 세존께서는 중도는 바로 팔지성도八支聖道라고 말씀하십니다. 그것은 일반적으로 팔정도라 하는데, 즉 바른 견해·바른 사유·바른 말·바른 행위·바른 살림·바른 정진·바른 알아차림·바른 삼매입니다. 괴로움으로부터 해탈하기 위해서는 중도에 의지하는 것이 필요합니다. 팔정도는 곧 중도의 내용입니다. 이 팔정도는 도심道心[37]과 분리될 수 없습니다. 보통 세간심에서 팔정도는 같이 출현할 수 없고, 오직 출세간의 도심에서 동시에 출현할 수 있습니다. 그 가운데 바른 견해·바른 사유를 중도의 지혜로 삼고, 바른 말·바른 행위·바른 살림을 중도의 계율로 삼으며, 바른 정진·바른 알아차림·바른 삼매를 중도의 삼매로 삼습니다. 출세간의 도심에서 그것은 계·정·혜 삼학三學을 성취할 수 있고, 우리의 해탈 목표를 실현할 수 있습니다. 이 때문에 수행 역정에서 시작인지 중간인지 끝인지 관계없이 팔정도는 모두 너무나 중요한 수행자량입니다.

---

37) 도심道心은 네 가지 출세간의 선심善心을 가리킨다. 열반을 목표로 삼고 번뇌를 끊거나 영원히 약화시키는 작용이 있다. 보리비구菩提比丘 영역, 심법비구尋法比丘 중역 , 『아비달마개요정해阿毘達摩概要精解』『홍콩香港 : 불교문화佛教文化 , 1999), 49페이지 참조.

바른 견해(sammā-diṭṭhī)

세간의 바른 견해, 출세간[38]의 바른 견해가 있습니다. 사성제 안에 모든 바른 견해가 들어 있습니다. 세간의 바른 견해는 인과 · 업보 측면에 대한 견해입니다. 출세간의 바른 견해는 연기의 바른 견해와 중도의 바른 견해가 있고, 무상無常 · 고苦 · 무아無我도 그 안에 들어갑니다. 여기서 바른 견해의 주요한 의미는 이것이 고제 · 집제 · 멸제 · 도제임을 아는 것입니다.

바른 사유(sammā-saṅkappa)

평상시 바른 사유는 무해無害 · 무진無瞋 · 출리出離의 세 가지를 사유하는 것을 가리킵니다. 이 단락 경문의 바른 사유는 특별한 사유를 가리킵니다. 즉 일으킨 생각(尋 위타까 vitakka)을 사용해 분명히 이해하고 깊이 검사에 들어간다는 뜻입니다. 왜냐하면 "일으킨 생각"은 사성제를 능히 깊이 사유할 수 있게 하고 통찰할 수 있는 일종의 지혜가 지닌 힘이기 때문입니다.

바른 말(sammā-vācā) · 바른 행위(sammā-kammanta) · 바른 살림(sammā-ājīvā)

바른 말 · 바른 행위 · 바른 살림, 이 세 가지는 "율의律儀"에 속합니다. 수도修道하는 때 반드시 율의가 있어야 합니다. 율의가 없다면 도는 없습니다. 이 때문에 수도의 조건은 반드시 "율의"가 있어야 합니다. 일반적으로 말해 "자연율의自然律儀" · "수계율의受戒律儀" · "도공계율의道共戒律儀" 세 가지가

38) 출세간出世間이란 불교가 지향하는 최종 목적에 해당하는 것으로 범부 중생들이 사는 일체의 세간적 존재 양태를 벗어난 경지를 가리킨다. 즉, 생멸 변화하는 미혹한 세계를 벗어나 해탈 경계에 들어가는 것을 말한다.

있습니다.

(1) 자연율의 : 성격이 좋아 저절로 거짓말을 할 줄 모릅니다. 이 때문에 계를 받지 않아도 거짓말을 하지 않을 수 있으니, 이것이 자연율의입니다.

(2) 수계율의 : 수계受戒·지계持戒로 인해 거짓말을 하지 않는다면 이것은 수계율의에 속합니다.

(3) 도공계율의 : 무루심無漏心·도심道心 안에 있어 저절로 모든 바르지 않은 율의를 끊어버렸음을 가리킵니다. 우리의 성격이 좋고 나쁜가, 내지는 계를 받았느냐 아니냐가 아니라 "도"는 그 자체가 바른 말을 하지 않고, 바른 행위와 바른 살림을 하지 않는 생활 등과 동시에 존재할 수 없습니다. 왜냐하면 동일한 찰나의 마음 가운데 "도"와 "바르지 않는 도"가 동시에 출현할 수 없기 때문입니다. 그래서 바른 말·바른 행위·바른 살림은 저절로 도심의 내용이 됩니다.

바른 정진(sammā-vāyāma)

"바른 정진"은 도 내지는 바른 삼매의 가장 중요한 자량입니다. 그밖에 바른 알아차림도 가장 중요한 조연助緣입니다. 이 때문에 바른 삼매는 바른 정진과 바른 알아차림에 의거해야 합니다. 바른 정진은 이 경문에서 도심의 내용, 즉 계속하여 사성제를 수습하고 우리들의 마음으로 사성제를 사유하려고 노력하는 것이라고 설명합니다. 만약 사성제를 철저히 통달하지 못하면 우리들은 이 같은 상황에 만족할 수 없으므로 바른 정진으로 사성제의 경계에 깊이 들어가야 합니다.

바른 알아차림(sammā-sati)

알아차림의 인연은 온정한 생각입니다. "온정한 생각(穩定的想)"이란 사성제를 잊지 않고 기억함을 가리킵니다. 그것은 우리의 마음이 계속해서 사성제를 향하게 하고 마음이 사성제로부터 빠져나가지 않도록 합니다. 이것이 도심의 바른 알아차림입니다.

바른 삼매(sammā-samādhi)

도심道心에 있는 바른 삼매라야 사성제를 여실히 관할 수 있습니다. 바른 삼매를 분명히 이해하려면 『증일아함경增壹阿含經』의 두 가지 삼매에 대한 설명을 참고하시면 좋습니다.

(1) 개념적 바른 삼매 : 이것은 수행의 소연(所緣)입니다. 예를 들면 지변(地遍; 흙 까시나 kasiṇa)[39] · 안반념安般念 등의 "개념"으로 온정한 마음, 변화 없는 마음을 실현합니다. 이 같은 삼매는 바른 삼매에 속하지만, 도심의 바른 삼매는 아닙니다.

(2) 상에 의지한 바른 삼매 : 이것은 "상相"에 의지하여 온정한 마음을 실현하는 것입니다. 보통 관觀의 과정 중에 상에 의지한 바른 삼매는 바로

---

39) 지변은 10종류 변처 중 하나로 10변처는 승해작의勝解作意에 의지하여 땅 등 10가지 법 각각에 두루한 일체처를 무간극無間隙으로 관하는 까닭에 10일체처一切處라고 부른다. 남북전의 10법(十法)은 약간 다르다. 남전에는 지地 · 수水 · 화火 · 풍風 · 청靑 · 황黃 · 적赤 · 백白 · 공空 · 광명光明이 있고 북전은 앞의 9가지는 동일하나 남전은 10번째가 식변識遍이다. 『중아함경』, 『대정장』 책1, 항807상 ; 각음저覺音著, 엽균역葉均譯, 『청정도론淸淨道論』 (고웅시高雄市 : 정각학회正覺學會, 2002년), 119-174 페이지 참조.

자상自相[40]이나 공상共相[41]의 법이 있어 찰나 찰나의 생멸을 볼 수 있고, 무상·고·무아를 체험합니다. 이것은 보편성이 있는, 상에 의지하여 관하는 바른 삼매입니다. 그것의 대상은 결코 세간법이 아니고 출세간법입니다. 이 때문에 사성제가 여실히 현현하고, 번뇌를 바르게 끊으며, 열반을 체험으로 증득할 수 있습니다.

여기서 우리는 "중도"의 기본정신이 부처님의 마지막 관심임을 알아차릴 수 있습니다. 중도는 추상적인 이론고찰이 아닙니다. **불법은 지식 철학이 아니라 구체적이고 충실한 생활에서부터 깊이 절실하게 반성하고 실행하는 것이어야 합니다. 생활은 몸소 경험하는 것이고, 번뇌는 절실히 몸에 와 닿는 것입니다. 생활하는 가운데 청정·화합·지혜를 향하여 부단히 노력 향상하는 것이 바로 "중도"입니다.**

중도의 내용을 완전히 이해하려면 중도의 다른 면을 알아야 합니다. 그것은 바로 연기의 중도와 여실관如實觀의 중도입니다. 실천적인 "중도"는 생활에 있어서 행복·구경해탈로 향함을 말하고, 연기의 중도는 세간의 진실상을 볼 수 있음을 말합니다. 해탈의 가장 중요한 조건은 "진실에 비추어 보는 것(照見真實)"입니다. 연기의 중도는 경론 가운데 분산되어 있습니다. 『잡아함경』에서 부처님께서 가전연迦旃延에게 말씀하시고 있듯이, 세간 사람들은 대부분 "있다는 견해(有見)" 혹은 "없다는 견해(無見)"에 집착하여 세간의 일체를 존재하는 것 또는 존재하지 않는 것 두 가지 뿐이라고 생각하여 "있다"가 아니면 바로 "없다"고 봅니다. 우리들은 마땅히 연기중도의 지혜를

---

40) 자체 개별적 체상을 가리킴. 그 상과 공통이 아님. 자기에게 일정한 특질을 갖추고 있음. 예컨대 일체색법一切色法은 모두 각자의 자상自相이 있음.

41) 공통의 상을 가리킴. 기타 제법과 공통의 상이 있음. 고苦·공空·무상無常 등은 모두 제법을 설명하여 이해한 것으로 공상共相을 삼음.

사용해 사물이 무상하게 생멸하는 진상을 통찰하면 "있다는 견해" 와 "없다는 견해"의 편견이 있을 수 없습니다.42)

이 세간에는 고정불변의 물건은 존재하지 않고, 일체 모든 것은 인연에 따라 생멸합니다. 경전에서는 종자가 싹을 틔우는 과정을 예를 들어 설명합니다. 본래 싹은 없습니다. 종자에 생성의 능력이 있기 때문에 그 위에 햇빛과 물, 공기 등의 인연이 더해진 후 곧 싹을 길게 내밀고 싹은 다시 계속 성장하여 큰 나무가 됩니다. 싹이 점점 크게 자랄 때 종자도 천천히 소멸됩니다. 만약 햇빛 등의 인연이 갖추어지지 않으면 싹도 생장할 수가 없습니다. 일체 사물이 사라지고 성장하며 멸하는 모든 것이 인연에 따라 결정됩니다. 인연조건이 생겨나고 변화될 때 사물도 곧 이어서 변화됩니다. 따라서 변하지 않는 "나(我)"는 존재하지 않습니다. 연기에 수순하여 집착하지도 취착하지도 않으면서 여실하게 세간을 관하고, 괴로움(苦)의 일어남과 사라짐

---

42) 『잡아함경雜阿含經 . 제262경』: 이때 아난阿難이 천타闡陀에게 말하였다. "저는 부처님께서 마하가전연에게 가르치는 말씀을 직접 들었습니다. '세상 사람들은 전도되어 혹은 있다 혹은 없다는 두 가지 극단에 의지한다. 세상 사람들은 모든 경계에 취착해 마음으로 곧 헤아려 집착한다. 가전연이여! 만일 나라고 받아들이지 않고(不受)·취착하지 않으며(不取)·머무르지 않고(不住)·헤아리지 않으면(不計) 이 괴로움은 생길 때 생하고 멸할 때 멸한다. 이것을 의심하지 않고 미혹하지 않으며 남에게 말미암지 않고 스스로 알 수 있으면 바른 견해라 한다. 이는 여래께서 말씀하신 것으로 무슨 까닭인가? 가전연이여! 세간의 집集을 여실히 바로 관하면 세간은 없다는 견해가 생기지 않는다. 세간의 멸滅을 여실히 바로 관하면 세간은 있다는 견해가 생기지 않는다. 가전연이여! 여래는 두 가지 극단을 떠나서 중도를 말씀하셨다. 그래서 이것이 있는 까닭에 저것이 있고, 이것이 생기는 까닭에 저것이 생긴다. 이른바 무명無明을 인연하여 행行이 있고, 내지 생生·로老·병病·사死·근심(憂)·슬픔(悲)·번민(惱)의 고집苦集이 있다. 그래서 이것이 없는 까닭에 저것이 없고, 이것이 멸하는 까닭에 저것이 멸한다. 이른바 무명이 멸한 즉 행이 멸하고, 내지 생·로·병·사·근심·슬픔·번민의 고멸苦滅이 있다." 『대정장』 책2 , 64페이지 하단.

에 대해 여실하게 관찰하면 이처럼 곧 몸소 증득한 지혜가 생겨날 수 있습니다. 실천적 중도를 구체적으로 설명한 것이 팔정도이고, 연기중도입니다. 즉 십이지연기十二支緣起[43]로써 생명의 해탈과 윤회를 기술합니다. 연기에 수순하여 세간을 보면 세간 생멸의 진실한 상황을 볼 수 있고, 여실하게 세간을 관찰할 수 있으면 곧 해탈의 길을 걸을 수 있습니다.[44]

중도는 실천적인 중도와 연기적인 중도가 있으며, 해탈은 중도에 의지합니다. 중도의 구체적 실천 내용은 팔정도이고, 팔정도는 사성제 중에서 도제에 속합니다. 팔정도를 실행하면 법안이 열리고, 여실관의 지혜가 생겨서 세간의 진실상을 또렷이 볼 수 있습니다. 무상·고가 다가옴을 또렷이 보아 고성제의 진리를 명백히 알고, 생멸의 인연을 또렷이 보아 집성제의 진리를 분명히 이해하며, 계속해서 도성제를 성취하고 멸성제로 증입證入할 수 있습니다. 그래서 사성제는 수행의 시작과 중간과 끝을 모두 포함하고, 두 가지 측면의 중도를 포괄한다고 말합니다. 그래서 부처님께서는 중도를 열어 보이신 후 곧 사성제를 세 번 굴리시고, 그 깊은 법의法義를 펼쳐 보이셨습니다. 팔지성도八支聖道는 세간의 성도와 출세간의 성도가 있습니다. 사성제도 세간과 구경 승의제勝義諦의 구별이 있습니다. 일반적으로 말해 사성제를 현관하는 차례는 고·집·멸·도입니다. 다만 도심道心에서는 차례가 없습니다. 이때는 사성제가 동일한 마음에서 일어나기 때문입니다. 팔지성도는 도심 안에서 동시에 출현할 수 있습니다. 도심의 오근五根[45]이 평형하

43) 12인연(十二因緣) : 열두 가지 인연이 일어난다는 뜻으로 불교의 근본교의이다. 즉 무명無明·행行·식識·명색名色·육입六入·촉觸·수受·애愛·취取·유有·생生·노사老死.를 말한다.

44) 만금천萬金川 저술『중관사상강록中觀思想講錄』(가의嘉義 : 향광서향香光書鄕, 1998), 20페이지 참고.

45) 오근五根은 신근信根·정진근精進根·념근念根·정근定根·혜근慧根으로, 이 때문

기 때문에 하나의 목표를 대상으로 삼아 이것에 의지하여 사성제의 수행에 완전히 몰입하고 계·정·혜 삼학을 성취할 수 있습니다.

팔정도 혹은 사성제는 세간과 구경의 두 가지 측면으로 서로 다릅니다.[46] 이것이 현관과정에서 매우 중요함을 분명히 이해하여야 합니다. 만약 이것을 분별할 수 없으면 사성제의 뜻을 깊이 철저히 이해할 수 없습니다. **사성제를 펼쳐 보임에는 세 번의 굴림(三轉)이 있습니다. 첫 번째 굴림은 "시전示轉"이라고 하며 견도見道를 실현하는 것입니다. 두 번째 굴림은 "권전勸轉"이라고 하며 수도修道를 실현하는 것입니다. 세 번째 굴림은 "증전證轉"으로 무루지無漏智를 증득하는 것입니다. 그래서 사성제는 불교의 중심사상이고, 하나의 수도 역정입니다.**

에 오근이 일체 선법의 기초 및 근본이 된다.

46) 즉 진제真諦와 속제俗諦. 진속이제真俗二諦라고도 한다. 제諦는 진실하고 헛되지 않은 이치(理)를 말한다. 진제(paramatthā-sacca)는 또 승의제勝義諦, 제일의제第一義諦, 즉 출세간의 진리라고도 하고, 속제(sammuti-sacca)는 또 세속제世俗諦, 세제世諦, 즉 세간의 진리라고도 한다. 『불광』「이제二諦」, 244페이지 참조.

제4장. 고성제 苦聖諦

비구들이여! 「고성제」란 곧 태어나는 괴로움·늙는 괴로움·병드는 괴로움·죽는 괴로움·근심하고 비탄하며 고뇌하고 번민하는 괴로움·원망하고 미워하는 사람을 만나야 하는 괴로움·사랑하는 사람과 이별해야 하는 괴로움·구하는 것을 얻지 못하는 괴로움이다. 간략히 말하면 오취온의 괴로움이다.

Idaṃ kho pana bhikkhave dukkham ariyasaccaṃ || || Jātipi dukkhā jārāpi dukkhā vyādhipi dukkho maraṇampi dukkhaṃ sokaparideva dukkha-doman-assupāyāsāpi dukkhaā || appiyehi sampayogo dukkho piyehi vippāyogo dukkho || yam picchaṃ na labhati tam pi dukkhaṃ || saṃkhittena pañcupādāṇakkhandhā pi dukkhā || ||

諸比丘！苦聖諦者，卽：生苦・老苦・病苦・死苦・愁悲憂惱苦・怨憎會苦・愛別離苦・求不得苦・略說爲五取蘊苦.

우리는 무엇이 "괴로움(苦)"인지 알아야 합니다. 『구사론』에서는 명의[47]

---

47) 「이를테면 『양의경(良醫經)』에서 설하고 있으니, 그 경에서는 다음과 같이 말하고 있다. "무릇 의왕(醫王)이란 말하자면 네 가지 덕을 갖추고서 능히 독화살을 뽑는 자이니, 첫째는 병의 상태를 잘 알며, 둘째는 병의 원인을 잘 알며, 셋째는 병의 치유를 잘 알며, 넷째 좋은 약을 잘 안다. 여래도 역시 그러하여 위대한 의왕으로서 고・집・멸・도를 여실하게 안다."」 『아비달마구사론』, 『대정장』.

에 비유합니다. 명의는 무엇이 병인지 알아야 합니다. 병이 바로 "고제苦諦"이며, 병이 일어난 인연이 바로 "집제集諦"이며, 병의 치료가 "멸제滅諦"이며, 치료 과정이 바로 "도제道諦"입니다. 왜 괴로움을 "성제聖諦"라고 할까요? 오직 성인만이 괴로움을 철저히 이해·통찰할 수 있기 때문입니다. 『구사론』에서는 성인께서 고제에 기뻐하셨는데, 그래서 "성제"라고 불렀다고 말합니다. 성인께서 왜 고제에 기뻐하셨을까요? 팔리어에서 괴로움은 둑카dukkha입니다. '둑du'는 좋지 않은(하열한)이라는 뜻이고, 카kha는 허공(비었다)는 뜻입니다. 그래서 괴로움은 "좋지 않은 허공"이라 불립니다. 부처님의 가르침에 따르면, 일체의 괴로운 느낌, 즐거운 느낌, 괴롭지도 즐겁지도 않은 느낌(受; vedanā)은 모두 다 진실하지 않습니다. 이는 마치 허공에는 자성이 없어 좋은 감각이든 좋지 않은 감각이든 간에 모두 우리들에게 만족스러울 수 없는 것과 같습니다. 이것이 매우 중요하다는 것을 분명히 이해해야 합니다. 이렇게 해야만 성인께서 왜 고제에 기뻐하셨는지 알 수 있습니다. 왜냐하면 성인께서는 성제를 깨달아서 좋든지 좋지 않든지, 마음에 들든지 들지 않든지 관계 없이 일체의 괴로운 느낌, 즐거운 느낌, 일체의 다른 종류의 느낌에 모두 다 집착(執取)하지 않아서 성인이 되기 때문입니다. 성인께서는 왜 고제에 기뻐할까요? 성인께서는 왜 모든 느낌이 허공과 같음을 깨달아 알았을까요? 이는 『다수경多受經』48) 을 참고하면 좋습니다. 느낌에 집착하지 않음을 아는 가운데 우리들이 사성제를 분명히 이해하도록 돕습니다.

---

48) 『중부경전2中部經典二』, 『한역남전대장경漢譯南傳大藏經』, 페이지149-154. 그 밖에 참조 『잡아함465경雜阿含四八五經』, 『대정장』책2, 페이지123-124 . 『상응부경전사 · 반사강가相應部經典四·般奢康伽』, 『한역남전대장경』, 페이지285-290. 『상응부경전사 · 비구相應部經典四·比丘』, 『한역남전대장경』, 페이지290-291.

1. 느낌에 집착하지 않음(不執取受)

『다수경多受經』에 보면, 건축사 오지五支[49]와 존자 우다이優陀夷는 "느낌(受)"에 대해 견해가 달랐습니다. 한 사람은 부처님께서 괴로움과 즐거움, 두 가지 느낌을 말씀하였다고 생각하고 다른 사람은 부처님께서 괴로움·즐거움·괴롭지도 즐겁지도 않음의 세 가지 느낌을 말씀하셨다고 생각하였습니다. 아난은 두 사람의 대화를 듣고 난 후 부처님께 여쭈어 보았습니다. "'느낌'은 종류가 두 가지 입니까, 세 가지 입니까?" 부처님께서는 "나는 다른 도리에 의거해서 '느낌'을 말했다. 느낌에는 2가지 느낌, 3가지 느낌, 6가지 느낌, 18가지 느낌, 36가지 느낌 내지 108 가지 등의 다른 느낌이 있는데, 이들은 모두 중생에게 느낌에 집착하지 않아야 함을 알려주기 위해 단지 방편으로 설명한 것이니라."라고 말씀하셨습니다.

수행자는 마치 욕계의 하열한 느낌을 벗어나야 제1선정(第一禪定), 일상생활의 망념을 여읜 기쁨과 즐거움(離生喜樂)[50]의 비교적 미세한 느낌을 성취할 수 있듯이 느낌을 버려야만 도를 이룰 수 있습니다. 이에 욕계의 느낌을 거칠다고 관하여 제2선정(第二禪定), 삼매를 통한 기쁨과 즐거움(定生喜樂)[51]이 생김으로 인해 초선의 느낌을 거칠다고 봅니다. 마찬가지로 제3선정(第三禪定), 기쁨마저 여읜 삼매를 즐기는 안락함(離喜妙樂)[52]에 들어가 제2선정의 느낌을 거칠다고 봅니다. 또한 마찬가지로 제4선정(第四禪), 사념청정捨念清

---

49) 오지五支 (Pañcakaṅga) , 건축사의 이름, 한역 아함 중에 「병사왕瓶沙王」(빈비사라Bimbisāra).

50) 이것은 욕계를 여읜 후 생기는 기쁨과 즐거움이다.

51) 삼매로 말미암아 수승한 기쁨과 즐거움에 머문다.

52) 제2선의 「희락정喜樂定」을 이미 멀리 여의고 단지 자타의 묘락妙樂을 갖고 있기 때문에 「기쁨마저 여읜 선정을 즐기는 안락함離喜妙樂」이라 한다.

淨[53]에 들어갈 때 이 '느낌'은 즐겁지 않은 느낌이 아니라 더욱 높고 더욱 미세한 '평정의 즐거움(捨樂)'으로 제3선정을 거칠다고 봅니다. 만약 무색계 선정[54]에 들어가면 그 느낌은 더욱 미세하여 마치 제2무색계 선정이 제1무색계 선정의 느낌을 거칠다고 보는 것과 같습니다. 비록 무색계 선정이 모두 다 평정의 느낌일지라도 모두 다 즐거움으로, 다만 제3무색계 선정의 즐거움은 제2무색계 선정에 비해 더욱 미세할 뿐입니다. 제4무색계 선정 또한 제3무색계 선정에 비해 더욱 미세한 즐거움입니다. 제4무색계의 비상비비상처非想非非想處 선정은 세간에서 가장 미세한 즐거움이라고 말할 수 있습니다. 제4무색계 선정에 비해 더 높은 즐거움은 있을까요?

만약 관선觀禪에서 수선修禪[55]까지 자재하게 성취할 수 있으면 멸진정滅盡定[56]을 성취할 수 있습니다. 멸진정에서는 완전히 느낌이 없습니다. 그래서 부처님께서는 이것이야말로 최고의 가장 미세한 즐거움이라고 설명하셨습니다. 그래서 여러 가지 다른 느낌은 모두 다 부처님께서 수행자를 느낌에 집착하지 못하도록 인도하기 위한 방편으로 시설한 법입니다. 느낌에 대해

---

53) 이전 경지의 기쁨과 즐거움을 버리고 마음이 안정 · 평등 · 평정(捨)에 도달한 청정한 경지를 말한다.

54) 무색계無色界 선정은 공무변처정空無邊處定, 식무변처정識無邊處定, 무소유처정無所有處定, 비상비비상처정非想非非想處定의 네 가지가 있고, 이 선정 동안 욕 · 색 등에 대한 상념想念은 이미 없다.

55) 일체의 미세한 번뇌까지 모두 없애고 뛰어난 공덕을 갖추게 되는 출세간 선법은 관찰하고[觀] 단련하고[練] 몸에 배도록 하며[熏] 정교하게 닦는[修] 것이다. 관선(觀禪)으로 8배사 · 8승처 · 10일체처가 있고, 연선(練禪)으로 십사변화 · 육신통 · 구차제정이 있으며, 훈선(熏禪)으로 삼삼매와 사자빈신삼매가, 수선(修禪)으로 초월삼매가 있다.

56) 또 멸수상정滅受想定이라 한다. 선정의 경계(定境) 중에 심류心流가 중단 없이 상속되고, 심心, 심소心所가 잠깐 일어나지 않는다. 오직 4색선四色禪 및 4무색계선四無色界禪을 증득한 아나함과 아라한이라야 능히 이 선정에 들어갈 수 있다.

깊이 이해하여야만 성인께서 왜 "괴로움의 성제"에 기뻐하셨는지 알 수 있습니다. 만약 고제에 대해 구경의 이해가 있다고 생각하면 괴로움·즐거움·괴롭지도 즐겁지도 않음의 어떠한 느낌이든지 느낌은 오온五蘊으로부터 나오는 것이므로 모두 다 만족스러울 수 없음을 살필 수 있을 것입니다. 이 때문에 고제는 "만족스럽지 않음의 진리(不滿意諦)"라고 번역될 수 있습니다. 만약 고제를 정말 깊이 이해해 들어가면 갖가지 느낌에 집착하지 않고 "평정(捨 ; upekkha)"에 이를 수 있을 것입니다. 왜냐하면 "좋은 허공"이든 "좋지 않은 허공"이든 둘 다 자성이 없음을 깨달아 알고, 부처님께서 왜 두 가지 느낌 혹은 세 가지 느낌을 끝까지 설명하셨는지 논쟁하지 않을 것이기 때문입니다. "느낌"에 대해 집착하지 않을 뿐만 아니라 이어서 "색色·상想·행行·식識" 내지 모든 법에도 다 집착하지 않을 것입니다. 부처님과 부처님 이후의 성인들로 말미암아 집착하지 않음에 대해 철저히 이해할 수 있고, 괴로움을 철저히 알고 관찰할 수 있으며, 괴로움 가운데 기뻐하며 안주할 수 있습니다. 이 때문에 이것이 "고성제(苦聖諦)"가 됩니다.

첫 번째 성제(苦聖諦)는 "나는 고통을 받는다," "나는 매우 괴롭다"가 아니라 "이것은 괴로움이다"입니다. 이것의 이치는 매우 또렷합니다. 괴로움에 대해 있는 그대로 그것을 인지하고 그것들의 본래면목을 똑똑히 보는 것입니다. 그래서 안을 향해 관찰하고 그것에 집착하여 그것을 취하지 않아야 합니다. 단지 몸과 마음이 느끼게 되는 고통을 바라보고, 그것들을 개인의 불행이 아니라 "괴로움"이라고 볼 뿐입니다. 단지 그것들을 "괴로움"에 불과한 것으로 간주하고, 관습적으로 그것에 대해 반응을 일으키지 않습니다. 왜냐하면 단지 괴로움의 생멸현상이 드러남이 있을 뿐이고, 고통을 받는 "사람"의 존재는 없기 때문입니다. 만약 우리들이 반응을 일으키면 곧 갖가지 괴로움의 인因이 존재하고, 그러면 우리들의 괴로움도 연속해서 끊어지지 않고 다시 발생하게 됩니다. 그래서 만약 괴로움에 대해 "나는 너무나 많은 괴로움을 겪고 있는데, 나는 왜 이렇게 많은 고통을 받는 것일까? 나는 깨달아서 다시는 고통을 받고 싶지 않다."라고 생각한다면 이 같은 생각은 "괴로움의 성제(苦聖諦)"가 아니고, "나의 고제(我苦諦)"이며, "나(我)"는 계속해서 고통을 받게 될 것입니다. 이러한 이치를 또렷이 명백하게 알아야 합니다. 이렇게 해야 괴로움의 진상과 괴로움으로부터 해탈하는 방법을 똑똑히 알 수 있습니다.

괴로움의 성제에는 여덟 가지 괴로움을 언급합니다. 즉 태어나는 괴로움 · 늙는 괴로움 · 병드는 괴로움 · 죽는 괴로움 · 근심하고 비탄하며 고뇌하고 번민하는 괴로움 · 원망하고 미워하는 사람을 만나야 하는 괴로움 · 사랑하는 사람과 이별해야 하는 괴로움 · 구하는 것을 얻지 못하는 괴로움입니다. 간략히 말하면 오취온의 괴로움입니다.57)

태어남(jāti) · 늙음(jārā) · 병듦(byādhi) · 죽음(maraṇam)

태어남은 괴로움입니다. 태어남은 이 몸의 시작입니다. 모태로부터 벗어남이 태어남입니다. 찰나 찰나에 생겼다 멸하는 것도 태어남으로 이것들은 모두 괴로움입니다. 날마다 생활하는 가운데 겪는 괴로운 느낌은 가장 분명히 드러나는 괴로움입니다. 태어날 때도 괴로움이고, 병이 들 때도 괴로움이며, 죽을 때 혹은 사람이 죽는 것을 보고 아는 것도 괴로움입니다. 부처님께서는 바로 이러한 인생의 진상을 보았기 때문에 출가를 결정하셨고, 수행을 하셨으며, 인생의 고난과 핍박으로부터 벗어나고자 하셨습니다.

근심하고 비탄하며 고뇌하고 번민함(sokaparidevadukkha- domanassupāyāsā)

---

57) 팔고八苦 : 혹 태어남 · 늙음 · 병듦 · 죽음 · 사랑하는 사람과 이별함(愛別離) · 원망하고 미워하는 사람을 만나야 함(怨憎會) · 오온이 번성한 괴로움(五盛陰苦)이다.『중아함경中阿含經 · 분별성제경分別聖諦經』, 『대정장』책1 , 476중.

· 원망하고 미워하는 사람(appiyehi sampayogo) · 사랑하는 사람과의 이별(piyehi vippayogo) · 구하는 것을 얻지 못함(ampicchaṃ na labhati tam)

'근심하고 비탄하며 고뇌하고 번민함'이란 몸과 마음의 불안으로 다른 사람이 이를 대신할 수 없습니다. '원망하고 미워하는 사람'이란 보게 되면 기쁘지 않는 사람으로 오히려 하필이면 그 사람과 부딪히고, 심지어 아침저녁으로 함께 생활하여 정말 고통스러워하는 것을 말합니다! '사랑하는 사람과 이별'이란 사랑하는 사람과는 오히려 헤어지고, 살아서 헤어지느냐 죽어서 이별하느냐 상관없이 그것은 사람을 가장 고통스럽게 하는 일입니다. 구하는 것을 얻지 못함, 이른바 "갈구"란 바로 무엇을 찾아서 무엇을 얻고 싶어 하는 것입니다. "갈구"란 일종의 갈애이기 때문에 우리들이 어떤 것을 목표로 노력할 때 오히려 얻지 못할 때 괴로운 느낌이 있게 됩니다. 이것들은 모두 다 괴로움의 드러남 중에서 가장 보편적인 현상이고, 일상생활의 경험 중에서 가장 쉽게 볼 수 있습니다. 우리들은 자신의 몸과 마음이 상속하는 가운데 이들 괴로움을 볼 수가 있습니다. 만약 수행에 진보가 있으면 다른 사람의 몸과 마음이 상속하는 괴로움도 볼 수 있습니다. 여러분께서도 다들 괴로움을 겪은 경험이 있겠지만, 오직 수도修道가 있어야 이들 괴로움을 초월할 수 있습니다.

오취온의 괴로움(saṃkhittena pañcupādānakkhandhā)

이상에서 말한 여덟 가지 고통은 모두 다 우리들이 구경의 괴로움 - 오취온五取蘊[58]을 분명히 이해하기 위함입니다. 부처님께서는 오온五蘊이

---

58) 「번뇌를 일컬어 '취(取)'라 한 것으로, 온蘊은 취로부터 생겨났기 때문에 '취온'이라고 이름하니, 이는 마치 풀(草)이나 겨(糠)에서 생겨난 불을 초강화(草糠火)라고 하는 것과 같다. 혹은 온蘊은 취에 속하기 때문에 '취온'이라고 이름하니, 이는 마치 신하가 왕에 속한 것을 '제왕의 신하'라고 하는 것과 같다. 혹은 온蘊은 취를 낳기 때문에

괴로움이라 설하지 않고 오취온이 괴로움이라고 설명하셨습니다. 왜냐하면 여러 차례 연속적인 갈애는 강렬한 "취착(取)"을 낳아서 오온에 집착하고 가없는 고통을 낳기 때문입니다.

오온이란 무엇일까요? 오온이란 우리들의 세계입니다. 불법의 관점에 따르면 세간은 오온이나 다름이 없어 오온이 없으면 세간도 없습니다. "세계世界"란 팔리어로 로카loka라 합니다. 경에서 "lujjeti lujjeti iti loka" 라고 설한 것이 바로 연속하여 끊어지지 않고 파괴되는 과정으로 이것이 바로 세계·오온의 뜻입니다. 그것들로 말미암아 끊어지지 않고 생멸 파괴됩니다. 만약 이것들에 집착하면 갖가지 괴로움이 만들어질 것입니다.

불교에 따르면 욕취欲取·견취見取·계금취戒禁取·아어취我語取의 네 가지 취착(四種取)59)이 있습니다. 오온에 집착해서 네 가지 취착이 있기 때문에 오온에 집착하지 않아야 비로소 네 가지 취착이 사라질 수 있습니다. 오온에 집착하고 있는 것이 바로 괴로움이기에 만약 집착하지 않을 수 있다면 비로소 괴로움을 "좋지 않은 허공(不好的虛空)"처럼 볼 수 있고, 비로소 생로병사의 괴로움으로부터 해탈할 수 있습니다.

어떻게 해탈해야 할까요? 우리들은 모두 태어남이 있어 어쩔 수 없이

'취온'이라고 이름하니, 이는 마치 꽃이나 과실을 낳는 나무를 화과수(花果樹)라고 하는 것과 같다.」『아비달마구사론』권1〈분별계품分別界品〉,『대정장』 책29, 페이지2 상단.

59) 취取는 번뇌의 뜻으로, 네 가지 취착은 삼계 중의 108번뇌를 가리킨다. 4가지 종류로 구분된다.「욕취欲取」는 욕계 오욕의 경계에 대해 일어나는 탐집貪執을 가리키며,「견취見取」는 사심邪心으로 분별하는 견집見執을 진실로 삼는 것을 가리키며,「계금취戒禁取」는 비정인非正因·비정도非正道를 정인正因·정도正道로 집착함을 가리키며,「아어취我語取」는 일체 몸 내부를 연하여 일어나는 아집을 가리킨다.『불광佛光』「사취四取」, 페이지1704 참조.

죽어야 하고 오직 해탈이 있어야 비로소 태어나지 않을 수 있습니다. 이왕 이 세간에 태어난 이상 늙고, 병들고, 죽는 괴로움을 벗어날 수 없기에 만약 지혜가 있어 찰나 찰나에 생하고 멸하는 변화의 괴로움을 볼 수 있다면 이러한 계속해서 파괴되는 과정에 집착하지 않을 수 있고, 근심하고 비탄하며 고뇌하고 번민하는 괴로움 · 원망하고 미워하는 사람을 만나야 하는 괴로움 · 사랑하는 사람과 이별해야 하는 괴로움 · 구하는 것을 얻지 못하는 괴로움이 없을 것입니다. 이 때문에 우리들의 오온이 다시는 "취온取蘊"이 아닐 때 모든 괴로움으로부터 해탈할 수 있습니다.

2. 세 가지 괴로움의 재해석

불교는 이 세간의 모든 경험이 다 괴로움이라고 강조합니다. 경전 상에서 말한 대로 태어나고 늙고 병들고 죽으며, 근심하고 비탄하며 고뇌하고 번민하며, 원망하고 미워하는 사람을 만나야 하며, 사랑하는 사람과 이별해야 하며, 구하는 것을 얻지 못하는 괴로움이 있습니다. 이것들은 일상생활에서 경험할 수 있는 괴로움입니다. 마음에 들지 않는 경계를 마주 대하여 생기는 몸과 마음을 괴롭혀 고뇌케 하는 괴로움을 일러 **고고**苦苦(dukkha-dukkha)라고 합니다.

두 번째 종류는 **괴고**壞苦(Viparṇama-dukkha)로 이것은 마음에 드는 경계를 마주 대할 때 생기는 쾌락, 편한 느낌으로 마음에 드는 경계가 파괴되어 소멸할 때 몸과 마음을 괴롭혀 고뇌케 하는 괴로움이 일어나는 것을 가리킵니다. 이것은 생활 중에 느낄 수 있는 무상한 변화의 괴로움입니다. 유정중생有情衆生과 경험하는 외부세계는 모두 멈추지 않고 변화하므로 만약 줄곧 그것들을 붙들고 싶다면 그것들의 변화를 받아들일 수 없고 곧 끝없는 고뇌가 일어나게 됩니다.

세 번째 종류는 행고(行苦; saṅkhāra—dukkha)로 이것은 무상한 괴로움을 가리킵니다. 일체의 유위법有爲法은 모두 다 인연이 생하고 멸하며 흐르면서 변화하는 것으로 지혜가 있는 사람은 진상眞相을 보아서 괴롭히고 고뇌하게 하는 괴로움을 무상하다고 느낍니다. 지혜가 없는 사람은 괴로움이 있으면 고제를 분명히 이해하지 못함으로 인해 집착합니다. 지혜가 있는 사람은 괴로움이 있어도 다만 그것들로 말미암아 고제를 분명히 이해하고 괴로움에 집착하지 않을 수 있습니다. "괴로움"은 끊임없이 무상한 핍박을 느끼는 것으로 그래서 무상함이 바로 괴로움입니다. 이것이 성인께서 깨달아 이해하신 경계입니다. 지혜가 없는 사람은 이 경계를 이해할 수 없습니다.

불교의 견해에 따르면 우리들은 태어나면 반드시 괴로움이 있습니다. 부처님조차 이 세간에 태어나셨기 때문에 괴로움이 있었습니다. 무상함이 괴로움이고, 오온의 변화가 바로 무상입니다. 왜냐하면 무상함에 집착하고 오온이 있다고 집착하여서 중생은 모두 괴로움이 있습니다. 도를 실현한 사람인 부처 · 독각獨覺 · 아라한 그들도 몸이 있고, 몸이 있어 괴로움이 있습니다. 다만 그들은 중도를 철저히 이해하였기 때문에 비록 몸의 괴로움이 있을지라도 마음의 괴로움은 없습니다. 그러나 범부중생은 아직 중도를 철저히 이해하지 못하였기 때문에 마음의 괴로움이 생깁니다.

"괴로움"을 잘 사유하여야 불교의 진정한 뜻을 분명히 이해할 수 있습니다. 만약 고제(眞諦)를 볼 수 있다면 집제 · 멸제 · 도제를 볼 수 있습니다. 만약 견도(見道; 성제를 현관함)를 아직 실현하지 못하였고, 해탈의 소연(所緣)도 아직 실현하지 못하였다면 고제의 참뜻을 깊이 이해할 수 없습니다. 만약 견도를 실현할 수 있어 해탈의 경계를 볼 수 있다면 무루無漏 · 청정의 법안으로 괴로움을 분명히 이해할 수 있습니다. 교진여는 청정한 지혜안으로 부처님께서 설하신 괴로움을 분명히 이해함으로 말미암아 고제에 대해 깊이 철저하게 이해하게 된 것입니다.

부처님께서는 개오開悟하신 후 순서를 따라 점진적으로 다섯 비구를 가르쳐 인도하셨습니다. 그 비구들은 전생에서 누적한 바라밀에다 덧붙여 끊임없이 열심히 괴로움을 관하고 청정법안을 실현함으로 말미암아 『무아상경無我相經』(Anattalakkhana-sutta)을 청문聽聞한 후 아라한과에 도달하여 마음의 괴로움을 완전히 떼어놓았습니다.[60] 아라한과를 실현하지 못한 사람은 마음의 괴로움을 완전히 떼어놓을 수 없습니다. 그래서 보살이나 아직 아라한과를 실현하지 못한 성문은 모두 다 여전히 마음의 괴로움이 있습니다. 왜 그럴까요? 왜냐하면 괴로움의 인 · 괴로움의 연은 바로 두 번째 성제인 괴로움의 인이고, 바로 갈애(愛)이기 때문입니다. 성문이나 보살이 견도를 실현한 후에도 여전히 미세한 갈애가 남아 있습니다. 만약 미세한 갈애가 있다면 "취착(取)"이 있고, 취착이 있어 다시 괴로움이 생기게 됩니다.

"갈애"가 "취착"의 인因이고, "취착"이 있으면 오취온이 있습니다. 오취온이 바로 우리들 존재의 원인입니다. 만약 우리들에게 오취온이 없다면 미래 존재의 조건도 없을 것입니다. 부처 · 아라한은 비록 "온蘊"이 있을지라도 "취온取蘊"은 없습니다. 그들에게 갈애가 없음으로 말미암아 "취착", 즉 집착이 없으므로 단지 현재의 존재만 있고, 미래 존재의 인연은 더 이상 없습니다. 그렇지만 우리들이 현재의 존재만 있고, 만약 더 이상 집착하지 않을 수 있다면 부처 · 아라한처럼 미래 존재의 인연은 더 이상 없습니다.

---

60) 파옥선사帕奧禪師가 강술한 『전정법륜轉正法輪』(고웅시高雄市 : 정심문교기금회淨心文教基金會 , 민국91년) 참조, 페이지 125

3. 무상의 괴로움은 존재의 진상眞相

무엇이 현존재現在存의 진상인가? 연속하여 끊임없이 일어나는 무상함은 바로 우리 현존재의 진실한 경험입니다. 다만 보통사람들은 진상을 보지 못하고, 오직 성인만이 이런 존재의 진상을 관찰할 수 있습니다. 이러한 연속하여 끊임없이 일어나는 무상한 핍박을 "괴로움"이라고 부릅니다. 이러한 끊임없이 생멸하는 핍박의 중심이 바로 우리들 존재의 소용돌이이고, 우리들 해탈 혹은 윤회 문제의 중심이며, 바로 우리들 "마음(心)"입니다. 이러한 문제의 핵심을 볼 수 있으려면 반드시 청정안清淨眼이 있어야 합니다.

무엇이 청정안일까요? 교진여는 어떻게 청정안을 실현할 수 있었을까요? 그는 견도를 실현하였을 때 존재의 소용돌이를 깊이 이해하게 되었습니다. 이 때문에 그의 마음은 해탈을 향해 방향을 바꾸었고, 존재의 소용돌이 속에서 해탈경계를 보았습니다. 그는 무엇으로 존재의 소용돌이 속에서 해탈 경계를 볼 수 있었을까요? "마음"으로 보았습니다.

마음은 존재의 소용돌이에서 중심이고, 바로 우리들 존재의 종자입니다. 불교는 생사윤회의 중심이 없다고 여깁니다. 다만 중생이 집착이 있음으로 인해 윤회가 있습니다. 마음은 윤회의 종자입니다. 만약 마음에 집착이 있으면 마음에 밭도 있고, 바로 윤회도 있음을 표시합니다. 무엇이 윤회하는 마음이 의존하는 밭일까요? 마음이 의존하는 밭은 바로 마음의 "행行"입니다.[61] 이는 마치 종자가 밭이 없으면 자랄 수 없는 것 같습니다. 마찬가지로

---

61) 행(行 ; sankhāra)은 여러 가지 의미가 있는데 대략 세 가지 측면으로 귀납할 수 있다. (1) 인연조건이 화합하므로 말미암아 만들어지는 사물, 즉 모든 유의법有爲法。(2) 업業 : 행위 동력을 가리킨다. (3) 심소心所를 가리킨다. 광의로 말하면 수상受想 이외의 심소를 제거하는 것이고, 협의로 말하면 「사思」심소(의지작용)를 가리킨다.

만약 마음의 종자가 "행"의 밭에 의존하지 않는다면 싹을 틔우고 성장할 수 없습니다.62)

이 때문에 부처님께서는 말씀하셨습니다. "마음이 종자이고, 마음이 계속 존재할 수 있는 조건(緣)이 바로 윤회하는 마음이니라." 윤회 속에 존재하는 모든 진상, 모든 법이 연기법이고, 윤회하는 마음도 연기법입니다. 그것은 다른 조건이 존재할 수 없고, 그것의 조건이 바로 색色·수受·상想·행行 등 기타 온蘊들입니다. 이 때문에 윤회하는 마음, 행이 있는 마음은 자기 스스로 존재할 수 없습니다.

무상은 일종의 괴로운 속박 및 핍박입니다. 이 때문에 윤회하는 마음은 장차 끊임없이 연속하여 생멸의 핍박을 받습니다. 무엇 때문에 무상의 핍박을 받게 될까요? 마음은 자기 스스로 존재할 수 없고, 그것의 밭인 "행"에 의지해야 생하기 때문에 만약 의존하는 밭이 없다면 윤회하는 마음은 존재할 수 없습니다. 마음은 찰나 찰나에 끊임없이 생멸합니다. 그것은 끊임없이 무상한 압박을 받는 중심입니다. 기타 색·수·상·행의 온들도 마음을 따라 끊임없이 생멸의 압박을 받습니다. 이러한 존재의 소용돌이 속에 있음을 분명히 이해하면 모든 법은 마음과 같이 일어나므로 끊임없이 생멸의 핍박을 받습니다. 부처님께서는 이러한 진리를 이해하셨기 때문에

---

62) 「업이라 말한 것은 행行 내지 유有이다. 경에 이르길, "식識이란 종자성種子性을 인으로 삼고 업業이란 전성田性을 인으로 삼으며, 무명 및 갈애는 번뇌를 인으로 삼는다. 이 네 가지는 작용을 밝힘이니라." 라고 하였다. 식이란 종자성을 인으로 삼는다고 말한 것은 번뇌 및 업이 훈습한 식이 후세의 몸(後有)·명색名色 등의 인이 될 수 있기 때문이고, 업이란 전성을 인으로 삼는다고 말한 것은 이 업이 종자의 식을 조작할 수 있기 때문이며, 무명 및 갈애가 번뇌성의 인을 삼는다고 말한 것은 비록 그 업이 있을지라도 만약 번뇌가 없으면 후세의 몸을 받지 않기 때문이다.」 『대승도간경수청소大乘稻稈經隨聽疏』, 『대정장』 책85 , 페이지554 중단.

고제를 실현할 수 있었습니다. 우리들도 마땅히 이러한 이치를 이해하여야 진정으로 고제를 이해할 수 있습니다.

4. 괴로움으로부터 벗어나는 방법

이미 괴로움을 깨달아서 괴로움의 진상을 또렷하게 보면 어떻게 괴로움으로부터 벗어나야 할까요? 당연히 괴로움으로부터 벗어나는 것은 괴로움의 소멸에 이르는 도성제(道聖諦)의 내용에 속하는 것이지만, 저는 여기서 먼저 중요한 개념을 설명하고 싶습니다. "괴로움"은 우리들의 공업共業입니다. 사람은 과거에 옛 인도에서도 괴로움을 받았고, 현재 이 땅에서도 괴로움을 받고 있으며, 미래에도 계속해서 괴로움을 받을 것입니다. 어디를 가든지 어떤 환경에 처하든지 상관없이 모두 괴로움을 받게 될 것입니다. 아마도 어떤 사람들은 "보약을 먹듯이 괴로움을 먹겠다"는 정신으로 괴로움을 이겨낼 수 있지만, 대부분의 사람들은 괴로움을 느끼고 괴로움을 인지한 후에도 괴로움의 핍박으로부터 어떻게 벗어날 것인지 고민할 것입니다. 방법은 다양합니다. 그렇다면 적합하고 적당한 하나의 방법으로 정말 문제를 해결할 수 있을까요? 공통의 이치가 존재함은 우리들을 "괴로움을 여의는(離苦)" 피안을 향하도록 인도할까요?

4-1 인도철학의 방법 : 삼매를 닦음(修定)

옛 인도의 요가를 실천하는 사람(yogacara, 瑜伽師)·수행자·선인仙人 그들은 마음에 경계(인식대상)가 있다면[63] 반드시 괴로움을 받는다고 믿었습니다.

무엇 때문에 괴로움을 받을까요? 왜냐하면 "마음"의 주인을 분명히 이해하지 못했기 때문입니다. 만약 마음의 주인을 변화시킬 수 있고, 자기 자신을 관할 수 있다면 비로소 괴로움을 벗어날 수 있습니다. 그 뜻인 즉, 마음에 여전히 경계가 있고, 여전히 외경(外境 artha)에 영향을 받는다면 윤회할 것입니다. 만약 마음의 자재를 실현할 수 있다면 마음은 주인이 될 수 있고, 해탈할 수 있습니다. 그래서 부처님께서 출생하시기 전에 인도에서는 상당히 발달된 철학개념이 있었습니다. 그것은 바로 "만약 마음이 주인임을 분명히 이해할 수 있다면 우리들은 해탈의 경계를 분명히 이해할 수 있고, 해탈을 실현하려면 반드시 삼매를 닦아야 한다"는 사상입니다.

부처님께서는 개오開悟하시기 전에 일찍이 그 당시 삼매를 지도할 수 있는 가장 자격 있는 스승을 따라 학습하셨고, 그 시대 존재하는 모든 경계를 경험하셨습니다. 그러나 그는 마음속에 삼매가 있으면 해탈할 수 있다는 설법에 대해 결코 만족하지 않았습니다. 그는 삼매에 들었을 때만 번뇌를 제거할 수 있고, 삼매에 나온 후에는 번뇌가 여전히 현전(現起)함을 몸소 경험하였습니다. "삼매"는 결코 마음속에 존재하는 모든 미세한 번뇌 종자를 제거할 수 없었고, 삼매를 빌어 구경열반에 도달할 수 없었습니다.

4-2 불교의 관점 : 무아無我

부처님께서 개오하고 중도를 실현하셨을 때 완전히 번뇌의 종자를 끊어버리는 법을 어떻게 알았을까요? 완전히 번뇌종자를 끊어버릴 수 있다면

---

63) 마음이 경계가 있음은 마음이 외부 경계의 경험이 있음을 가리킨다. 예컨대 마음에 탁자, 의자 등 개념의 경험이 있다.

다시는 윤회하지 않을 것이고, 계속해서 오취온 가운데 있지 않을 것입니다. 부처님께서는 고제를 실현하셨고, 오취온 안에 주인이 없음을 발견하셨습니다. 만약 주인의 개념이 있다면 완전히 해탈할 수가 없습니다. 왜냐하면 주인의 개념이 무엇이든 상관없이 여전히 가장 미세한 주인의 개념이 있다면 모두 다 마음의 괴로움(苦), 마음의 결박(縛), 마음의 유루(漏), 마음의 근심(憂), 마음의 응어리(結)입니다. 진정으로 해탈하려면 주인의 개념을 완전히 없애버려야 하고, 무아(無我)의 참뜻을 몸으로 증득하여야 합니다. 이와 같아야 진정한 고제를 분명히 이해할 수 있으며, 진정한 집제를 끊을 수 있으며, 진정한 괴로움의 소멸의 진리를 실현할 수 있으며, 진정한 괴로움의 소멸에 이르는 길을 닦아서 중도의 내용을 실현할 수 있습니다.

4-3 네 가지 거룩한 진리를 철저히 알아 중도를 행함

왜 부처님께서는 중도를 먼저 가르치신 다음 비로소 고·집·멸·도의 네 가지 진리를 가르쳤습니까? 중도가 있어야 주인의 개념을 철저히 없애버릴 수 있고, 무아를 몸으로 증득할 수 있기 때문입니다. 그래서 부처님께서 해탈하신 후 먼저 비구들에게 중도의 내용을 가르쳤습니다. 부처님께서 중도를 실현함으로 인해 고제를 철저히 이해하고 해탈하였습니다. 그래서 중도는 고제를 이해하는 것에 달려있을 뿐만 아니라 집제를 이해하는 것에도 달려있습니다. 중도가 있어야 사성제를 진정으로 이해할 수 있고 이와 같아야 도를 성취할 수 있습니다. 도를 성취할 수 있음은 멸제를 진정으로 이해하였기 때문입니다. 멸제 가운데 어떠한 주인의 개념도 있을 수가 없습니다.

만약 도를 성취하려면 제일 먼저 고제를 이해하여야 하고 고제를 이해하여야 집제 · 멸제 · 도제를 이해할 수 있습니다. 만약 "고苦"를 이해하지 못한다면 집제 · 멸제 · 도제를 볼 수가 없습니다. 만약 "집集"을 이해하지 못한다면 고제 · 멸제 · 도제를 볼 수가 없습니다. 만약 "멸滅"을 이해하지 못한다면 고제 · 집제 · 도제를 볼 수가 없습니다. 만약 "도道"를 이해하지 못한다면 고제 · 집제 · 멸제를 볼 수가 없습니다. 사성제를 분명히 이해하는 것은 분리될 수 없습니다. 다만 오직 "견도(見道)"가 존재할 때 비로소 진정으로 또렷하게 고집멸도의 사성제를 볼 수 있고, 하나의 마음과정에 동시에 출현할 수 있습니다.

우리들이 만약 무량심無量心을 실현하여 삿된 집착(邪執)의 마음을 버리려면 마땅히 중도를 실현하여야 합니다. 중도에 대한 철저한 이해가 있으려면 반드시 도를 깨달아야 합니다. 만약 도를 깨닫지 못한다면 해탈의 소연도 볼 수 없고, 사성제 피차간의 관계도 통찰할 수 없습니다. 도를 깨달아야 사성제가 동시에 현전하는 것을 볼 수 있습니다. **사성제가 다 같이 출현할 때 주인, 자아(我)의 개념은 있을 수 없습니다. 이것이야말로 진정한 해탈의 내용입니다.** 그래서 현관現觀의 과정이 바로 사성제의 과정을 분명히 이해할 수 있습니다. 자아의 개념이 있으면 마음은 진정한 해탈경계를 실현할 수 없습니다. 자아의 개념이 없어야 마음은 해탈경계를 실현할 수 있습니다. 부처님께서는 『전법륜경』에서 왜 고행을 떼어놓으라고 설명하셨겠습니까? 고행으로는 해탈에 도달할 수 없기 때문입니다. 부처님께서는 중도에 의지하여 해탈을 실현하셨습니다. 그때 이미 어떠한 주인의 개념도 없으셨고, 그래서 존재하는 모든 한계를 멀리 여의고 고행 · 쾌락 두 가지 극단을 멀리 여의고서 구경에 괴로움을 벗어나셨습니다.

인도철학은 해탈경계가 바로 삼매이고, 진정한 삼매가 있으면 진정한 해탈이 있다고 생각했습니다. 오직 부처님만 "삼매(定)"가 있는 것만으로는 진정한 적멸寂滅이 있을 수가 없다고 생각하셨습니다. 만약 중도를 분명히 이해하지 못하면 진정한 해탈은 없습니다. 중도가 있어야 고·집·멸·도를 분명히 이해할 수 있습니다. 그래서 부처님께서는 고행이 해탈의 경계를 실현할 수 없고, 오직 중도에 의지해야 실현할 수 있음을 알았기 때문에 고행을 벗어났습니다. 이 때문에 우리들이 무슨 법문을 수행하던 관계없이 만약 중도가 없다면 해탈의 목표를 실현할 수 없습니다.

5. 괴로움의 거룩한 진리, 맺음말

고제 속에는 모든 세계의 경험도 오온의 경계 가운데 있고, 일체의 소연所緣, 일체의 마음도 모두 오온에 속하며, 오온 속에 어떤 경험이 있든지 상관없이 모두 고제입니다. 이 때문에 오온의 경계가 없어야 참된 해탈이 있을 것입니다. 남전 아비달마 『분별론分別論』(vibhaṅga)에서는 이러한 이치를 잘 설명하고 있습니다.

> "괴로움이란 어떠한 것인가? 나의 번뇌이고, 나의 불선법不善法·삼선근三善根[64]의 유루有漏이며, 나의 유루의 선법·유루의 불선법의 이숙異熟이다. 소유법所有法의 무기無記를 지음으로써 비선비불선非善非不善·비업이숙非業異熟과 일체의 색이 됨을 괴로움이라고 말한다."[65]

64) "무탐無貪·무진無瞋·무치無痴를 삼선근三善根이라 한다. 선善을 일으키는 근根이 된다는 뜻이다. 신信은 선善을 믿는 것이고, 3선근은 선善을 행하게 하는 것이다." 『유식삼십송』

65) 『분별론일分別論一』, 『한역남전대장경漢譯南傳大藏經』 책49 , 페이지109.

그 의미는 이러합니다. 우리들의 세계 및 온갖 다른 경험들은 모두 오온 가운데 있습니다. 오온 속에 있어 일체가 무상의 경험입니다. 우리들이 어떤 색·수·상·행·식을 일으키든지 상관없이 모두 무상의 괴로움이 포함되어 있습니다. 만약 무상을 초월하려면 반드시 오온의 경계를 초월해야 합니다.

괴로움은 끊임없이 연속해서 괴로운 느낌(苦受)을 받는 것이 아니라 끊임없이 연속해서 무상한 핍박을 받는 것을 가리킵니다. 만약 어떠한 "자아", "주인"의 개념이든 그것이 있다면 무상의 핍박을 벗어날 수 없습니다. 부처님께서는 설사 매우 깊은 삼매를 닦아 지닐지라도 여전히 괴로움으로부터 벗어날 수 없고, 무상 핍박의 경계가 없음을 분명히 이해할 수 없으며, 오직 중도를 실현할 때 "자아"의 개념이 없어야 무상을 이해하고, 괴로움의 조건을 분명히 이해하여 괴로움을 벗어나며, 무상핍박의 경계가 없음을 경험할 수 있고, 그것이 바로 열반의 경계라고 생각하셨습니다.

우리들이 도를 깨달았을 때 비록 고제와 집제를 이해하였을지라도 단지 완전하다고 하기에는 아직 부족하며, 오직 아라한과阿羅漢果를 실현하여야 깊이 철저하게 이해할 수 있습니다. 대승불교에서는 아라한은 비록 고제·집제를 이해하여 괴로움을 벗어날지라도 오직 부처님만이 고·집·멸·도 사성제의 경계를 철저하게 깨달을 수 있고, 연기를 완전히 이해하므로 오직 부처님만이 일체지一切智66)를 갖추고 있음을 강조합니다.

간단히 말하자면 우리들이 경험하는 세계는 바로 오온이고, 오온은 무상을 벗어날 수 없으며, 때때로 무상의 핍박을 받음이 바로 고성제입니다.

---

66) 일체지一切智(범어 : sarvajña) 음역으로 살바야薩婆若, 안과 밖 일체 법상의 지혜를 알아차림(了知)을 말한다. 『유가사지론瑜伽師地論』권38에서는 「일체계一切界·일체사一切事·일체품一切品·일체시一切時에 걸림 없이 굴리는 지혜를 일체지라 한다.」『대정장』책30, 페이지498 하단.

제5장. 집성제 集聖諦

비구들이여! 「고의 집제」란 즉 갈애는 재생으로 이끌고, 기쁨과 탐욕을 수반하며, 이르는 곳마다 몸과 마음으로 즐거워하려는 갈애이다. 이른바 욕망에 대한 갈애·존재하려는 갈애·존재하지 않으려는 갈애이다.

Idam kho pana bhikkhave dukkhasamudayam ariya-saccam ǁǁ Yāyam tanhā ponobbhavikā nandī rāgasahagatā tatra tatrābhinandinī ǁ seyyatīdam ǁǁ Kāmatanhā bhavatanhā vibhavatanhā

諸比丘! 苦集諦者，卽：渴愛引導再生・伴隨喜貪・隨處歡喜之渴愛，謂：欲愛・有愛・無有愛.

1. 괴로움의 인 - 집제集諦

의사는 병을 치료하기 위해 먼저 병의 원인을 분명히 이해하여야 합니다. 병의 원인을 알아야만 비로소 증상에 맞게 투약하여 효과 있는 치료를 할 수 있습니다. 괴로움을 알면 괴로움을 야기하는 원인을 찾아내고, 다시 정확한 구경의 방법을 사용해서 괴로움의 핍박으로부터 벗어납니다. 그렇다면 괴로움의 인이란 무엇입니까?

갈애는 재생으로 이끌고(tanhā ponobbhavikā)

그 의미는 "애愛" · "갈애"가 우리들을 이끌어 재생으로 향하게 한다는 뜻입니다. 도노바와Donobbhava는 재생이고, 뽀노바위까ponobbhavika는 재생에 속함입니다. 갈애가 있으면 계속 윤회할 것입니다.

기쁨과 탐욕을 수반하며(nandī rāgasahagatā)

"기쁨"과 "탐욕"의 법이 함께 일어남을 가리킵니다. 무엇이 갈애의 조건緣입니까? 갈애의 조건은 바로 "느낌(受)"입니다. 어떠한 느낌이든 상관없이 만약 집착이 있다면 그것은 곧 재생의 조건으로 변하게 될 것입니다. 단지 즐거운 느낌만이 재생의 연기라고 생각할 필요는 없습니다. 괴로운 느낌도 재생의 조건이고, 괴롭지도 즐겁지도 않은 느낌도 재생의 조건으로 변화될 것입니다. 이러한 느낌들은 단지 무명과 갈애와 함께 존재하여야 모두 다 재생의 조건이 될 것입니다. 부처님께서는 『유명소경(有明小經 ; Culavedalla Sutta)』에서 분명히 설명하셨습니다. "만약 즐거운 느낌과 탐욕의 번뇌(貪欲隨眠)[67]가 같이 일어나면 미래 윤회의 조건이 될 것이고, 만약 괴로운 느낌과 분노의 번뇌(瞋隨眠)가 같이 일어나면 미래 윤회의 조건이 될 것이며, 만약 괴롭지도 즐겁지도 않은 느낌과 무명의 번뇌(無明隨眠)가 같이 일어나면 미래 윤회의 조건이 될 것이다."[68] 그래서 만약 "느낌"에

67) 수면隨眠Anuśaya : 번뇌의 다른 이름. 번뇌는 늘 중생을 따라다녀 여의지 아니하므로 수(隨)라 하고, 그 작용이 아득하여 알기 어려움이 마치 잠자는 상태와 비슷하므로 면(眠)이라 함. 또 중생을 좇아다녀 마음을 혼미하게 하는 것이 잠자는 것과 같으므로 이렇게 이름.

68)「즐거운 느낌은 탐욕의 번뇌를 따라다니게 하고 괴로운 느낌은 분노의 번뇌를 따라다니게 하며 괴롭지도 즐겁지도 않은 느낌은 무명의 번뇌를 따라다니게 한다.」

탐욕 · 분노 · 무명의 물듦(染)이 있다면 계속해서 윤회할 것입니다. 삼독에 물듦이 없어야 비로소 다시는 윤회하지 않을 것입니다. 미래 고과苦果의 인因에 대하여 집착의 부분에서 "갈애(愛)"가 가장 밝게 드러나고, 가장 용이하게 관찰되는 법이기 때문에 부처님께서는 특별히 "갈애"의 이치로 다시 태어나는 윤회의 조건緣을 설명하셨습니다.

이르는 곳마다 몸과 마음으로 즐거워하려는 갈애(tatra tatrābhinandinī)

이는 갈애의 대상이 무엇인지 상관없이 갈애가 있으면 계속해서 윤회할 것이라고 설명합니다. 부처님께서는 매우 많은 방편으로 이러한 도리를 설명하셨습니다. 예를 들면 여섯 가지 갈애가 일어납니다. 즉 눈으로 좋아하는 빛깔(色塵)을 즐겨 보고, 귀로 좋은 소리를 즐겨 들으며, 코로 좋은 냄새를 즐겨 맡고, 혀로 좋은 맛을 즐겨 맛보며, 몸으로 편안한 감촉을 즐겨 느끼고, 뜻으로 좋아하는 법을 즐겨 생각하는 등 여섯 가지 즐겨 탐함(貪愛) 등이 있습니다. 그 밖에 경전에서는 108종의 갈애가 우리들 미래존재의 조건緣이라고 언급하고 있습니다. 내육근內六根, 외육진外六塵의 12종이 있고, 또한 각각에 대해 과거 · 현재 · 미래의 삼세로 36종으로 변화되며, 이 36가지 종류는 또한 욕망에 대한 갈애(欲愛) · 존재하려는 갈애(有愛) · 존재하지 않으려는 갈애(無有愛) 3종의 갈애가 있어 총 108종의 갈애가 있습니다. 부처님께서는 여러 가지 종류의 다른 "갈애"로써 우리들에게 미래존재의 조건이 있는데, 만약 그 중 어떠한 한 종의 갈애가 있어도 중생들은 계속하여 윤회한다고 설명하셨습니다. 그래서 "갈애"가 괴로움의 인인 것입니다.

욕망에 대한 갈애(kāmatanhā)

『중부경전2中部經典二 ; 교리문답의 짧은 경(有明小經)』,『한역남전대장경』, 24 페이지.

주로 다섯 가지 욕망(五欲)을 집취執取하는 것으로, 빛깔(色)·소리(聲)·냄새(香)·맛(味)·감촉(觸)에 애착함을 가리킵니다.

존재하려는 갈애(bhavatanhā)

갈애는 우리들 존재(有)의 주요한 인因으로 그것과 "상견(常見 ; Śāśvata-drsti)"의 번뇌(隨眠)가 상응하여 존재에 대해 집착하는 것입니다. 욕계欲界 중생을 제외하고 존재에 대한 집취執取가 있습니다. 색계色界 중생도 집취가 있지만, 다만 욕계는 색계만큼 미세하지는 않습니다. 그래서 색계 천인은 욕계중생을 보게 되면 우리들을 매우 거칠고 열등하다고 느낄 것입니다. 마치 우리들이 좋아하지 않는 강아지와 쥐를 보면 이들 동물들이 매우 거칠고 열등한 생명체라고 느끼는 것과 같습니다.

존재하지 않으려는 갈애(vibhavatanhā)

만약 우리들의 존재에 기뻐하지 않는다면 그것도 일종의 갈애로 이 같은 갈애는 "단견(斷見 ; uccheda-drsti)"의 번뇌와 같이 일어납니다.

『진리의 분별(諦分別)』(Sacca Vibhahga)에서 부처님께서는 5개 방면에서 집제集諦를 해석하였습니다.69) :

(1) 애욕(tanhā)이 집제이다.

(2) 열 가지 번뇌 : 탐욕(貪)·분노(瞋)·어리석음(癡)·교만(慢)·삿된 견해(邪見)·의심(疑)·혼침昏沈·도거掉擧·부끄러움 없음(無慚)·두려움 없음(無愧)이 집제이다.

---

69) 『분별론1分別論一』, 『한역남전대장경』 책 49 , 페이지111.

(3) 일체의 불선법不善法이 집제이다.

(4) 일체의 불선법 및 환생(投生)을 만들 수 있는 세 가지 선근(무탐 · 무진 · 무치)이 집제이다.

(5) 일체의 불선법 및 능히 환생을 만들 수 있는 선법 혹은 일체 불선업의 힘 및 환생을 만들 수 있는 선업의 힘 모두가 집제이다.

『상응부相應部 ; 인연품상응因緣品相應』에서 부처님께서는 연기법緣起法이 집제라고 말씀하셨습니다. 이 때문에 무명無明 · 애愛 · 취取 · 행行 · 업業은 모두 다 집제입니다. 간단히 말하자면 일체의 불선업 및 환생을 만들 수 있는 선업이 모두 다 집제입니다.70)

집제가 일체의 불선업 및 환생을 만들 수 있는 선업의 힘을 포괄한 이상 왜 부처님께서는 본경에서 단지 갈애가 집제라고 말씀십니까? 저는 부처님께서 가장 분명히 드러나고 쉽게 이해하는 부분부터 설명하셨다고 생각합니다. 업의 힘이 여전히 애욕을 수반하기만 하면 그것은 과보로 맺어질 것입니다.

어떤 갈애이든지 상관없이 모두 다 미래 윤회의 조건입니다. 아라한과 부처님께서는 이 도리를 완전히 이해하셔서 육근이 감각대상(塵境)을 대할 때 끊임없이 버려서 윤회로부터 벗어날 수 있습니다. 만약 버릴 수 없다면 반드시 미래의 존재가 있을 것입니다. 만약 어떤 사람이 아라한인지 아닌지 이해하려면 「버림의 사(舍)」에 의해 「버림의 사」가 버리는 느낌(舍受)이 아니라 「행하는 사(行舍)」인지 판별할 수 있습니다71). 아라한은 여전히 즐거워 함(高

70) 『전정법륜轉正法輪』, 페이지27 참조

71) 신구의 삼업으로 정진하여 혼침 · 도거를 버리고 마음이 움직이지 않아 적정에 머물면서 마음이 평등 정직한 상태를 보호하고 지킴을 가리킨다.

興)이 있습니다. 이때 즐거운 느낌(樂受)에 대한 탐욕의 번뇌는 없지만, 괴로운 느낌이 들 때 여전히 아플 것입니다. 괴로운 느낌이 들 때 여전히 아프지만, 분노의 번뇌가 없을 것입니다. 괴롭지도 즐겁지도 않다는 느낌이 들 때 무명의 번뇌가 없고 혼침·도거가 없으면 이것이 바로 「행하는 사」입니다. 아라한은 행하는 사가 있기 때문에 바로 죽음에 임할 때 그의 마음은 복의 행(福行)·비복의 행(非福行)·부동의 행(不動行)이 없을 것입니다.72) 그래서 아라한은 사후에 다시는 미래의 존재가 없을 것입니다.

「행하는 사」는 바로 「마음이 치우치지 않음(心不偏)」입니다. 아라한과 부처님께서는 마음이 치우치지 않아서 해탈할 수 있었습니다. 왜 마음에 치우침이 있습니까? 즐겁다고 느낄 때 탐욕의 번뇌가 일어나고, 괴롭다고 느낄 때 분노의 번뇌가 일어나며, 괴롭지도 즐겁기도 않다고 느낄 때 무명의 번뇌가 일어납니다. 탐욕과 분노, 무명의 인연이 있을 때 마음에 치우침이 있습니다.

고제를 철저히 이해하면 괴로움의 인, 괴로움의 연을 이해하게 될 것입니다. 무엇이 괴로움의 조건이고, 무상한 경계의 조건입니까? 바로 집제입니다. 만약 집제를 이해할 수 있다면 계속해서 무상한 경계 가운데 있을 필요가 없습니다. 왜 미래는 계속해서 무상한 경계 속에 있습니까? 우리들에게 오온이 있을 뿐만 아니라 여전히 오취온이 있기 때문입니다. 그래서 계속해서 무상한 경계 가운데 있을 수 없습니다. 왜냐하면 그들에게는 갈애와 집착(愛取 ; 구하는 마음)이 없어서 마침내 모든 무상한 핍박이 멈추었습니다.

---

72) 「복의 행(福行)」은 인·천의 선과善果를 불러오는 십선十善을 행함을 가리킨다. 「비복의 행(非福行)」은 삼악도의 고를 불러오는 십악죄를 행함을 가리킨다. 「부동의 행(不動行)」은 색계 무색계의 과를 불러오는 유루선정有漏禪定을 닦음을 가리킨다. 아라한의 심식心識은 더 이상 이런 세 가지 행이 없기 때문에 더 이상 삼업三業을 시동하지 않는다.

2. 갈애渴愛가 곧 집제集諦

왜 미래는 계속 존재하고, 계속 무상의 압박을 받을까요? 우리들에게 「갈애渴愛」가 있고, 갈애로 인해서 「취착(取)」을 행하기 때문입니다. 갈애와 취착은 「무명」에 의지해서 생기고, 무명도 갈애와 취착에 의지해 생깁니다. 무명이 있고 갈애가 있어서 무상한 경계의 핍박을 받게 됩니다. 만약 무명이 없고 갈애가 없다면 무상한 경계 가운데 있지 않고 계속해서 무상의 핍박도 받지 않을 것입니다.

갈애와 취착, 그리고 무명의 일어남은 무엇에 의지합니까? 「업業」에 의지합니다. 무명이 있어야 업이 있고, 업이 있어야 무명이 있습니다. 무명이 있기 때문에 「행行」이 있고, 행이 있어 윤회하는 마음이 있습니다. 윤회하는 마음이 있으면 존재하는 모든 경험과 화합할 수가 없고, 바로 색·수·상·행·식 오온으로 나누어집니다. 무명·행·업·갈애·취착은 모두 다 미래 존재의 조건입니다. 무명·행·업은 현재 갈애가 있기 때문입니다. 갈애는 미래존재에 특별한 요소이긴 하지만, 갈애는 스스로 출현하지 않습니다. 부처님께서는 갈애와 무명·행·업·취착이 동시에 일어나서 중생은 계속해서 윤회하는 것을 또렷하게 보셨습니다. 윤회하는 마음의 특별한 조건은 갈애입니다. 만약 갈애가 없다면 비로소 무명과 업을 제거할 수 있습니다. 이러한 이치를 명확히 이해하면 미래의 마음은 계속해서 존재하지 않습니다. 마음에 이미 갈애가 없고 행이 없기 때문입니다. 갈애가 있으므로 「행」은 계속 존재합니다. 이와 같이 세간심, 즉 행이 있는 마음은 계속 존재합니다.

부처님께서는 말씀하셨습니다. 우리들이 끊임없이 윤회하여 출생하는 것은 과거에 무명이 있었기 때문이고, 무명이 일어나는 것은 과거에 무명·갈애·취착이 있음으로 말미암아 갈애가 있고 취착이 있기 때문이며, 「행이 있는 마음(有行的心)」도 계속해서 존재합니다. 만약 해탈하고 싶으면 과거의 무명 · 행 · 업 · 갈애 · 취착의 과를 제거하여 합니다. 그것이 바로 「현재의 존재(現在的存在)」입니다. 그래서 이번 생에 끊임없이 무상의 핍박을 받아도 계속해서 무명 · 행이 있는 마음 가운데 계속해서 「업」을 모으지 않을 것입니다. 이 때문에 갈애를 제거할 수 있고, 미래 모든 존재의 조건, 즉 무명과 업을 피할 수 있습니다. 그래서 부처님께서는 집제는 갈애와 취착을 주된 것으로 삼는다고 말씀하셨습니다. 무명이 일어나는 것은 갈애에 의지하고 업은 곧 무명에 의지함으로 말미암아, 무명이 있으면 업이 있고 업이 있으면 무명이 있습니다. 그래서 무명과 업이 있으면 반드시 행이 있습니다. 행이 있음은 갈애를 제거하지 못하였기 때문이고, 갈애를 제거하지 못하였다면 아무리 애써도 계속 무상의 핍박을 받을 수밖에 없습니다.

현재 신체가 존재하는 연은 과거의 업이 있었기 때문이고, 미래 존재의 가장 중요한 인연은 바로 현재의 갈애입니다. 이 때문에 범문 『구사론俱舍論』에서는 『연기경緣起經』을 인용하여 현재의 신체는 과거의 업이 있었기 때문이고, 미래의 신체는 현재의 갈애가 있기 때문이라고 설명하고 있습니다. 이 경전은 「신체」의 존재를 이용하여 우리들에게 연기의 상호관계를 분명히 이해시켜 줍니다. 부처님께서는 다른 경전에서도 수많은 방편을 설명하면서 "만약 갈애를 제거하면 미래의 괴로움, 미래의 괴로움의 인, 미래의 오온, 미래의 세계를 제거할 수 있다." 라고 언급하셨습니다.

오온은 (눈 앞에 보이는) 우리들의 세계입니다. 『구사론』 제1품 및 기타 경전에서도 괴로움과 괴로움의 인이 바로 우리들의 세계라고 언급하고 있습니다.73) 팔리어 「로카loka」는 바로 끊임없이 무상의 핍박을 받는 것으

73) 「유루有漏를 취온取蘊이라고도 이름하며 역시 또한 유쟁有諍이라고도 설하며 아울러 고苦 · 집集 · 세간世間 견처見處 · 삼유三有 등이라고도 한다.」 『아비달마구사론』

로 바로 「세계」란 뜻입니다. 이 때문에 부처님께서는 고제와 집제는 바로 우리들의 오취온 · 우리들의 세계 · 우리들의 연기라고 설명하셨습니다. 불교에서 세계는 단지 하나의 연만 있을 수 없고, 그것은 수많은 여러 연의 취합聚合으로 말미암는다고 믿습니다. 그래서 오취온 속에서 일체 법 모두는 연기법입니다.

아래는 범문 『구사론』에서 인용한 『연기경』(pratītya-samutpāda- sūtra)을 번역한 것입니다.

"부처님께서 이르시길, 비구들이여!

눈에는 인因이 있고 연緣이 있다! 무엇이 눈의 인이고 눈의 연인가? 업이 눈의 인이고 눈의 연이다.

업業에는 인이 있고 연이 있다! 무엇이 업의 인이고 업의 연인가? 갈애가 업의 인이고 업의 연이다.

갈애(愛)에는 인이 있고 연이 있다! 무엇이 갈애의 인이고 갈애의 연인가? 무명이 갈애의 인이고 갈애의 연이다.

무명無明에는 인이 있고 연이 있다. 무엇이 무명의 인이고 무명의 연인가? 이치가 같지 않은 작의(作意; 마음을 일깨워 바깥 대상을 향하여 발동케 하는 정신 작용)가 무명의 인이고 무명의 연이다."[74]

권1「분별계품分別界品」, 『대정장』책29 , 페이지2 상단.

74) 그 밖에 『잡아함雜阿含』 참조. 「무엇을 눈의 인因 · 눈의 연緣 · 눈의 얽맴(縛)이라고 하는가? 이른바 눈은 업이 인이고 업이 연이며 업이 얽맴이다. 업에도 인이 있고 연이 있고 얽맴이 있다. 무엇을 업의 인 · 업의 연 · 업의 얽맴(縛) 이라고 하는가? 이른바 업에는 갈애가 인이고 갈애가 연이며 갈애가 얽맴이다. 갈애에도 인이 있고

『구사론』에서는 「업業」(갑마kamma)은 곧 「생生」으로 존재의 현상이라고 설명합니다. 「갈애愛」는 곧 「일어남起」으로 재생의 과정입니다. 범문 주해에서는 "업의 종자는 분별적이다. 마치 밀 종자를 심으면 밀이 자란 후에 망고나무가 되지 않고, 밀이 되는 것과 같다. 취착은 바로 갈애로 갈애는 물과 같다. 모든 식물은 밀이든 망고이든 보리수 종자이든 상관없이 모두 다 물에 의지해 성장한다. 그래서 일체 존재의 연은 바로 「갈애」란 물을 대는 것이 있기 때문에 출현한다."라고 설명합니다.[75)]

3. 집성제集聖諦 맺음말

우리들은 고제가 연기법이고, 괴로움이 가장 분명히 드러난 연기가 바로 무명·행·업·갈애·취착임을 확실히 이해하였습니다. 모든 번뇌·유루법有漏法은 모두 다 괴로움의 연기, 괴로움의 인연입니다. 매우 많은 인연

연이 있고 얽맴이 있다. 무엇을 갈애의 인·갈애의 연·갈애의 얽맴(縛) 이라고 하는가? 이른바 갈애는 무명이 인이고 무명이 연이며 무명이 얽맴이다. 무명에도 인이 있고 연이 있으며 얽맴이다. 무엇을 무명의 인·무명의 연·무명의 얽맴(縛)이라고 하는가? 이른바 바르지 않은 사유가 인이고, 바르지 않은 사유가 연이며, 바르지 않은 사유가 얽맴이다.」『잡아함경 ; 제334경』, 『대정장』책2 , 페이지92 중 하.

75) 한역 『구사론』을 참조할 수 있음 :「어떠한 법을 '생겨나게 함[生]'이라 하는가? 어떤 법을 '일어나게 함[起]'이라고 하는가? 3계(界)·5취(趣)·4생(生) 등의 품류로 차별되어 그 자체 출현하는 것을 '생겨나게 함'이라고 말한다. 만약 어떠한 차별도 없이 후세의 몸(後有)으로 상속된다면 '일어나게 함'이라고 말한다. 즉 업과 존재하려는 갈애(有愛)는 이 순서대로 그 두 가지 인이 된다. 비유하자면 종자가 곡식이나 보리 따위와는 다른 종류인 싹에 대해 능히 그것을 생겨나게 하는 인[能生因]이 되고, 물이 일체의 싹에 대해 어떠한 차별 없이 능히 그것을 일어나게 하는 인[能起因]이 되는 것과 같다.」『아비달마구사론』권22〈분별현성품分別賢聖品〉, 『대정장』책9 , 페이지 116상.

중에서 부처님께서는 「갈애」로 집제를 설명하셨습니다. 「갈애」와 「번뇌」는 스스로 일어나지 않고 반드시 상응법相應法이 있습니다. 윤회 · 오온 · 세간의 일체법은 모두 다 인이 있고, 연이 있는 것으로 그들이 올 때는 단독으로 올 수가 없고 반드시 수많은 벗들이 동반하여 뒤따릅니다.

이들 미혹의 괴로움(惑苦) 가운데 「갈애」는 괴로움을 설명하고, 오취온을 설명합니다. 괴로움의 매우 많은 인연 중에서 지혜 있는 사람들은 괴로움이 가장 분명히 드러나는 연이 바로 「갈애愛」이고, 갈애가 있으면 반드시 무명 · 행 · 업 · 취착이 있고 이들은 무두 다 괴로움의 인연 속에 포괄됨을 볼 수 있습니다.

부처님께서는 우리들이 신체상에서 가장 분명히 드러나는 연이 바로 「업」이라고 말씀하셨습니다. 업은 바로 우리들이 현재 겪는 괴로움이며, 「갈애」는 미래 존재에게 가장 분명히 드러나는 연입니다. 이것이 특별한 연임은 매우 쉽게 알아 볼 수 있습니다. 어떻게 볼 수 있을까요? 왜냐하면 「갈애」는 「느낌에 몸과 마음으로 즐거워함(歡喜受)」라는 뜻이기 때문입니다. 『잡아함경雜阿含經』에서는 "「느낌受」에 대해 몸과 마음으로 즐거워하면 갈애가 출현하고 그 뒤 갈애에 연해 취착이, 취착에 연해 유有가, 유에 연해 생生이, 생에 연해 모든 괴로움이 출현한다."고 말합니다.76) 우리들 미래

76) 「만일 취하는 법[取法]을 따라 맛들여 집착하고, 돌아보며 기억하여 마음을 묶으면, 그 마음은 치달리면서 명색(名色)을 좇게 되느니라. 명색을 연하여 육입처가 있으며, 육입처를 연하여 촉이 있고, 촉을 연하여 느낌이 있으며, 느낌을 연하여 갈애가 있고, 갈애를 연하여 취착이 있으며, 취착을 연하여 존재가 있고, 존재를 연하여 태어남이 있으며, 태어남을 연하여 늙음 · 병듦 · 죽음과 근심 · 슬픔 · 번민 · 괴로움이 있다. 이와 같이 이렇게 하여 순전한 큰 괴로움의 무더기가 모이게 되느니라.」『잡아함경; 제284경』, 『대정장』책2 , 페이지79 하. 그밖에 『상응부경전2 · 인연상응因緣相應55-57』, 『한역남전대장경』, 페이지105-108.

존재의 중점은 「현재의 갈애」입니다. 수행을 하면 괴로움은 집착이 있기 때문이고, 집착은 「갈애(愛創)」가 있기 때문임을 압니다. 그래서 우리는 계속 존재하고 계속 윤회하는 마음이 상속하고 있음을 알 수 있습니다. 똑같은 이치로 부처님께서는 『정견경正見經』에서 「사식四食」을 설명하시길, 단식段食 · 촉식觸食 · 의사식意思食 · 식식識食의 연이 바로 갈애이고, 갈애의 연이 바로 느낌이며, 느낌의 연이 닿음이라고 하셨습니다. 연기의 상호관계 가운데 「갈애」로써 집제를 설명합니다. 왜냐하면 갈애가 있고 취착이 있어서 미래의 존재와 존재의 모든 괴로움이 있기 때문입니다.77)

---

77) 「만약 거룩한 제자가 식食을 알고, 식의 집을 알며, 식의 멸을 알며, 식의 멸의 도를 알아 이와 같은 자라면 거룩한 제자는 바른 견해(正見)를 갖추었다.……그 네 가지란 첫째 혹 거칠고 혹 미세한 박식(搏食 ; 단식)이고, 둘째 촉식觸食이며, 셋째 의사식意思食, 넷째 식식識食이다. 욕망의 집에 의지하여 식의 집이 있고, 욕망의 소멸에 의지하여 식의 멸이 있다.……거룩한 제자가 이와 같이 식을 알고, 이와 같이 식의 집을 알고, 이와 같이 식의 멸을 알며, 이와 같이 식을 소멸하는 도를 알고, 저 탐욕의 번뇌를 버리고, 『내가 있다(予有)』는 견해의 교만 번뇌를 제거하고, 무명을 버리고, 그로 하여금 명明을 일어나게 하여 현법(現法)에서 고를 멸한다.」『중부경전일中部經典一 · 정견경正見經』, 『한역남전대장경』, 페이지61-62. 그 밖에 『중아함경 · 대박구라경大拘絺羅經』, 『대정장』책1 , 페이지461하단-462상단. 『잡아함경 · 제334경』, 『대정장』 책2 , 페이지94 상중단 참조.

제6장. 멸성제 滅聖諦

비구들이여! 「고의 멸성제」란 곧 이러한 갈애를 남김없이 쉬어 소멸하고, 버리고 떠나보내며, 해탈하고, 정착함이 없음이다.

Idam kho pana bhikkhave dukkhanirodham ariyasaccam ‖ Yo tassā tanhāya asesa-virāganirodho cāgo patinissaggo mutti anālayo ‖

諸比丘！苦滅聖諦者，即：于此渴愛息滅無餘・棄舍・遣離・解脫・無著.

1. 멸제滅諦 즉 열반涅槃

멸성제란 무엇일까요? 멸성제란 바로 열반이고, 곧 「갈애가 없다」는 뜻입니다. 갈애가 없기 때문에 취착이 없고, 연緣이 없습니다. 그래서 열반은 바로 취착이 없는 법(無取法)이고, 무루법無漏法이며, 무위법無爲法이자, 고제와 집제가 없는 것입니다. 왜 무루법이고, 무위법일까요? 연이 없기 때문입니다. 그래서 「취착이 없는 열반(無取涅槃)」은 연이 없는 열반입니다. 이래야 진정한 열반입니다. 괴로움의 연은 「번뇌」가 있기 때문입니다. 열반 본신本身은 결코 연이 없고, 그것이 「도道」 가운데 출현한 것에 지나지 않습니다. 도는 열반의 연을 실현한 것입니다. 이러한 이치에 또렷해야, 왜 견도見道할 때 사성제가 함께 출현하는지 이해할 수 있습니다.

갈애가 남김없이 쉬어 소멸함(tanhāya asesavirāganirodho) :

이것은 윤회의 연을 완전히 떼어놓음(離開)을 가리킵니다. 부처님께서는 윤회의 연은 「갈애愛」이고, 갈애를 완전히 떼어놓으면 윤회를 완전히 떼어놓을 수 있다고 말씀하셨습니다. 윤회의 존재는 무수한 다른 번뇌가 조성하는 것으로 말미암고, 모든 번뇌는 다 윤회의 연입니다. 이들 번뇌 가운데 가장 중요한 연은 바로 갈애입니다. 갈애가 있어야 무명이 있으며, 무명이 있어야 기타 번뇌가 있습니다. 만약 우리가 갈애를 떼어놓는다면 오취온五取蘊을 떼어놓을 수 있습니다. 왜냐하면 갈애가 바로 「취착取」이고, 「취착」은 바로 여러 차례 연속되는 갈애이기 때문입니다. 이 같은 강렬한 갈애를 「취착」이라고 부릅니다.

윤회를 떼어놓음은 오온五蘊을 떼어놓는 것이 아니라 오취온을 떼어놓는 것을 가리킵니다. 왜냐하면 오취온의 뜻이 바로 「갈애」이기 때문입니다. 부처님께서는 갈애가 오취온의 근본 연이 된다고 설명하셨습니다. 팔리어에서 「열涅」(닙nib)은 「없음」이고, 「반盤」(바나bāna)는 「갈애」를 가리키는 말로 열반은 바로 갈애의 상황이 없습니다. 갈애가 완전히 없으면 열반의 경계에 들어갈 수 있습니다. 만약 갈애가 있다면 설사 수행이 있고 지혜가 있을지라도, 갈애가 완전히 없는 경계로 진입할 수 없습니다. 왜냐하면 오취온이 「갈애」이기 때문에 갈애가 있으면 윤회의 연이 있고, 무명 등 기타의 번뇌가 있습니다. 그래서 갈애가 있으면 재생이 있습니다. 오직 갈애를 완전히 떼어놓아야 비로소 끊임없이 열반의 경계에 머물러 있을 수 있습니다.

버림(cāga)

만약 열반에 들어가, 번뇌가 없는 경계에 도달하려면 반드시 전부 포기하고 버려야 합니다. 무엇을 버려야 할까요? 갈애 및 모든 기타 번뇌를 버릴 수 있다면 오온을 버릴 수 있고, 윤회를 버릴 수 있습니다.

떠나보냄(patinissagga)

「버림」의 뜻과 같은데, 모든 번뇌를 놓아버려야 함을 가리킵니다.

해탈(mutti)

앞에서 언급한 일체를 「버리고」, 「포기(定棄)」하는 목적은 완전히 해탈할 수 있기 위함입니다.

정착이 없음(anālaya)

북전불교의 설법에 의하면 ālaya는 바로 아뢰야로 「머물러 있음(住)」·「서 있음(立)」·「정착해 있음(著)」의 뜻이 있습니다. 예를 들면 가장 높은 산인, 히말라야 산은 설산으로 불리는데, 즉 「눈이 머물러 있는 곳(雪住著)」이란 뜻이 있습니다. 만약 우리가 갈애를 버릴 수 있다면 윤회 속에 「머물러 있음」·「정착해 있음」이 없습니다. 일정한 곳에 머물러 있음이 없기 때문에 열반에 들 수 있습니다. 열반은 갈애가 없는 경계입니다. 갈애가 없으므로 곧 머물러 있음이 없고, 일정한 곳이 없게 되면 「소멸滅」시킬 수 있습니다.

만약 진정으로 멸제를 이해할 수 있다면 먼저 견도(見道; 견성)해야 직접 체험할 수 있습니다. 견도하지 못하면 멸제가 있음을 직접 경험할 수 없습니다. 이것이 모든 불교 공통의 견해입니다. 만약 우리들이 무루지혜無漏智慧로 고苦·무상無常·무아無我를 사유할 수 있다면 중도를 실현할 때 사성제가 동시에 현기現起함을 볼 수 있습니다. 만약 견도를 실현하지 못하면 몸소 체험할 수 없습니다.

견도 이전에 제일 먼저 무루지혜의 경계를 이해하여야 하며, 지혜를 운영할 수 있는 마음을 이해하여야 하며, 능관能觀과 소관所觀의 경계를 이해하여야 하며, 우리들이 생활하는 세계 가운데 실천한 것에 대한 진실한 경험을 이해하여야 합니다. 지혜로 세계의 연기를 분별·이해할 수 있으면 이것이 바로 고제·집제의 기초를 이해하는 것입니다. 이러한 기초가 없다면 견도를 실천할 수가 없습니다.

간단히 말해서 우리는 명색(名色 ; nāmarūpa)을 이해하여야 합니다. 명색은 바로 지혜의 경계입니다. 명색 가운데 모든 무루지혜·모든 분별이 포함되어 있습니다. 예컨대 오온五蘊·십이처十二處·십팔계十八界 등은 모두 명색 안에 있습니다.

왜 반드시 명색법名色法을 이해하여야 할까요? 왜냐하면 명색을 관하면 내가 없고 네가 없기 때문입니다. 명색을 관하는 것이 바로 세계에 대한 진실한 경험입니다. 예를 들면 잔을 관찰해보면 잔은 명색의 경험에 속합니다. 우리들은 이 물건을 「잔」이라 부르지만, 인류가 이것에 이러한 명칭을 부여하였을 뿐임을 이해할 수 있습니다. 만약 강아지가 잔을 보았다면 그것도 사람과 같이 이 물건의 색채·형상을 보겠지만, 강아지는 이 물건이 「잔」이라고 알지 못합니다. 그래서 진실한 경험 중에서 「잔」은 다만 명색법의 존재일 뿐입니다. 만약 지혜 경계에 진입하고 싶다면 실제의 명색 경험을 통찰하여야 합니다.

명색법은 반드시 지혜의 경계로 진입하여야 관찰할 수 있습니다. 만약 이와 같은 이해가 없다면 무상無常을 진정으로 이해할 수 없습니다. 찰나 찰나의 무상이 개념에 속하는 것이 아니라 세계의 진실한 법에 속하기 때문입니다. 우리는 잔이 파괴될 것이라 알지만, 지혜로써 진실로 관찰한 것이 아닙니다. 진정한 「관觀」의 지혜는 잔 및 일체 법은 (사람을 포함하여) 모두 다 지地·수水·화火·풍風의 사대四大가 끊임없이 파괴되는 과정임을 보는 것입니다. 기타 소연(所緣 ; 인식대상)도 동일한 이치입니다. 이 파괴 과정은 우리들 「소관所觀」의 대상, 즉 색色이라 부르고, 이 파괴 과정을 「능관(能觀 ; 마음으로 봄)」하는 것을 「명名」이라 부릅니다. 「명」도 색처럼 연속해서 끊임없이 파괴되는 과정입니다.

명색을 이해하여야 무엇이 연기인지, 무엇이 집제集諦인지 분명히 이해할 수 있습니다. 우리들은 「갈애」, 예컨대 갈애의 대상인 돈, 집, 자동차 등에 왜 목말라합니까? 우리들은 그것들이 존재하고, 그것들이 우리들에게 즐거운 느낌과 만족을 줄 수 있다고 여기기 때문입니다. 비록 그것들을 영원히 보존할 수 없고, 그것들이 쓸모없어지고 변할 것이라는 것을 알지라도 이것은 세계경험의 개념일 뿐 진실로 이해한 것, 즉 진정한 「위빠사나(觀)」가 아니므로 거듭 끊임없이 취하려고 하여 갖가지 고뇌를 낳습니다. 멸제滅諦를 실현하고 싶으면 꼭 명색은 모두 다 덧없이 파괴되고 있음을 이해하여야 갈애를 내려놓을 수 있습니다.

그런 뒤 고제苦諦와 집제集諦를 사유하면 능관能觀과 소관所觀을 분명히 이해할 수 있습니다. 만약 그것들이 끊임없이 찰나 찰나에 덧없이 변화하는 과정을 사유할 수 있다면 모든 위빠사나의 지식, 세계 최고의 위빠사나인 행사지行舍智(saṅkhā-rupekkhāñāna)를 운영할 수 있습니다.[78] 이처럼 우리들은 무상·괴로움을 멀리 떼어놓을 수 있으면 고·집·멸·도 사제가

78) 「마땅히 알아야 할 것이니, 이러한 사성제 중에서 결과적 존재(果性)로서의 5취온을 일컬어 고제라고 하며, 원인적 존재(因性)로서의 5취온을 일컬어 집제라고 하니, (결과는) 이것이 능히 집기集起한 것이기 때문이다. 이에 따라 고제와 집제는 원인과 결과로서의 존재로, 비록 그 명칭은 다를지라도 존재 자체(物)에 다름 아니다.」『아비달마구사론』권22〈분별성현품〉, 『대정장』책29 , 페이지114 상단.

동시에 현기現起하는 것을 볼 수 있습니다. 남전불교 혹은 기타 종교에도 똑같은 의견이 있습니다. 즉 견도를 실현하면 사성제가 하나의 마음 과정에 동시에 출현하는 것을 관하고, 그 후 수도修道를 빌어 모든 번뇌를 떼어놓고 갈애를 떼어놓게 됩니다.

우리들은 모든 번뇌가 서로 관련되어 있음을 이해하여야 합니다. 왜냐하면 우리들의 마음속에는 모두 번뇌종자와 갈애가 있는데, 갈애는 번뇌종자로 하여금 싹이 트고 자라서 강해지도록 만들기 때문입니다. 그래서 갈애가 약할 때 번뇌도 약해지고, 갈애가 강할 때 번뇌도 강해져 그것들은 피차 서로 관련되어 있습니다.

남·북전 불교에서는 공히 아라한은 이미 모든 번뇌·모든 갈애의 종자를 떼어놓았다고 말하고 있는데, 그 의미는 아라한은 갈애가 없고, 마음속의 모든 번뇌종자를 불태워버려서 번뇌종자로 하여금 성장하는 공능功能을 상실하게 하였다는 뜻입니다. 아라한은 수행을 통해 갈애를 제거하고 번뇌를 제거하여서 속마음으로 하여금 번뇌종자가 공능이 사라져 다시는 계속 윤회하지 않고 열반을 실현할 수 있는 까닭에 아라한은 모든 중생·인간·천인들이 존경하고 공양하는 대상이 됩니다.

멸제는 갈애의 경계가 없다는 것을 설명합니다. 아라한은 어떻게 멸제를 실현할까요? 어떻게 갈애를 제거하여 모든 번뇌종자로 하여금 갈애의 수분(愛水)을 날려 말라버리게 할까요? 무기는 바로 무루지혜로, 무루지혜의 공능을 빌어 아라한 혹은 부처의 과위를 실현할 수 있습니다.

불교에서는 두 가지 열반의 현상을 언급하고 있습니다. 첫째는 「유여열반有餘涅槃」으로 이것은 아라한에게 오온존재의 상황이 있음을 가리킵니다. 두 번째는 「무여열반無餘涅槃」으로 이것은 부처와 아라한이 이번 생에서 오온의 몸을 소멸시킨 후에 다시는 갈애가 없어서 계속 윤회하는 정황이 있을 수 없음을 가리킵니다. 비록 멸제의 현상이 두 가지가 있을지라도 진정한 멸제는 오직 하나만 있습니다. 예를 들면 부처님께서는 보리수 아래 번뇌를 멸진시켜 깨달음을 증득하여 성불하셨는데, 이것을 「유여열반有餘涅槃」이라고 합니다. 45년 후 부처님께서는 쿠쉬나가르(Kushinagar ; 拘屍那羅)에서 반열반般涅槃에 드셨는데 이때 부처님의 오온五蘊이 멸진滅盡하였으니, 이것이 「무여열반無餘涅槃」입니다. 만약 멸제를 실현하지 못하였다면 자기가 지은 업에 근거하여 반드시 오온 속에 계속해서 남아있게 됩니다. 갈애가 있으면 무명이 있고, 무명이 있으면 행이 있으며, 행이 있으면 계속해서 거두어 모으고(收集) 조작造作하여 계속해서 존재하고 계속해서 윤회할 것입니다.

2. 멸제滅諦와 도제道諦의 관계

우리들은 세간이 모두 고집·집제임을 관찰하여서 괴로움을 철저히 이해하고, 해탈을 이해하며, 열반을 이해하고, 해탈의 경험을 이해하려면 반드시 「도道」에 의지해야 실현할 수 있습니다. 「도」는 무루無漏이지만, 그래도 유위법有爲法입니다.[79] 멸제와 도제의 상호관계는 『칠거경七車經』에 뚜렷이 설명되어 있습니다. 이 경전은 해탈·현관現觀 과정에 일곱 가지 청정법清淨法[80]의 수습차제修習次第가 있음을 설명하고 있습니다. 즉 곧 계행의 청정법

79) 「……다섯 가지 온蘊은 고苦로 이것을 고苦라고 부른다. 다시 어떻게 고의 집集인가? 이르길, 그것은 갈애(渴愛)로, 저것은 다시 존재로 이끌어 희탐喜貪이 따라온다. 저것은 이것에 대해 향락하는 자이다……」『중부경전1中部經典一·정견경正見經』, 『한역남전대장경』, 페이지62.

80) 「……루漏의 집集으로 인해 무명의 집이 있다. 루의 소멸로 인해 무명의 소멸이

(戒清淨法) · 마음의 청정법心清淨法 · 견해의 청정법見清淨法 · 의심제도의 청정법度疑清淨法 · 도이다 도가 아니다 라고 분별하는 지견의 청정법道非道智見清淨法 · 가야할 길을 잘 아는 지견의 청정법行道智見清淨法 · 지견의 청정법智見清淨法입니다.81)

『칠거경』 중 사리불(Sāriputta)과 만자자(滿慈子; 부루나)(Mantāni-putta)82) 존자의 대화에서 사리불은 만자자에게 묻습니다.

"출가하여 범행梵行을 닦음은 계율의 청정을 실천하기 위함입니다. 그런 다음 거듭 마음의 청정 · 견해의 청정을 거쳐 쭉 지견의 청정에 이르기까지 일곱 가지 청정법의 차제순서에 따라 수지修持해야 합니까?"

만자자는 일곱 차례는 "아닙니다!"라고 대답하였습니다.

이에 사리불은 물었습니다. "그대는 출가한 목표가 무엇입니까?"

만자자는 답하였습니다. "제가 부처님을 따라 출가한 목표는 열반을 실현하기 위함입니다."

사리불은 물었습니다. "열반은 일곱 가지 청정법이 없어도 됩니까?"

이에 만자자 존자는 답하였습니다. "그렇지 않습니다! 계정혜의

있다. 그 팔정도란 무명의 소멸에 도달하는 도이다……」『중부경전1 · 정견경』, 『한역남전대장경』, 페이지71.

81) 『잡아함경 · 제481경』, 『대정장』 책2 , 페이지122 하단.

82) Mantāni-putta , 만자자滿慈子는 곧 설법제일 부루나 존자이다. 『불광』「부루나富樓那」, 페이지4929 참조.

내용이 바로 도道입니다. 만약 일곱 청정법이 없다면 도가 없고, 열반을 실현할 수 없습니다. 일곱 가지 청정법은 목표가 아니라 열반을 실현하기 위해 사용되는 방편입니다."

열반은 도가 아니고, 도는 열반이 아님을 이해하여야 합니다. 다만 우리들은 도를 빌어 열반을 실현하는 것입니다. 열반을 실현할 때 일곱 가지 청정법도 함께 실현됩니다. 그래서 현관은 하나의 과정이고, 이 계·정·혜 삼학은 끊어지지 않는 수행과정입니다. 만약 「도道」를 좇아서 이런 과정을 실현할 수 있다면 열반의 성으로 들어갈 수 있습니다. 열반의 성에 들어간 후 우리들은 더 이상 수도의 수단에 기댈 필요가 없습니다.

『칠거경』 중에 만자자 존자는 일곱 수레로 열반과 도의 관계를 비유하였습니다. 마치 파사익왕(波斯匿王 ; Pasenadi)이 교살라국의 수도인 사위성에서 두 번째 큰 성인 바계제(婆雞帝; Sāketa)에 이르는 노정에 일곱 대의 수레를 갈아타야 하는 것과 같습니다. 파사익왕이 사위성을 떠났을 때 첫 번째 수레로 한 단락의 시간을 여행하고 말이 지쳐서 다른 한 필의 말로 바꾸었고, 계속해서 일곱 필의 말로 바꾸어 탄 후에 바계제에 도달하였습니다. 성안의 대신들은 물었습니다. "대왕께서는 이 수레로 이곳에 도달하였습니까?" 파사익왕은 어떻게 답했겠습니까? 그는 "그렇다" 혹은 "그렇지 않다"로 대답할 수 없었습니다. 그는 단지 첫 번째 한필의 말이 끄는 수레를 타고 사위성을 떠났으며, 중간에 말을 바꾸고 다시 바꾸어 마지막에 일곱 번째 수레를 타고 바계제에 도달할 수 있었습니다.

똑같은 이치로 수행자는 계행의 청정법·마음의 청정법·견해의 청정법·의심제도의 청정법·도이다 도가 아니다 라고 분별하는 지견의 청정법과 가야할 길을 잘 아는 지견의 청정법·지견의 청정법의 일곱 가지 청정법으로 열반에 이르렀습니다. 그렇지만 열반은 결코 이들 청정법이 아닙니다. 『칠거경』의 비유 중에서 수도 사위성은 우리들의 윤회와 같고, 파사익왕은 수도인과 같으며, 두 번째 대성인 바계제는 열반의 경지와 같습니다. 목적지에 도달하기 위해서 일곱 개의 수레가 필요한 것처럼 바로 열반을 실현하기 위해서는 도道, 즉 일곱 가지 청정법이 필요합니다. 만약 일곱 가지 청정법이 없다면 열반성에 도달할 수 없습니다. 마침내 열반성으로 들어가면 일곱 수레를 버려도 됩니다. 그렇지만 일곱 수레를 타지 않으면 결국에는 목적지에 도달할 수 없고, 원래 자리에 머물러 있을 수밖에 없습니다. 그래서 일곱 가지 청정법은 도道이자 열반을 실현하는 연緣입니다.

우리들은 멸제가 바로 열반이고, 열반을 실현하기 위해서는 도, 즉 팔정도를 실천해야 함을 분명히 이해해야 합니다. 왜냐하면 정도正道는 우리들을 인도하여 열반에 이르게 하는 무루법無漏法이기 때문입니다. 그렇지만 아라한이 도를 실현할 때 여전히 오온이 있는 존재이므로 이런 상황을 「유여열반有餘涅槃」이라 부릅니다. 그가 오온을 멸진하였을 때 도의 성취로 말미암아 무여열반을 실현하기 때문에 이 무여열반은 무연법無緣法입니다.

3. 택멸擇滅과 멸제의 관계

무위법無爲法은 멸제에 대한 가장 기본적인 이해입니다. 만약 『구사론俱舍論』 중에 일체유부一切有部의 학설 혹은 수행과정을 이해하고 싶다면 어쩔 수 없이 매우 많은 복잡한 문제를 대면해야 합니다. 지금 저는 일체유부의 멸제를 단지 간단하게 설명할 뿐입니다.

남전불교에서 무위법에 대한 의견은 매우 간단합니다. 그들은 무위법은 단지 하나만 있다고 생각하였는데, 바로 열반입니다. 비록 「유여열반」·「무여열반」의 두 가지 다른 현기現起가 있을지라도 다만 똑같은 열반이고, 똑같은 멸제입니다. 일체유부와 관련이 있는 멸제에 대한 의견은 『구사론』 제1품을 찾아볼 필요가 있습니다. 여기서는 「허공무위虛空無爲·택멸擇滅·비택멸非擇滅」[83]의 세 가지 무위법을 언급하고 있습니다. 일체유부 계통에서는 「택멸」 이외의 멸제가 있을 수 없습니다. 「택멸」이 바로 일체유부의 멸제입니다.

「택擇」이란 무루지혜로써 분석한다는 뜻입니다. 일체유부는 소와 수레의 비유로써 무루지혜와 멸제의 관계[84]를 설명하고 있고, 무루지혜를 「택멸擇滅」이나 「이계(離繫 visa yoga)」라고 불렀습니다. 「계繫」(범어 요가yoga)는 바로 「속박縛」으로 존재하는 모든 번뇌입니다. 이 때문에 「이계」란 모든 번뇌를 떼어놓음입니다.

범어로 택멸은 곧 pratisamkhyā-nirodha, 모든 유루법의 속박을 떼어놓음입니다. 「택멸」은 간단히 설명하면 바로 이계離繫입니다. 계繫는 바로 속박으로서, 모든 번뇌가 바로 우리의 속박입니다. 고제 혹은 기타 멸제를 사유·결택하는 지혜로써 여러 유루법으로 하여금 속박을 멀리 떼어놓고

---

83) 「세 가지 무위無爲가 있는데 무엇이 세 가지인가? 허공과 두 가지 멸이다. 두 가지 멸이란 무엇인가? 택擇·비택非擇의 멸이다.」『아비달마구사론』권1 〈분별계품〉, 『대정장』책29 , 페이지1 하단.

84) 「택멸은 이계離繫를 본질로 하는 것으로, 온갖 유루법의 계박을 멀리 떠나 해탈을 증득하는 것을 일컬어 택멸이라고 한다. 즉 '택'이란 이를테면 간택簡擇을 말하는 것으로, 바로 혜慧의 차별이다. 즉 4성제를 각기 개별적으로 간택하기 때문에, 바로 이 같은 간택력에 의해 획득된 멸을 일컬어 '택멸'이라고 한다. 이는 마치 소에다 멍에를 멘 수레를 우차牛車라고 말하는 것과 같으니, 중간의 말을 생략하여 버렸기 때문에 이 같이 설하게 된 것이다.」『아비달마구사론』권1〈분별계품〉, 『대정장』책2, 페이지1 하단.

도달할 수 있는 「멸滅」을 「택멸擇滅」이라고 합니다. 택멸은 모든 유루법의 속박을 떼어놓는 것으로 소와 수레와 같습니다. 왜냐하면 지혜의 간 「택擇」 분석이 있고, 「멸滅」이 있기 때문입니다.

일체 유루법은 한 가지 택멸만 있습니까? 남전불교는 긍정적 태도를 견지합니다. 다만 일체유부는 이와 같이 생각하지 않고 의문을 제기합니다.

"일체의 유위법은 동일하게 택멸되는 것인가? (그렇지 않다.) 어째서 결박되는 것에 따라 다른가? 이른 바 계박되는 것(繫事)에 따라 수량에 따라 계박을 떠나는 것(離系事)도 역시 그러하다. 만약 그렇지 않다면 고제를 봄으로써 끊어지는 견고소단(見苦所斷)의 번뇌소멸을 증득해야 한다. 만약 이와 같다고 한다면 나머지 대치對治를 닦는 것은 아무런 소용이 없게 된다."85)

「계박되는 것에 따라 다름(隨繫事別)」에서 「사事」는 통상 진정한 소연所緣·진정한 대상, 즉 승의제勝義諦 가운데 존재하는 법을 가리킵니다. 다만 여기서 가리키는 「사」는 단지 방편으로 설명하자면 다른 품류品類의 번뇌일 뿐입니다. 「계박(繫)」은 모든 속박 혹은 번뇌를 가리킵니다. 이 말은 다른 종류와 품의 번뇌가 무수히 많이 있음을 설명하는 것입니다. 그래서 「이른 바 계박되는 것에 따라 수량에 따라 계박을 떠나는 것도 역시 그러하고」, 다른 번뇌를 대치하려면 다른 택멸이 있어야 합니다.

다른 종류 번뇌에 대한 분별대치는 승의법(勝義法 ; 궁극적 실재)에 의지해 말하는 것이 아니라 일종의 방편설법일 뿐입니다. 비록 다른 번뇌를 대치하려면 다른 택멸이 있어야 할지라도 진정한 택멸은 두 개, 세 개의 택멸이 있을 리가 없고 오직 하나뿐입니다. 그러나 어떻게 다른 종류의 택멸로 하여금 최후에 하나의 멸제를 실현하게 됩니까? 이것은 점차적인 과정으로

85) 『아비달마구사론』권1 〈분별계품〉, 『대정장』책29, 페이지1 하단.

다만 이해하기가 쉽지 않을 뿐입니다. 멸제를 점점 실현하는 과정 중에 다른 택멸이 무수히 많을 리가 없고, 단지 하나의 구경의 택멸·구경의 멸제가 있을 따름입니다. 만약 이 과정을 실현할 수 있다면 아라한을 성취할 수 있습니다. 「택멸擇滅」과 관련이 있는 상관내용은 『대비바사론大毘婆沙論』에서도 언급되어 있으니, 모두들 해당부분을 찾아 참고하시기 바랍니다.

택멸과 멸제는 다른 것입니다. 택멸은 「인因」과 같고, 멸제는 「과果」와 같습니다. 이 때문에 무루지혜를 사용해야 택멸하여 멸제를 실현할 수 있습니다. 멸제는 바로 무루지혜의 경지입니다. 그래서 일체유부에서는 하나하나의 현관과정을 강조합니다. 즉 현관과정마다, 사제四諦 각각의 진리(諦)마다 모두 계통·차제의 분별사유가 있어야 하고, 이 같은 분별은 마땅히 여러 가지 택멸의 견해와 관련이 있어야 합니다. 이들 분별을 이해하려면 응당 일체유부의 수행경험을 수용하고, 따라야 하며, 그들의 아함경에 대해 연구 토론해야 합니다. 사성제를 점차적으로 사유하는 과정을 분별하여야 비로소 고제를 봄으로써 끊어지는 견고소단의 번뇌, 집제를 봄으로써 끊어지는 견집소단見集所斷의 번뇌, 멸제를 봄으로써 끊어지는 견멸소단見滅所斷의 번뇌 그리고 도제를 봄으로써 끊어지는 견도소단見道所斷의 번뇌 등의 다른 분별이 있다고 생각합니다. 사성제에 이들 각각 다른 소단所斷의 번뇌분별이 있기 때문에 응당 다른 「택멸擇滅」이 있어야 합니다. 이 같은 분별은 일리가 있습니다. 왜냐하면 일체유부에서는 현관과정 중에 이들 다른 종류의 택멸이 모두 진실법이기 때문입니다.

유부有部의 수행을 이해하려면 반드시 현관과정 중에 여러 가지 택멸의 견해에 대해 연구토론 해야 합니다. 남전북교에서는 색色·심心·심소心所·열반의 네 가지 진실법만이 있다고 생각합니다. 경험적 범위 안에서 여전히 다른 법이 존재합니다. 예컨대 일체유부의 견해에 따르면 심불상응행법心不相

應行法(citta-vippayutta-dhamma)[86]이 있습니다. 심불상응행법 안에는 「득得」·「비득非得」[87]이 있고, 현관과정과 법의 분별은 서로 관련이 있습니다. 다른 번뇌를 분별하려면 너무 복잡합니다. 모든 번뇌는 다 우리들의 신심상속身心相續 안에 있습니다. 왜냐하면 그 속에 「득得」이란 법이 있다는 것은 바로 모든 번뇌가 다 이 법 가운데 있다고 말하는 것입니다. 그래서 「비득非得」과 「이계離繫」의 개념은 밀접한 관계가 있습니다. 일체유부에서는 「득」·비득」을 다 진실법으로 삼았습니다. 이 때문에 이계, 택멸도 진실법으로 변합니다.

86) 「일체법은 대약 오품五品이 있다. 즉 1) 색色이고, 2) 심心이며, 3) 심소心所이고, 4) 심불상응행이고, 5) 무위無爲이다.」『아비달마구사론』권4〈분별계품〉, 『대정장』책29 , 페이지18 중.

87) 「논하여 이르길, 득(得)에는 두 가지의 종류가 있으니, 첫째는 아직 획득하지 않았거나 이미 상실한 것을 지금 획득하는 것(獲)이고, 둘째는 획득하여 상실하지 않는 성취(成就)이다. 그리고 비득(非得)은 이와 서로 반대되는 것임을 마땅히 알아야 할 것이다. 어떠한 법에 대해서 득과 비득이 있는 것인가? 자신의 상속(相續)과 두 가지 멸(滅)에 대해서만 있으니, 이를테면 유위법으로서 만약 자신의 상속 중에 떨어져 존재하는 것이 있다면 그것에 대해서는 득과 비득이 있다. 그러나 타인의 상속 중에 대해서는 그렇지 않으니, 다른 이의 법을 성취하는 일은 있을 수 없기 때문이다. 또한 비상속에 대해서도 그렇지 않으니, 비유정의 법을 성취하는 일은 있을 수 없기 때문이다. 바야흐로 유위법의 경우는 결정적으로 이와 같다. 무위법 중에서는 오로지 두 가지 멸(택멸과 비택멸)에 대해서만 득과 비득이 있다. 즉 일체 유정으로서 비택멸을 성취하지 않은 자가 없는 것이다. 그래서 대법對法 중에 전하여 설하는 바가 이와 같으니, "누가 무루법을 성취하는가? 이를테면 일체의 유정이다"라고 하였던 것이다. 그리고 초찰나의 구박具縛의 성인과 그 밖의 일체의 구박의 이생을 제외한 그 밖의 모든 유정은 다 택멸을 성취한다. 나아가 결정코 허공을 성취하는 일은 있을 수 없기 때문에 허공에 대해서는 득이 있다고 말할 수 없으며, 득이 없기 때문에 비득도 역시 없는 것이다. 즉 [유부] 종에서는 득과 비득은 서로 반대되는 것으로 설정된 것이 분명하기 때문이다. 다시 말해 득이 있는 모든 것에는 비득 역시 있다.」『아비달마구사론』권4〈분별계품〉, 『대정장』책29 , 페이지22 상단.

불교에서는 진실법에는 자성自性의 법이 있다고 생각합니다. 승의제勝義諦에 따라 설명하면 자성의 법이 있어야 존재할 수 있고 자성의 법이 없으면 존재할 수 없습니다. 연기緣起를 사용해야만 열반을 이해할 수 있습니다. 남북전 삼장경三藏經에서는 모두 이와 같은 설명이 있습니다. 즉 먼저 법주지(法住智 ; 현상에 머무는 지혜)가 있어야 합니다. 무루지혜로 진실한 경험을 분별할 수 있어야 열반지涅槃智가 있을 수 있습니다.88) 왜냐하면 다른 이계離繫는 모두 무루지혜로 이해하고 번뇌를 끊어 없앤 후에 얻는 진실한 경험이기 때문입니다. 그래서 일체유부에서는 이계를 자성의 진실법이라 생각합니다.

왜 「택별擇滅」은 여러 가지가 필요할까요? 번뇌가 다르게 분별되기 때문입니다. 즉 다른 번뇌에는 다른 택멸이 있어야 한다는 의미입니다. 만약 한 가지 택멸만 있다면 모든 번뇌를 끊을 수 있습니다. 이치대로 설명하면 한 가지 택멸로 견고소진의 번뇌를 끊어 버릴 때 견집소단의 번뇌 · 견멸소단의 번뇌 · 견도소단의 번뇌도 소멸되어야 합니다. 다만 일체유부에서는 오히

88) 『잡아함경; 제347경』「부처님께서는 수심須深에게 이르길, 네가 알건 모르건 상관없이, 먼저 법에 머물 줄(法住) 알고 뒤에 열반을 알 것이다. 저 모든 선남자들은 홀로 어느 고요한 곳에서 오롯이 정미롭게 사유하면서 방일하지 않고 지내며, 나라는 견해(我見)를 떠나 마음이 잘 해탈하느니라.」『대정장』책2 , 페이지97중。또 『유가사지론; 섭사분攝事分』「또 다시 두 가지 지혜가 있으니, 청정 및 선청정善清淨을 볼 수 있는 것을 법주지法住智라 하고, 이것은 열반지涅槃智 보다 앞선다. 법주지란 제행의 자성自相의 갖가지 차별을 요지了知할 수 있고 제행의 공상共相의 과환過患 차별을 요지할 수 있음을 일컫고, 고고苦苦 · 고락苦樂 · 불고불락不苦不樂 삼위三位의 제행방편에 수순하여 세 가지 고苦 등의 존재(性)를 요지함을 일컫는다. 열반지涅槃智란 이와 같은 일체 행 중에 먼저 고상苦想이 일어난 후 이와 같이 사유하고 곧 이 일체 고가 있는 제행을 남김없이 영원히 끊는 것을 열반이라 광설하거나 이름한다. 이와 같이 요지함을 열반지라 한다. 곧 이 두 가지 지혜로 청정 및 선청정을 볼 수 있다.」『대정장』책30 , 페이지787 중단.

려 여러 가지 이계의 분별을 제시합니다. 이는 사제四諦에 대해 분별 사유하는 현관과정을 따라서 고 · 집 · 멸 · 도 사제에 모두 다 분별하여 끊어야 하는 번뇌가 있다고 생각하기 때문입니다. 남전불교에 의하면 출세간에서 번뇌를 끊는 과정은 점차적인 과정입니다. 다만 견도를 통해 문득 끊으므로 남전에서는 일체유부에서처럼 이러한 계통으로 분별함이 없고, 이것은 고제 · 집제 · 멸제 혹은 도제소단의 번뇌라고 설명합니다.

일체유부에서는 견도를 실현하는 과정 이전에는 고제와 집제를 사유할 수 있을 뿐이고, 멸제는 이계의 과정에 속하고 해탈의 실현이기 때문에 멸제의 사유는 있을 수가 없다고 생각합니다. 이러한 이계의 과정과 해탈은 모두 무루지혜의 경계입니다. 그래서 견도 이전에는 멸제를 사유할 수 없습니다. 남북전불교의 설법에 비추어보면 멸제는 무연법으로 어떠한 대상도 없습니다. 그것에는 어떠한 대상도 없기 때문에 어떠한 연緣 혹은 일으킨 생각(尋) · 사伺도 없습니다. 그래서 견도 이전에 고제를 사유할 때 멸제는 사유할 수 없습니다.

여러 가지 이계에 관해서는 어떻게 구경의 멸제와 함께 잇닿아 있을까요? 만약 일체유부의 설법에 따르지 않는다면 여러 가지 이계에 의지해 다른 품의 번뇌를 분별하고 점차로 끊을 필요가 없이 고제소단의 번뇌를 실현할 때 일체 진리(諦)의 번뇌를 끊을 것입니다. 또한 고제를 볼 수 있으면 집제 · 멸제 · 도제를 볼 수 있고, 집제를 볼 수 있으면 고제 · 멸제 · 도제를 볼 수 있으며, 멸제를 볼 수 있으면 고제 · 집제 · 도제를 볼 수 있다고 설명할 것입니다. 이러한 설법에 따르면 고제를 철저히 관찰할 수 있어 진정으로 고제를 이해한 사람은 반드시 집제 · 멸제 · 도제를 완전히 이해할 수 있기 때문에 아라한을 성취할 수 있습니다. 그래서 아라한만이 사성제가 함께 생기하는 진상真相을 완전히 이해할 수 있습니다.

일체유부에서는 「경經」의 도리에 의지하는 것만으로 다른 품의 번뇌와 다른 택멸의 복잡한 분별을 완전히 이해할 수 없고, 사제를 현관 분별 사유하는 계통 및 수행자량의 견해와 관련이 있어야 합니다. 현관과정에 견도 · 수도가 있고, 견도 이전의 수행과정에는 출세간의 지혜가 있을 수 없습니다. 단지 세간의 지혜로 이해할 수 있을 뿐입니다. 그래서 「멸滅」은 출세간의 지혜에서 실현하여야 합니다. 만약 출세간의 지혜를 실현하지 못하면 구경의 멸에 도달할 수 없고 세간의 멸만 볼 수 있을 뿐입니다. 그래서 「이계離繫」는 바로 번뇌를 끊는 것으로 일종의 점차적인 현관과정입니다. 그것에는 세간 출세간의 두 가지 측면이 있는데 세간의 지혜는 번뇌를 끊어 없애는 역량이 없고, 오직 출세간의 지혜가 있어야 번뇌를 끊을 수 있고 구경의 멸을 관할 수 있습니다.

나는 「이계離繫」 즉, 택멸의 이해에 의지하여 견도 이전에 출세간의 지혜로 고 · 집 · 도를 보아야 하고, 「멸滅」을 보아야 합니다. 다만 이때 세간의 찰나 · 세간의 멸을 볼 수 있을 뿐이고, 구경의 멸은 볼 수가 없습니다. 견도를 실현한 후에만 출세간의 지혜로써 모든 번뇌를 끊을 수 있습니다. 이는 견도 이전에 이미 택멸이 있고, 이미 세간의 지혜로 익혀서 번뇌를 끊을 수 있다는 말입니다. 다만 견도한 후에야 진정한 택멸이 있고, 진정한 출세간의 지혜가 있어야 진정한 번뇌를 끊음이 있으며, 진정한 멸제를 실현시킬 수 있습니다.

먼저 번뇌를 끊어야 비로소 해탈을 할 수 있습니다. 남전불교의 견해에 따르면 무간도無間道는 번뇌를 끊으려는 도로, 견도 가운데 있습니다. 왜냐하면 고집멸제는 출세간의 도제와 함께 한 마음의 찰나 과정 중에 실현되기 때문입니다. 이 때문에 사성제는 동시에 생기할 수 있습니다. 다만 견도 이전에는 출세간의 지혜가 없기 때문에 사성제는 함께 출현할 수 없습니다.

일체유부에서는 견도과정은 16개 찰나에 있다고 생각합니다. 사실상 15개 찰나라고 말할 수 있습니다. 만약 일체유부에서 말하는 번뇌를 떼어놓는 복잡한 과정을 이해하고 싶으면 응당 먼저 다른 택멸과 다른 품의 번뇌와의 관계 및 다른 택멸과 세간 출세간 지혜의 상호관계를 이해하여야 합니다.

4. 멸성제滅聖諦 맺음말

4-1 연기를 꿰뚫어봄(徹見緣起)

「택멸擇滅」, 즉 이계의 작용에 비추어보아야 아라한과 누진지漏盡智를 실현할 수 있습니다. 무루지無漏智를 실현하지 못하면 연기의 매우 깊은 함의를 이해할 수 없습니다. 『대연경大緣經』(mahā-nidāna sutta)[89]에서 부처님께서는 아난에게 "만약 아라한이 아니면 반드시 마음에 괴로움이 있느니라(如果不是阿羅漢 一定有心苦)."라고 설명하셨습니다. 만약 누진지를 실현하지 못하면 연기를 또렷하게 관조할 수 없고, 연기를 꿰뚫어 볼 수 없으면 윤회를 해탈할 수 없습니다. 아난은 당시 수다함과須陀洹果의 성인이었으므로 이 이치를 이해할 수 있었습니다.

부처님께서는 이 측면에 의지해 한편으로는 해탈의 연기를 설명하셨고, 한편으로는 윤회의 연기를 설명하셨습니다. 만약 우리들이 구경의 해탈을 실현할 수 없으면 갈애의 속박 · 갈애의 괴로움을 면할 수 없습니다. 지혜가 있는 사람은 이와 같은 괴로움을 매우 쉽게 보지만, 지혜가 없는 사람은

---

89) 『장부경전2 · 대연경大緣經』, 『한역남전대장경』, 페이지1-18. 그밖에 『중아함경;대인경大因經』, 『대정장』 책1 , 페이지578을 참조할 수 있음.

또렷하게 볼 수가 없습니다. 갈애는 바로 괴로움입니다. 만약 갈애가 있으면 연기의 깊은 뜻을 결코 이해할 수 없습니다. 그래서 반드시 고·집·멸·도 사성제를 끊임없이 사유하면서 갈애 집착(愛執)을 내려놓아야 해탈을 실현할 수 있습니다.

4-2 고제의 이해(了解苦諦)

부처님의 해탈 과정은 고제를 분명히 이해하는 것에 달려 있습니다. 만약 고제에 대한 이해가 깊지 못하면 해탈을 실현할 수가 없습니다. 부처님께서는 말씀하셨습니다. "구경에 해탈을 할 수 없는 것은 고제를 이해할 수 없기 때문이다." 오직 고제에 대한 진정한 이해가 있어야 진정한 신심信心이 생길 것입니다. 신심은 우리들이 마음속으로 정진하는 것을 도울 수 있고 「믿음과 인내(信忍)」를 주어 우리들로 하여금 노력하도록 촉발시킵니다. 그래서 신심이 있어야 진정한 정진이 있고, 진정한 정진이 있어야 부단히 노력하여 해탈을 실현할 수 있습니다. 그래서 "괴로움을 알아야 견도할 수 있다(知苦能見道)"고 말씀하셨습니다.

정진은 신심에 달려있습니다. 신심은 괴로움에 대한 분명한 이해에 달려있습니다. 괴로움에 대한 분명한 이해가 있어야 바른 믿음(正信)이 있습니다. 바른 믿음이 있어야 노력할 것이고, 노력해야 법희法喜가 있습니다. 기쁨(喜)이란 정말로 무엇일까요? 불교에서는 욕망의 기쁨(欲喜)과 법의 기쁨, 두 가지 기쁨이 있고, 욕망의 욕망(欲欲)과 법의 욕망(法欲), 두 가지 종류의 욕망이 있다고 말합니다. 법희의 조건은 바로 법의 욕망이 있어야 하고 정진이 있어야 합니다. 정진하지 않으면 법희를 실현할 수 없습니다. 법희가 있어야 경안輕安이 있고, 법희가 없다면 경안은 없습니다. 경안이 있어야 바른 삼매(正定)가 있고, 경안이 없으면 바른 삼매를 실현할 수 없습니다. 그래서 경안 · 법희는 모두 다 바른 삼매의 조건에 포함되어 있습니다. 바른 삼매가 있어야 여실관如實觀이 있고, 여실관이 있어야 해탈이 있을 수 있으며, 해탈이 있어야 해탈지解脫智가 있습니다. 이것이 괴로움을 떼어놓는 과정입니다.90)

4-3 갈애를 끊어 없앰(斷除愛)

만약 번뇌 · 갈애를 떼어놓지 못하면 어떻게 괴로움을 떼어놓을 수 있겠습니까? 연기에 대해 어떻게 철저히 이해할 수 있겠습니까? 만약 여전히 갈애가 있다면 부처님께서는 우리들에게 「갈구(求)」가 있을 수밖에 없고, 갈구가 있다면 「득得」이 있을 수밖에 없다고 말씀하셨습니다. 갈구가 있음과 득이 있음은 우리들에게 「갈애(愛)」가 있기 때문입니다. 「갈애」는 우리로 하여금 장님처럼 아무리 보아도 진상眞相에 이르지 못하게 하여 번뇌를 제거할 수 없게 합니다. 번뇌를 완전히 끊을 수 없으면 반드시 「갈구」가 있게 됩니다. 「갈애」는 반드시 「갈구」와 함께 있습니다. 「갈구」가 있으면 계속해서 존재하고, 계속해서 업을 모으며, 계속해서 「행行」을 창조합니다. 그래서 「득」이 있으면 결국 우리들은 항상 이렇게 아니면 저렇게 「결정決定」해야 합니다. 「결정」은 바로 욕탐(欲貪 ; 욕계의 탐애하는 번뇌)입니다. 욕탐이 있기 때문에 집착이 있습니다. 만약 갈애를 끊지 못하고 구함을 끊지 못하면 우리들은 반드시 집착 가운데 있고, 오취온 가운데 있습니다.

---

90) 괴로움을 여의는 과정 : 고를 앎(知苦)→ 신심→ 정진→ 법희法喜→ 경안輕安→ 바른 삼매(正定)→ 여실관如實觀→ 해탈→ 해탈지解脫智.

중생은 「갈구」가 있고, 「갈애」가 있기 때문에 보호해야 하는 소연(所緣)이 있을 수밖에 없습니다. 오직 아라한과 부처님만이 갈애를 떼어내었을 뿐입니다. 그래서 보호하는 소연이 없어야 합니다. 보호하고 싶은 소연이 있는 것은 「간慳 」[91]이 있기 때문입니다. 간慳이 있어 우리들은 반드시 자기를 보호하려고 합니다. 만약 자기를 보호한다면 어떻게 연기의 깊은 뜻을 알 수가 있겠습니까? 그래서 부처님께서는 「멸滅」(anālaya)은 머뭄이 없음(無住)이라고 말씀하셨습니다. 머뭄이 없음은 바로 보호해야할 소연이 아무것도 없음입니다. 오직 이와 같아야 연기의 깊은 뜻을 이해할 수 있습니다. 만약 완전히 갈애를 끊지 못하고 갈구를 끊지 못하면 우리들은 계속해서 윤회할 것입니다. 갈애가 있기 때문에 보호하고 싶은 소연이 있고, 갈구가 있으면 다시 태어남이 있습니다. 그래서 멸제의 진정한 의미는 바로 「갈애가 다함(愛盡)」입니다.

불법을 실현하는 과정에 비록 「갈구」가 없을지라도 결국 이 「갈구」를 떼어내야 합니다. 만약 진정으로 어떻게 수행할지 알려고 한다면 「갈구하지 않음(不求)」을 이해해야 하고, 「득」이 없어야 하며, 「갈구」가 바로 「갈애」이고 「갈애」가 바로 「무명無明」임을 이해하여야 합니다. 『구사론』에서는 신심이 바로 종교적 갈애(pema)[92]이고, 신심은 특별한 갈애를 심는 것으로 「도애道

91) "간(慳)'이란 이를테면 재시財施 · 법시法施의 교시(巧施 : 타인에게 보시하여 이익을 주는 것)에 반대되는 개념으로, 마음으로 하여금 인색하여 집착하게 하는 것을 말한다." 『아비달마구사론』권21 〈분별수면품分別隨眠品〉, 『대정장』 책29 , 페이지109 중단.

92) "애愛와 경敬의 차별은 이러하다. '애'란 애락愛樂을 말하는 것으로, 그 본질(體)은 바로 신信이다. 그런데 '애'에는 두 가지가 있으니, 첫 번째는 염오染汙가 있는 것이고, 둘째는 염오가 없는 것이다. 염오가 있는 '애'란 바로 탐貪을 말하니, 이를테면 처자식 등을 애락하는 것과 같은 것이며, 염오가 없는 '애'란 바로 신信을 말하니, 이를테면 스승님과 어른 등을 애락하는 것과 같은 것이다. 그런데 '신'이면서 '애'가 아닌 경우가 있으니, 이를테면 고苦 · 집集을 소연으로 하는 '신'이 바로 그것이다. '애'이면서 '신'이

愛」라고 설명합니다. 「갈애」는 우리 존재의 근본이고, 「신심」은 종교상 특별한 갈애입니다. 어떻게 두 가지 갈애의 모순을 처리해야 할까요? 스스로 많이 체득하는 것이 좋습니다. 만약 이러한 모순을 볼 수 있다면 왜 안나반나(安那般那; 수식관)를 닦고 왜 수행을 해야 하는지 알 것입니다.

『대념처경大念處經』 주석서에서 안나반나는 「고제苦諦」라고 설명합니다. 왜냐하면 숨을 들이마시고 내뱉는 것은 마음과 몸을 따라 굴러서 명 · 색 · 호흡은 모두 다 무상하게 생멸합니다. 그래서 고제입니다. 힘써 오로지 안나반나 상에 쏟아 붓는 것이 곧 「집제集諦」입니다. 왜냐하면 끊임없이 소연을 붙잡고 소연에 애착하기 때문입니다. 둘째는 바로 「멸제滅諦」입니다. 「도제道諦」는 곧 우리들을 인도하고 멸제의 방법을 향하게 합니다. 만약 이 이치를 분명히 이해할 수 있다면 연기의 깊은 뜻을 알 수 있고 , 해탈의 과정을 이해할 수 있습니다.

아닌 경우가 있으니, 이를테면 온갖 염오의 애가 바로 그것이다." 『아비달마구사론』권4 〈분별근품分別根品〉, 『대정장』책29 , 페이지21 상단.

제7장. 도성제 道聖諦

비구들이여! 「고멸의 도성제」란 이른바 팔정도이니라. 즉 바른 견해 · 바른 사유 · 바른 행위 · 바른 살림 · 바른 정진 · 바른 알아차림 · 바른 삼매이다.

Idam kho pana bhikkhave dukkhanirodha-gāminī patipadā ariyasaccam ‖‖ Ayameva ariyo aṭṭhangiko maggo‖ seyyathīdam ‖ sammāditthi ‖ la-pe ‖ sammāsamādhi ‖‖

諸比丘! 順苦滅道聖諦者，所謂八正道. 卽：正見 · 正思惟 · 正語 · 正業 · 正命 · 正精進 · 正念 · 正定.

1. 중도의 내용

중도의 내용에서 부처님께서는 먼저 팔정도八正道를 설명하시고, 뒤에 사성제四聖諦를 말씀하셨습니다. 왜냐하면 진정한 개오開悟가 있어야 팔정도가 있고, 팔정도가 있어야 사성제가 있으므로 양자는 분리할 수 없기 때문입니다. 사성제 · 팔정도에 모두 세간 · 출세간의 분별이 있음을 분명히 이해하여야 합니다. 만약 이제二諦(세속제世俗諦 · 승의제聖義諦)의 분별을 알지 못한다면 부처님께서 중생을 교육하신 방편 및 부처님께서 연설하신 깊고 깊은 법의法義를 이해할 수 없습니다.

1-1 먼저 팔정도를 보이심

부처님께서는 가장 먼저 개오하신 내용인 팔정도를 다섯 비구로 하여금 이해할 수 있도록 설명하셨습니다. 왜냐하면 그는 「도道」를 밖으로 드러내고, 고행苦行을 떼어놓았기 때문입니다. 팔정도는 괴로움을 여의는 길로, 모든 현재 · 과거 · 미래의 부처님께서도 모두 다 이 길을 경유하여 해탈하셨습니다. 부처님과 보통의 수행자가 다른 점이 있습니다. 우리들은 삼장 경전의 독송 혹은 스승님의 가르침을 빌어 팔정도를 알 수 있습니다. 그렇지만 부처님께서는 당시 전혀 스승님의 가르침이 없었고, 한량없는 겁에 걸쳐 해온 노력 · 단련에 의지해 특수한 공덕을 철저히 수행에 투입하셨으며, 스스로 한 줄기 정도의 길을 드러내셨습니다. 부처님께서는 사성제와 팔정도를 이해하였을 뿐만 아니라 중생의 다른 번뇌 · 근기 · 행위에 따라 방편으로 설법할 수 있었고, 모든 수행하고 싶은 중생을 향해 개오한 내용을 설명하여 그들이 사성제와 팔정도를 이해할 수 있도록 도왔습니다. 남전 불교의 견해에 따르면 견도見道할 때 한량없는 지혜가 현기하기 때문에 팔정도가 하나의 마음 과정에 동시에 출현합니다. 만약 세간의 지혜를 사용하면 견도를 실현할 수 없습니다. 세간지혜는 구별하는 지혜이기 때문에 팔정도가 동시에 현기하는 것을 볼 수 없습니다.

1-2 뒤에 사성제를 보이심

아직 견도하기 전에 부처님께서는 동일한 하나의 과정 속에 모든 법을 현관할 수가 없어서 사성제를 드러낼 수 없었습니다. 그 후 현관 과정에 사성제가 동시에 생기하는 것을 보고 개오하였으며, 재빨리 견도한 후에 아라한과를 실현하였고 완전히 해탈하셨습니다. 남전 불교에서는 사성제가 동시에 생기하는 것을 현관하는 것은 하나의 마음과정에 있다고 생각합니다. 일체유부에서 견도는 15개 찰나라고 설명합니다. 단지 부처님께서는 공덕이 성숙함으로 말미암아 견도하신 후에 재빨리 수도修道에 진입하여 19개 찰나에 아라한과를 실현하셨습니다. 지금 잠시 동안 모든 것을 설명하지는 못하지만, 중요한 것은 부처님께서 팔정도를 열어 보이신 후에 잇따라 중생을 위해 고·집·멸·도 사성제를 설명하셨다는 점입니다.

팔정도는 부처님께서 개오하신 내용으로 열반을 실현하는 과정입니다. 경전 속에서 비유하자면 열반은 산림 속에 가리어 숨겨져 있는 옛 오래된 도시입니다. 부처님께서는 그것을 드러내셨는데, 그 드러내신 과정이 바로 개오한 내용, 즉 팔정도입니다. 열반을 실현하는데 두 가지 측면이 있습니다. 한편으로는 고제·집제에 대한 유루법의 분명한 이해이고, 다른 한편으로는 멸제·도제에 대한 무루법의 분명한 이해입니다.

만약 유루법으로 이해하지 못하면 무루법을 실현할 수 없습니다. 그래서 『구사론』에서 일체유부는 먼저 유루법을 설명하고, 우리들에게 지혜의 소연, 즉 오온五蘊·육입六入·십이근二十二根 등을 분명히 이해시켰습니다. 만약 이들 지혜의 소연이 없다면 현관의 과정을 이해할 수 없습니다. 우리들이 유루세계 혹은 오온에 대하여 이해한 것이 있은 후에야 무루법을 이해할 수 있습니다. 『구사론』에서는 「업품業品」·「수면품隨眠品」에서부터 유루에 대해 이야기하고, 세계의 윤회 회전을 이야기 합니다. 업·번뇌·유루법이 있기 때문에 세계는 끊임없이 회전합니다. 세계·업·번뇌를 분명히 이해할 수 있게 된 후에야 현관 과정을 실현할 수 있고, 무루법의 내용을 또렷하게 알 수 있습니다. 그것은 바로 「지품智品」·「정품定品」에서 말한 바 지혜·바른 삼매(正定)로 지혜와 바른 삼매가 있어야 현관의 과정을 철저하게 이해할 수 있습니다. 유부有部는 먼저 현관하려면 지혜의 분명한 이해가 있은 후에 다시 삼매의 분명한 이해가 있어야 한다고 생각했습니다. 바른 삼매는 팔정도의 마지막 한 가지이기 때문에 해탈은 반드시 삼매의 깊이(深度)에 의지해야 하고, 삼매의 깊이는 즉 지혜의 깊이에 의지해야 하므로 양자는 서로 관련되어 있습니다.

2. 팔정도八正道의 함의意涵

2-1 팔정도는 곧 고의 멸에 따르는 도이다

팔정도는 「고의 멸에 따르는 도(順苦滅道)」라고 합니다. 가장 먼저 우리는 무엇이 고인지 분명히 알아야 합니다. 고는 번뇌의 과果이고, 집은 번뇌의 인因입니다. 『구사론』에서는 고제·집제는 단지 명칭이 다를 뿐이고, 본체는 같은 것이며, 다만 인으로부터 혹은 과로부터 설명하는 차이만 존재할 뿐이라고 말합니다.93) 왜냐하면 이 세간·오온의 경험이 바로 고제·집제이기 때문입니다. 오취온이 없으면 고제·집제가 없고, 오취온이 있어야 고제·집제가 있습니다. 만약 이 이치를 이해하지 못하면 부처님께서 개오하신 내용을 알지 못합니다. 그래서 부처님께서 중도를 실현하셨을 때 곧 팔정도로써 일체 세간의 괴로움을 떼어내고, 오취온의 괴로움을 떼어내셨습니다.

---

93) 「마땅히 알아야 할 것이니, 이러한 사제 중에서 과의 존재(果性)로서의 오취온을 일컬어 고제라고 하며, 인의 존재(因性)로서의 오취온을 일컬어 집제라고 하니, (결과는) 이것이 능히 집기集起한 것이기 때문이다. 이에 따라 고제와 집제는 인과 과로서의 존재로, 비록 그 명칭은 다를지라도 존재 자체(物)에 다름이 있는 것은 아니다.」『아비달마구사론』권22〈분별현성품〉, 『대정장』책29, 페이지114 상단.

2-2 팔정도는 곧 연緣이 멸하는 성도이다

고제는 오취온이라 하고, 오취온의 인이 바로 「갈애愛」입니다.[94] 만약 갈애가 없다면 본래의 연緣은 없습니다. 『정견경正見經』에서 사리불은 갈애가 이 세계 본래의 연이라고 설명합니다. "새어나감(漏)의 집集으로 인해 무명無明의 집이 있으므로 새어나감의 멸로 인해 무명의 멸이 있느니라."[95] 「새어나감」은 바로 「갈애」의 의미입니다. 새어나감이 있음으로 인해 무명이 있는데, 이 무명의 연緣이 바로 「갈애愛」입니다. 왜냐하면 「갈애」가 우리로 하여금 사성제 · 팔정도를 볼 수 없게 합니다. 『잡아함경雜阿含經』에서는 팔정도를 「연이 멸하는 성도(緣滅聖道)」(paccayanirodhagāminī patipadā)[96]라고 할 것을 제안합니다. 이 팔정도는 우리들이 결생結生의 연, 즉 갈애를 떼어버리고 열반의 경계를 실현할 수 있도록 지도합니다.

2-3 팔정도는 곧 행의 멸에 따르는 도이다

『구사론』에서는 고제 · 집제를 분명히 이해하는 것이 바로 「행行」의 분명한 이해이고, 세간 지혜의 경계라고 설명합니다. 먼저 세간의 유루지혜에 대한 분명한 이해가 있어야 무루법을 이해할 수 있습니다. 그래서 해탈하고

---

94) 「……다섯 가지 온이 고이다. 이것을 일컬어 고라 한다. 다시 어떻게 고의 집인가? 이르되, 그 갈애이다. 저것이 존재로 인도하여 희탐喜貪이 따르고, 저것이 이것에 향락자가 된다.……」『중부경전1 · 정견경』, 『한역남전대장경』, 페이지62。

95) 「……새러나감(漏)의 집으로 인해 무명의 집이 있다. 새어나감의 멸로 인해 무명의 멸이 있다. 그 팔정도란 무명의 멸에 도달하는 도이다……」『중부경전1 · 정견경』, 『한역남전대장경』, 페이지71.

96) 『잡아함경, 제481경』, 『대정장』 책2 , 페이지122 하단.

싶으면 「무행심無行心」을 실현하여야 합니다. 무행심은 바로 무루지혜의 경계를 실현한 것입니다. 이 때문에 팔정도는 「행의 멸에 따르는 도(順行滅道)」·「무연에 따르는 도(順無緣道)」 혹은 「무행에 따르는 도(順無行道)」라고 부를 수 있습니다. 그것들은 우리가 「행멸行滅」의 중도를 향해 걸어갈 수 있도록 지도합니다.

2-4 팔정도는 곧 신견身見의 멸에 이르는 도이다

부처님께서는 팔정도를 밖으로 드러내셨고, 무루지혜의 경계를 실현하셨습니다. 만약 무루지혜로 견도를 실현할 수 있다면 선업·불선업이 있으나, 이미 선업·악업을 짓는 주인 혹은 과보를 받는 사람이 없음을 알 수 있습니다. 왜 무루지혜 중에 「주인」의 개념이 존재할 수가 없을까요? 왜냐하면 무행심無行心의 경계를 실현하였기 때문입니다. 무행심이 있어야 사성제와 팔정도를 진정으로 이해할 수 있습니다. 이 때문에 『교리문답의 짧은 경(有明小經)』(M44) 에서 법수 비구니(Dhammadinnā bhikkhunī)는 팔정도를 「신견의 멸에 이르는 도(身見滅道)」[97]라고 하고, 바로 중도이며, 또한 「무루팔정도無漏八正道」라고 설명합니다. 왜 팔정도를 「신견이 멸하는 도」라고 할까요? 왜냐하면 견도를 실현하여 무루지혜 속에 선업·악업의 주체가 있을 수가 없고, 또한 미래에 선악의 과보를 받을 주체라는 생각이 없어져 신견身見을 끊어버렸기 때문입니다.

---

97) "어찌 세존께서 말씀하신 바 자신이 소멸하는 도라 하는가?……저 팔정도가 곧 세존께서 말씀하신 바 자신이 소멸하는 도라 한다. 곧 바른 견해·바른 사유·바른 말·바른 행위·바른 살림·바른 정진·바른 알아차림·바른 삼매이다." 『중부경전2 ; 교리문답의 짧은 경』, 『한역남전대장경』, 페이지20.

3. 팔정도八正道의 내용

3-1 바른 견해(正見)

만약 갈애를 떼어내고 본래의 연을 떼어내려면 세간 및 출세간의 바른 견해를 사용해야 합니다. 가장 먼저 우리들은 세간의 바른 견해를 사용하여 사성제와 팔정도를 분명히 이해하고, 그런 다음 출세간의 바른 견해로 번뇌를 끊어야 합니다. 만약 세간의 바른 견해가 아직 성숙되지 못했다면 출세간의 바른 견해를 사용할 수 없습니다. 바른 견해를 지혜라고 합니다. 그것은 팔정도와 사성제의 기초를 분명히 이해하는 것입니다. 만약 바른 견해가 없다면 마치 어둠 속에서 코끼리를 만지는 것처럼 무명의 어둠 속에서 진상을 또렷이 보지 못합니다. 바른 견해의 지혜가 있어야 광명이 있고, 그래야 이것이 코끼리의 머리인지 귀인지 꼬리인지 알 수 있습니다. 이 때문에 오직 지혜에 의지해야 고·집·멸·도 사성제 및 팔정도를 이해할 수 있습니다.

바른 견해는 우리들이 수도하는 과정 중에 너무나 중요한 자량입니다. 그것과 바른 사유·바른 말·바른 행위·바른 살림·바른 정진·바른 알아차림·바른 삼매 사이에 매우 밀접한 관계가 있습니다. 바른 견해는 택법擇法이라 하고98) 분별의 지혜입니다. 바른 견해의 작용은 무엇입니까? 그것은 우리들의 「상想」으로 하여금 소연所緣에 안정시키고 고정시킵니다. 「상」이 소연에 고정될 수 있어야 마음도 또렷하게 분별할 수 있습니다. 왜 그렇습니까? 고정된 「상」이 있어야 여실히 관할 수 있습니다. 「상」이 고정될 때 비로소 알아차림(念)이 있고, 바른 알아차림이 있어야 바른 삼매가 있습니다. 현관 과정 안에서 바른 삼매의 지혜가 있음으로 말미암아 무루세계 경계

98) 능히 지혜를 잘 사용하고 제법을 선택 분별하여 정도正道에 취입함을 가리킨다.

중에서 팔정도가 동시에 현기함을 볼 수 있습니다. 무루정無漏定 중에서 팔정도가 동시에 현기할 수 있습니다. 왜냐하면 이때 세간의 소연이 없으면 오랜 시간 번뇌가 없는 해탈경계에 있을 수 있습니다. 이것이 바로 바른 견해의 마음이고, 청정한 마음입니다.

견도 이전에는 출세간의 바른 견해를 사용할 수 없고 세간의 바른 견해만을 운영할 수 있을 뿐입니다. 견도를 실현하고, 제1차 현관 중에 바른 견해 · 바른 사유 · 바른 정진 · 바른 알아차림 · 바른 삼매가 모두 다 출세간의 지혜 속에서 동시에 출현합니다. 세간의 팔정도는 곧 세간의 지혜 경계 중에서 동시에 출현할 수 없습니다. 그래서 세간의 팔정도는 번뇌의 역량을 바로 끊지(正斷) 못합니다. 보통 「삼매(定)」의 소연 중에서 예를 들면 안나반나를 수행의 업처業處로 삼습니다. 왜냐하면 그것은 출세간의 소연이 아니라 세간의 소연에 속하기 때문입니다. 이 때문에 우리들은 「마음」을 소연상에 집중하는 것이 필요합니다. 이 같은 세간 삼매의 유루지혜는 우리들이 번뇌를 바로 끊어버리는 방향으로 지도할 수 없고, 그것은 단지 진복(鎮伏 ; 가라앉히고 굴복시킴)시켜 끊을 수 있을 뿐입니다. 그래서 삼매에서 나온 이후로 번뇌가 거듭 출현합니다. 오직 무루지혜가 있어야 번뇌 및 수면隨眠을 바로 끊을 수 있습니다.

부처님께서는 보리수 아래 번뇌를 바로 끊어버리는 공능이 있는 무루지혜를 실현하셨습니다. 왜냐하면 부처님의 지혜종자 · 행위종자가 이미 완전히 성숙하였기 때문입니다. 그래서 부처님의 현관과정이야 말로 이와 같이 신속할 수 있었고, 견도 후에 재빨리 수도를 실현하였으며, 무학도無學道 · 무학과無學果를 실현하셨습니다. 견도과정 속에서 중도는 「신견을 멸하는 도(滅身見道)」입니다. 무루지혜가 있어야 신견을 바로 끊을 수 있기 때문입니다. 만약 무루지無漏智가 없다면 신견을 끊을 수 없습니다. 그렇게 우리는 계속해서 선행善行 · 불선행不善行 · 유복행有福行 · 비복행非福行 · 부동행不動行 등「행行」을 모을 것입니다. 만약 불선행을 모으면 불선과를 얻을 것이고, 괴로운 느낌(苦受)이 점점 더 늘어가는 것을 감득感得하게 될 것입니다. 만약 선행을 모으면 선과를 얻을 것이고 즐거운 느낌(樂受)이 점점 더 늘어가는 것을 감득하게 될 것입니다. 부동행을 모으면 매우 많은 미세한 즐거운 과가 있을 것입니다. 단지 이것들은 모두 아직도 유루 세간의 경계에 있는 것입니다. 견도를 실현하여 계속해서「행」을 모으지 않으면 갈애와 무명을 해탈하고 열반을 실현할 수 있습니다.

1) 세간의 정견(世間正見)

무엇이 세간의 정견일까요?『대사십경大四十經』에서는 보시가 있고, 세간이 있고, 전후의 생이 있고, 선악의 업이 있으며, 선악의 과보가 있는데,[99] 이것이 세간의 지혜, 즉 세간의 정견이라고 설명합니다.

무엇이 세간정견 · 세간지혜의 경계일까요? 세간정견 · 세간지혜는「행」에 의지하는 것입니다.『구사론』에서는 많은 곳에서 모두「행」의 관건은 고제 · 집제에 있고, 고제 · 집제를 분명히 이해하는 것이 바로 세간지혜의 경계이고,「행」의 분명한 이해라고 설명하고 있습니다.

---

99) "보시가 있고, 공양 · 희생이 있으며, 여러 선행 · 악행 업의 이숙과異熟果가 있으며, 이 세상이 있고 저 세상이 있으며, 어머니가 있고 아버지가 있으며, 여러 화생化生하는 유정이 있으며, 세간에 사문 · 바라문의 정지正至 · 정행正行이 있고, 스스로 이 세상 · 저 세상을 통달 · 증지證知하여 설함이 있다. 비구들이여! 이것이 정견의 유루有漏로 복분福分이 있고 과보를 지의持依하는 사람이 있다."『중구경전4;대40경大四十經』,『한역남전대장경』, 페이지56. 그밖에『중아함경 ;성도경聖道經』,『대정장』책1 , 페이지735 하단을 참조할 수 있음.

왜냐하면 세간의 정견에는 「자아我」의 개념이 있기 때문입니다. 그래서 유루지혜는 보시할 때처럼 보시를 하는 사람이 있고, 선업 · 불선업을 짓는 사람이 있으며, 미래에 선업 · 불선업의 과보를 받는 사람이 있다고 생각합니다. 이와 같이 「주인」의 개념이 있다는 것이 바로 세간의 정견입니다.

2) 출세간의 정견(出世間正見)

정견의 경계가 출세간의 도에 있는 것으로 바로 「멸滅」의 경계입니다. 인因이 견도 과정 중에 있어 해탈경계를 볼 수 있습니다. 이때 「자아」가 선업을 짓고, 「자아」가 불선업을 지으며, 「자아」가 부동업을 짓는 개념은 있을 수가 없습니다. 「자아」의 개념이 없어서 세간의 소연을 제거할 수 있고 출세간의 지혜를 성취할 수 있습니다. 그래서 출세간의 정견이야말로 완전히 번뇌를 바로 끊어버리고 번뇌로 하여금 다시 출현할 기회가 없도록 만드는 힘이 있습니다.

출세간의 정견은 우리가 무루 · 무행심의 경계를 향해 갈 수 있도록 지도하여 무위 열반계(無爲涅槃界 ; asankhāta nibbāna dhātu)를 실현할 수 있습니다. 『정견경正見經』100) 중에서 사리불은 만약 무루 정견을 실현할 수 있다면 그것이 바로 신견을 멸하는 정견이라고 설명하셨습니다. 그래야 묘법을 이미 이해하고, 정법에 진입하였다고 말할 수 있습니다.

무엇을 「묘법妙法」이라고 합니까? 바로 십이연기十二緣起입니다. 만약 무루 출세간의 정견을 이용하여 수행의 과정을 이해할 수 있다면 십이연기의 생명을 이해할 수 있고, 그래야 묘법의 깊은 뜻을 획득할 수 있습니다.

---

100) 『중부경전1、정견경正見經』, 『한역남전대장경』, 페이지60-72 참조.

견도를 실현한 후 계속해서 연기와 고 · 집 · 멸 · 도 사성제를 고려하고 사유해야 괴로움을 결속結束할 수 있고, 완전히 해탈할 수 있습니다. 일체유부의 견해에 따르면 견도의 과정을 실현하는 것이 바로 첫 번째 법륜을 굴리는 과정이고, 중도를 설명하는 것이며, 「이것이 고이고, 이것이 집이며, 이것이 멸이고, 이것이 도이다(此是苦 · 此是集 · 此是滅 · 此是道)」라고 설명하는 것입니다.

3-2 바른 사유(正思惟)

평상시 세간 혹은 출세간의 작용은 우리들의 「상想」으로 하여금 고정시켜야 「알아차림念」이 있을 수 있고, 「삼매定」가 있을 수 있으며, 지혜의 광명을 출현시킬 수 있도록 하는 것입니다. 만약 우리들의 「상」을 안정시키지 못하면 지혜의 빛은 분명히 드러날 수 없습니다.101) 정견의 작용은 바로 우리들의 사유를 안정시키는 것이고, 사유는 「상」이 안정되기 때문에 안정될 수 있습니다. 사유는 바로 「일으킨 생각(尋)」으로 곧 우리의 마음을 소연에 고정시키는 것입니다. 우리들이 관을 닦거나 삼매를 닦을 때 반드시 지혜의 소연이 있어야 하는데, 「일으킨 생각」은 삼매를 닦는 과정 중에서는 바로 관련이 있는 삼매의 업처(業處 ; kammatthana, 명상의 토대/대상)를 취하여 소연으로 삼는 것이고, 관을 닦는 과정에서는 명업처名業處 혹은 색업처色業處를 취하여 소연으로 삼는 것입니다. 이들 업처를 수습修習함이 있어야 일으킨

101) "지관止觀을 수습할 때 광명이 만들어지고, 지선심止禪心 및 관선심觀禪心이 밝아질수록 광명이 밝아진다. 이 광명이 명색법의 자상自相과 공상共相을 비출 수 있다." 참조 파욱 선사 저, 『지혜의 광명(智慧之光)』 제2장 (마래서아馬來西亞 : 2003년 , 제3판)

생각을 안정하게 하나의 소연에서 수습할 수 있습니다. 그것에는 세간과 출세간의 분별이 있습니다.

1) 세간사유世間思惟

세간사유의 소연은 무엇일까요? 『잡아함경』에서는 해치지 않음(不害) · 성내지 않음(不瞋) · 번뇌를 벗어남(出離)의 세 가지가 세간사유의 소연이 된다고 설명합니다.102)

2) 출세간사유出世間思惟

출세간의 사유는 출세간 경계(出世境界) · 사성제四聖諦 · 멸제滅諦에 관한 것입니다. 무루사유가 있어야 번뇌를 바로 끊을 수 있고, 세간사유로는 번뇌종자를 제거할 수 없습니다. 이 때문에 우리들은 계속해서 유복행有福行 · 비복행非福行 · 부동행不動行을 모으고 오직 무루지혜가 있어야 「행」을 완전히 끊어 무위열반을 실현할 수 있습니다.

3-3 바른 말(正語) · 3-4 바른 행위(正業) · 3-5 바른 살림(正命)

---

102) 『잡아함경』785. 광설팔성도경廣說八聖道經. "어떤 것을 세속의 바른 뜻(正志)으로서, 번뇌가 있고 취함이 있으면서 선취善趣로 향하는 것이라고 하는가? 바른 뜻은 번뇌를 벗어난 깨달음 · 성냄이 없는 깨달음 · 해치지 않는 깨달음이니, 이것을 세속의 바른 뜻으로서, 번뇌가 있고 취함이 있으면서 선취로 향하는 것이라고 한다." 『대정장』 책2 , 페이지203 중단.

우리들에게 출세간의 정견·출세간의 사유가 있으면 자연히 출세간심이 있습니다. 팔정도의 마음이 있으며 자연히 바르지 못한 말·바르지 못한 행위·바르지 못한 살림을 끊을 수 있습니다. 왜냐하면 무루지혜의 마음 가운데 출세간심의 율의律儀가 있으면 바르지 못한 말·바르지 못한 행위·바르지 못한 살림이 출현할 수 없기 때문입니다. 이것들은 정단正斷 율의律儀에 속합니다.

부처님께서는 말씀하셨습니다. "모든 불선계不善戒는 세간심 중에서는 완전히 제거할 수 없고 오직 도심道心·출세간심 중이라야 바로 끊을 수 있느니라." 그래서 출세간심은 제1차 견도 후에 번뇌를 완전히 끊을 수 있는 힘을 생기게 합니다. 도심의 공능으로 인해 자연히 바르지 못한 말·바르지 못한 행위·바르지 못한 살림의 모든 불선계不善契를 자연히 끊을 수 있습니다. 세간심 중에서는 바르지 못한 말·바르지 못한 행위·바르지 못한 살림의 소연은 다릅니다. 그래서 세 가지는 다른 경계 중에 분별현기할 것입니다. 출세간심 중에서는 출세간심의 소연이 바로 무루지혜의 경계, 즉 멸제이기 때문에 그래서 바르지 못한 말·바르지 못한 행위·바르지 못한 살림이 출현할 수 없습니다. 그때의 마음이야 말로 번뇌의 종자, 즉 수면隨眠을 완전히 끊어버리는 힘이 있습니다.

3-6 바른 정진(正精進)

1) 세간의 정진(世間精進)

세간의 정진은 네 가지 노력, 즉 사정근四正勤을 가리키는 것으로 바로 아직 생기지 않은 악이 생기지 않도록 하고, 이미 생긴 악을 없애버리며,

아직 생기지 않은 선을 일어나게 하고, 이미 생긴 선을 증장시키는 것입니다.

2) 출세간의 정진(出世間精進)

출세간심에서 정진의 소연은 사성제로, 이때 마음은 단지 사성제 상에서 노력할 따름입니다. 왜냐하면 마음은 동일한 목표의 소연에서 정진할 수 있기 때문입니다. 견도하였을 때의 마음이야 말로 번뇌종자를 완전히 끊어 없애는 힘이 있습니다. 무엇이 정진의 작용입니까? 정진의 작용은 바로 선심善心의 심법心法을 한 곳에 모아 자라게 하는 것입니다. 이 때문에 모든 선법을 다 함께 출현시키는 것이 바로 정진의 공능입니다. 정진의 소연은 출세간의 무루지혜에 속하는 것으로 도심 속에 출현하는 선법을 집결 통일하는 힘을 발생시킬 수 있습니다. 그래서 정진이야 말로 선법에 힘을 줄 수 있습니다. 정진이 없으면 선법은 힘이 없습니다.

출세간 정진의 소연은 멸제입니다. 이 때문에 마음 한가운데 모든 번뇌를 바로 끊는 힘이 있습니다. 견도할 때 「신견身見 · 의견疑見 · 계금취견戒禁取見」의 세 가지 번뇌종자를 끊을 수 있습니다. 견도하기 전에는 정진의 소연이 멸제가 아니므로 이 때문에 택멸擇滅의 공능이 없어 번뇌를 제거할 수 없습니다.

3-7 바른 알아차림(正念)

바른 알아차림은 소연으로부터 마음을 떼어내어 소연을 잊어버리는 것이 아니라 마음을 우리들이 필요로 하는 경계에 계속 머무르게 하는 것입니다.

알아차림의 가까운 인 및 연은 무엇일까요? 「알아차림」의 연은 고정된 「상想」입니다. 『구사론』에서는 사념처四念處의 본체는 지혜[103]라고 말합니다. 지혜의 본체는 고정된 상입니다. 그래서 바른 견해 · 바른 사유 · 바른 정진이 있어야 바른 알아차림이 있습니다. 바른 알아차림이 있어야 지혜가 있습니다.

두 가지 지혜의 선심善心이 있어도 만약 선심이 세간을 소연으로 한다면 번뇌를 완전히 끊어 없애는 힘이 없습니다. 만약 선심이 출세간을 소연으로 한다면 비로소 번뇌를 완전히 끊을 수 있습니다. 바른 알아차림이 출세간의 소연에 있어야 바른 알아차림의 힘이 우리로 하여금 멸제 및 사성제를 잊지 않게 할 것입니다. 왜냐하면 출세간의 바른 알아차림은 출세간의 바른 견해 · 출세간의 바른 사유 · 출세간의 바른 정진에 의지하는 것으로 번뇌를 바로 끊어버리는 힘을 일어나게 할 수 있습니다.

3-8 바른 삼매(正定)

무루지혜는 견도를 실현하는 기초로, 그것이 일어나게 하는 것은 바른 견해에 의지하는 것입니다. 우리들은 이미 바른 견해 · 바른 사유 · 바른 정진 · 바른 알아차림에 모두 다 세간 · 출세간의 다름이 있음을 알고 있습니다. 그리고 출세간의 도 가운데, 도심 가운데 자연히 율의가 있어서 바른 말 · 바른 행위 · 바른 살림이 동시에 출현할 것입니다. 이하에서는 세간의 바른 삼매와 출세간의 바른 삼매를 설명하겠습니다.

103) "이른바 사념주四念住와 혜근慧根 · 혜력慧力 · 택법각지擇法覺支 · 정견正見은 혜慧를 본체로 한다." 『아비달마구사론』, 『대정장』책29 , 페이지 132 중단.

출세간의 삼매에 들어야 번뇌를 바로 끊는 공능이 있고, 세간의 삼매는 단지 번뇌를 「해害」[104)]할 수 있을 뿐 번뇌를 바로 끊을 수 없습니다. 남전불교에서는 「진복(鎮伏 ; 가라앉히고 굴복시킴)」이란 용어를 사용하고 일체유부에서는 「해害」란 용어를 사용합니다. 색계 혹은 무색계의 선정에 들어가려면 모두 번뇌를 진복시킬 뿐입니다. 색계의 제2선정에 들어가려면 색계 초선初禪의 번뇌를 진복시킬 뿐입니다. 세간의 선정은 삼계 중에 있으므로 번뇌를 「해」할 수 있을 뿐이고, 하계下界의 번뇌를 떼어낼 수 있을 뿐입니다. 오직 출세간의 삼매가 있어야 번뇌를 바로 끊을 수 있습니다. 출세간의 삼매는 반드시 출세간의 바른 견해 · 출세간의 바른 사유 · 출세간의 바른 정진 · 출세간의 바른 알아차림에 의지해야 출현할 수 있습니다. 부처님께서는 『사자후의 짧은 경(獅子吼小經)』(M11)[105)]에서 세간의 삼매와 출세간의 삼매 간의 관계와 차이에 대해 설명하고 있습니다. 출세간의 경계 중에 출세간의 삼매가 반드시 다른 칠지七支의 성도聖道와 동일한 목표상에 동시에 현기하여야 번뇌를 바로 끊는 과정을 성취할 수 있습니다. 『교리문답의 짧은 경(有明小經)』 중에서 바른 삼매와 다른 지支의 성도聖道의 관계에 대해 바른 삼매의 자량은 바른 정진이고, 바른 삼매의 연은 바른 알아차림이라고 설명하고 있습니다.[106)]

남전불교에서는 삼종변지(三種遍知)로써 번뇌를 떼어내는 과정을 설명하고

---

104) 해(害 ; vihisā)는 소번뇌지법(小煩惱地法)의 하나이고, 20수번뇌(隨煩惱)의 하나로 남을 해치며, 꾸짖는 정신작용을 말한다.

105) 『중부경전1 · 사자후의 짧은 경(獅子吼小經)』, 『한역남전대장경』, 페이지87 참조.

106) "심일경성心一境性을 얻음이 삼매이다. 사념처四念處는 삼매의 상相이 되고, 사정근四正勤은 삼매의 자구資具가 된다. 그들 제법의 익힘(練習 ; 가행) · 닦음(修習 ; 근본업도) · 많이 지음(多所作 ; 후기를 일으키는 상태)이 삼매의 수습이다." 『중부경전2 · 교리문답의 짧은 경(有明小經)』, 『漢譯南傳大藏經』, 페이지 21.

있습니다. 즉 단변지斷遍知 때에 멸을 관하고, 견도를 실현할 때 신견身見・계금취戒禁取・의疑의 삼결三結을 끊을 수 있습니다. 그 후 수도할 때에 욕탐欲貪・진에瞋恚・신견・계금취・의疑 등의 오하분결五下分結을 점차 끊습니다. 최후에 아라한과에서 색탐色貪・무색탐無色貪・도거掉擧・만慢・무명 등의 오상분결五上分結을 완전히 끊어 없애게 됩니다.

일체유부에서는 번뇌에 대한 분석이 매우 복잡하여서, 견도 중에서 88종의 각기 다른 번뇌를 끊어야 한다고 말합니다.107) 그것들은 단변지를 아홉 가지, 즉 구승위九勝位로 나누어서,108) 삼계의 견혹(見惑 ; 견도위에서 끊는

107) 견도로 소멸해야 하는 근본번뇌는 신견身見・변견邊見・사견邪見・견취견見取見・계금취견戒禁取見의「오리사五利使」와 탐貪・진瞋・치癡・만慢・의疑「오둔사五鈍使」가 있고, 견도할 때 욕・색・무색 삼계의 사제를 관하고 끊은바 견혹은 각자 다름이 있어 도합 808종이다.

108) "온갖 끊어짐(斷)에는 모두 아홉 가지 종류의 변지를 설정하니, 이를테면 삼계에 계속되는 견제소단의 번뇌 따위의 끊어짐에 여섯 가지 변지를 설정하고, 그 밖의 삼계에 계속되는 수도소단의 번뇌 따위의 끊어짐에 세 가지 변지를 설정하는 것이다. 바야흐로 3계에 계속繫屬되는 견제소단見諦所斷의 번뇌 따위의 끊어짐에 여섯 가지 변지를 설정한다고 함은 무엇을 말하는 것인가? 이를테면 욕계에 계속되는 처음 2부部의 끊어짐에 하나의 변지를 설정하니, 여기서 '처음의 2부'라고 하는 말은 견고소단과 견집소단을 의미한다. 다음의 2부에는 각기 하나의 변지를 설정하니, '다음의 2부'란 말은 견멸소단과 견도소단을 의미한다. 이와 같이 하여 욕계의 견제소단의 번뇌 따위의 끊어짐에 세 가지 변지를 설정하였다. 욕계에 세 가지 변지를 설정한 것과 마찬가지로 상계의 경우도 역시 그러하니, 이를테면 색・무색의 2계에 계속되는 번뇌 따위의 끊어짐에도 역시 처음 2부의 끊어짐에 하나의 변지를 설정하고, 다음 2부의 끊어짐에도 각기 하나의 변지를 설정하여 도합 세 가지가 된다. 즉 견고・견집소단과 견멸소단과 견도소단의 법의 끊어짐에 (각기 하나의 변지를 설정하여) 도합 세 가지의 변지를 설정한다는 뜻이다. 바로 이와 같은 변지를 일컬어 3계의 견제소단의 법(즉 번뇌)이 끊어지는 여섯 가지 종류의 변지라고 하는 것이다.
그 밖의 삼계에 계속되는 수도소단修道所斷의 번뇌 따위의 끊어짐에 세 가지 변지를 설정한다고 함은 무엇을 말하는 것인가? 이를테면 욕계에 계속되는 수도소단의 번뇌

번뇌)·수혹(修惑 ; 수도위에서 끊는 번뇌)을 끊어 없애는 아홉 가지 지혜가 됩니다. 만약 유부의 현관과정을 분명히 이해하려면 꼭 구승위를 분명히 이해하여야 합니다. 목전에 설하지 않고 먼저 견도할 때 분명히 이해하여야 번뇌를 바로 끊는 지혜를 발생시킬 수 있습니다. 만약 출세간의 경계를 실현할 수 없다면 지혜는 번뇌를 바로 끊는 공능을 발생시킬 수 없습니다. 「지혜」는 결코 자기 혼자 일어나지 않고, 그것의 친구들과 함께 출현할 것입니다. 견도를 실현할 때, 왜냐하면 출세간의 지혜가 출세간의 소연을 실현할 때 우리들은 자연히 「견見」 측면의 모든 번뇌를 떼어버리고, 「견주見住」(diṭṭhithāna)를 떼어버려서 다시는 바르지 못한 견해가 존재하지 않기 때문입니다.

무엇이 「견見」의 주지(住地 ; 머무는 자리)일까요? 남전 아비달마에서는 여덟 가지 바르지 못한 소연을 언급하고 있습니다.

1) 오온五蘊

따위의 끊어짐에 한 가지의 변지를 설정하니, 이는 바로 '5순하분결이 다하는 변지(五順下分結盡遍知)' 임을 마땅히 알아야 할 것으로, 앞의 끊어짐(즉 견혹의 諸斷)과 아울러 함께 설정하였기 때문이다. 색계에 계속되는 수도소단의 번뇌 따위의 끊어짐에도 한 가지의 변지를 설정하니, 이는 바로 '색애가 다하는 변지(色愛盡遍知)' 임을 마땅히 알아야 할 것이다. 그리고 무색계에 계속되는 수도소단의 번뇌 따위의 끊어짐에도 한 가지의 변지를 설정하니, 이는 바로 '일체의 결이 영원히 다하는 변지(一切結永盡遍知)' 로서, 이것 역시 앞의 것과 합하여 하나로 설정하였기 때문이다. 바로 이와 같은 변지를 일컬어 3계의 수도소단의 법이 끊어지는 세 가지 종류의 변지라고 하는 것이다. 어떠한 인연에서 색계·무색계의 수도소단의 번뇌 따위의 끊어짐에는 변지를 달리 설정하였으면서 견도소단의 경우에는 달리 설정하지 않은 것인가? 수소단은 그 대치가 동일하지 않기 때문이다. 이상과 같이 아홉 종류의 변지가 설정되었다." 『아비달마구사론』권21〈분별수면품分別隨眠品〉, 『대정장』 책29 , 페이지112상단-중단.

불교에 따르면 오온에 관해 20가지 바르지 못한 견해가 있습니다. 예를 들면 색온 중에서 「색이 나이다(色是我)」·「나에게 색이 있다(我有色)」·「나 가운데 색이 있다(色在我之中)」·「색 가운데 나가 있다(我在色之中)」 등 네 가지 바르지 못한 견해를 발생할 수 있습니다. 똑같은 이치로 「수受·상想·행行·식識」에 대해서도 각각 네 가지 바르지 못한 견해가 있습니다. 이 때문에 오온에 관해 20가지 바르지 못한 견해가 있다고 생각합니다. 『교리문답의 짧은 경(有明小經)』 중에서는 "출세간의 바른 견해로 견도하는 중에 오온에 관한 20가지 바르지 못한 견해를 완전히 바로 끊을 수 있다. 다만 세간의 바른 견해는 그 소연이 세간의 오온이기 때문에 오온의 바르지 못한 견해를 끊어 없앨 수 있는 힘이 없다."라고 설명합니다.[109]

2) 무명無明

견도로는 무명을 완전히 제거할 수 없고, 다만 「견見」·「의疑」와 상관이 있는 무명을 끊어 없앨 뿐입니다. 모든 유루심은 다 무명이 있는데, 견도를 실현한 후 무명은 거듭 출현할 것이고, 여전히 「욕欲」·「진瞋」·「만慢」과 함께 일어나는 무명이 있을 것입니다. 다만 이때 「견見」·「의疑」와 상관이 있는 무명은 이미 바르지 못한 견해의 의지依地가 되지 않습니다.

3) 촉觸

견도를 실현하기 전에는 「촉은 아我에 속한다」라고 생각하고, 촉의 기초가

---

109) 『중부경전2·교리문답의 짧은 경(有明小經)』, 『한역남전대장경』, 페이지19.

바로 「나」의 존재이자 오온의 존재입니다. 견도를 실현한 후 「촉」을 분명히 이해하면 이미 신견身見・바르지 못한 견해와 함께 하지 않습니다. 그래서 「촉」은 견해의 의지가 되지 않습니다.

4) 상想

바르지 못한 견해의 기초는 「상」이고, 지혜는 안온한 상에 의지해야하기 때문에 「상」의 공능이 매우 중요합니다. 사념처를 수행하는 중에 「알아차림」은 안온한 상에 의지해야 합니다. 사념처의 지혜가 있어야 출세간의 지혜가 출현할 것입니다. 이 때문에 사념처의 수행은 출세간의 지혜가 현기하는 조건입니다. 지혜와 알아차림의 연은 모두 안온한 상입니다. 상이 안온한 후 지혜가 비로소 공능이 있습니다. 만약 상이 안온하지 않으면 지혜는 공능작용이 없습니다.

언제 「상」이 안온하지 않을까요? 우리들이 희론戱論[110]을 할 때 「상」은 안온하지 않습니다. 왜냐하면 희론을 할 때 상은 확대되기 때문입니다. 이때 「갈애愛」가 일어나고, 마음은 소연에 염착染著하며, 전체 세계를 「갈애」의 소연으로 변화시키므로 이에 세계는 우리들이 희론하는 소연이 됩니다. 이 때문에 수행하는 중에 특별히 「알아차림」을 수행하여야 비로소 지혜의 작용이 있습니다. 그리고 지혜의 작용은 「통달通達」이고 또한 「결택抉擇」이라는 의미입니다. 출세간의 지혜가 출세간의 소연을 통달하고 결택할 때 바르지 못한 견해와 관련이 있는 번뇌를 완전히 끊어 없앨 수 있습니다.

---

110) 희론戱論 : 탐貪・견見・만慢과 상응하는 갖가지 말로 하는 활동을 가리킨다. 도와 상응하지 않고 선법 공덕을 증진시킬 수 없기 때문에 가능한 피해야 할 것이다.

견도를 실현하면 모든 「자아」와 관련이 있는 바르지 못한 견해를 제거할 수 있고, 이때 「자아」의 개념은 결코 완전히 출현하지 않을 뿐만 아니라 이와 같은 생각이 출현할 때 하나의 정말로 존재하고 변하지 않는 「자아」가 있다고 생각하지 않을 것입니다.

5) 일으킨 생각(심; 尋)

아직 견도하기 전에 번뇌가 일어날 때 우리들은 「자아」를 정말로 존재하는 소연으로 여기기 때문에 마음 한가운데 지속적으로 매우 오랜 시간 후회 · 괴로움(難過) 등이 있을 것입니다. 왜냐하면 견도를 실현하기 전에 우리들의 개략적인 사유, 즉 「일으킨 생각」은 이미 「자아」의 소연에 관련이 없고, 이미 「자아」의 진실하지 못한 소연을 깨달아 알고 분별할 수 있으며, 마음은 들뜸과 뉘우침(掉悔) 등의 번뇌 가운데 있지 않을 것입니다. 이 때문에 견도할 때 「일으킨 생각」은 다시는 바르지 못한 견해의 의지가 되지 않습니다.

6) 불여리작의不如理作意

견도한 후에도 마음에는 여전히 탐욕 · 성냄 등의 이치에 맞지 않게(不如理) 사유하는 과정(作意)이 나타날 것이지만, 이 불여리작의는 이미 「자아」의 개념이 정말로 존재하지 않습니다. 이 때문에 견도할 때 불여리작의는 이미 바르지 못한 견해의 기초가 아닙니다.

7) 불교 바깥 가르침의 선지식(外教善知識)

불교 바깥 가르침의 선지식은 「자아」의 존재가 있다고 여깁니다. 견도한 후에 「무아無我」를 깨달아 알면 다시는 「자아」의 개념이 존재하지 않습니다. 그래서 불교 바깥 가르침의 선지식이 인도하는 것에 의지하지 않게 됩니다.

8) 이교의 소리(異聲)

견도할 때 불교 이외의 것뿐만 아니라 이미 다른 모든 이교異教의 책 · 이론 · 설법 · 목소리 등은 믿지 않게 됩니다. 왜냐하면 견도할 때 해탈의 소연을 보기 때문에 「자아」와 관련이 있는 말과 대담은 다시는 믿지 않게 됩니다.

팔정도는 세간 · 출세간의 분별이 있어서, 바르지 못한 견해와 상관이 있는 번뇌를 끊어 없애려면 먼저 팔정도의 수행이 있어야 하고, 그 후에야 출세간의 팔정도를 사용하여 번뇌를 완전히 바로 끊을 수 있습니다.

4. 삼종변지三種遍知

남전불교의 번뇌를 떼어내는 과정에 관한 견해는 세 가지 변지(遍知 ; pariññā)의 과정입니다. 오직 「삼변지」로써 오온 등의 명색법名色法을 확실하게 이해할 수 있어야 명색법에 대한 탐욕을 끊어 없애고 괴로움을 소멸시킬 수 있습니다. 이것이 「도제道諦」의 정수입니다.

4-1 지변지(知遍知 ; 알려진 것에 대한 분명한 이해)

「지변지知遍知」는 지혜의 소연이라고 부르는 것으로 소연은 고제와 집제입니다. 고제는 바로 명색의 분별입니다. 오직 명색을 분명히 이해하여 「명색분별지名色分別智」(nāma rūpa paricche-dañāṇa)를 지녀야 지혜의 경계를 실현할 수 있습니다. 명색을 분명히 이해하는 것만으로는 모자랍니다. 여전히 명색 간의 연기를 분명히 이해하여야 지혜를 이해할 수 있고 진정한 연기를 알 수 있습니다. 인과를 이해하는 지혜인 「연섭수지緣攝受智」(paccaya paricche-dañāṇa)가 바로 명색과 그들 간의 연기를 분명히 이해하고 고제와 집제를 분명히 이해하는 것입니다. 이것이 바로 지혜의 경계입니다. 만약 지혜의 경계가 없다면 위빠사나의 과정을 성취할 수 없습니다.

4-2 심찰변지(審察遍知; 조사를 통한 분명한 이해, 도변지度遍知)

만약 명색과 그 연기를 분명히 이해한다면 비로소 지혜가 생기고 끊임없는 찰나의 생멸을 조사할 수 있는데, 이것이 통찰지혜입니다. 사유해야 하는 소연, 즉 오온 · 십이처 · 십팔계 · 연기의 이치에 따라 그것들을 관하는 찰나 생멸을 심찰변지라고 부릅니다. 만약 심찰변지가 있어 계속해서 힘써 사유한다면 세간지世間智로 찰나 찰나의 생멸을 볼 수 있습니다. 예컨대 「신체」를 사유의 소연으로 삼아 심찰변지 하에 신체의 생멸이 갈수록 빨라지는 것을 보고, 최후에는 「생生」은 보이지 않고, 단지 「멸滅」만 보일 것입니다. 만약 세간의 관지觀智를 실현하면 생은 보지 못하고 멸만 관할 수 있으며, 우리들의 지혜는 이 단계에서 증가하여 점점 이 세간의 지혜로써 번뇌를 떼어낼 것입니다.

4-3 단변지(斷遍知 ; 끊음을 통한 분명한 이해)

번뇌를 끊은 과정은 그 차제次第가 있는데, 먼저 세간지로 멸을 관하여 세간 최고의 지혜 - 행사지行舍智를 실현하여야 합니다. 행사지가 있어야 출세간의 도의 가능성을 실현할 수 있습니다. 행사지가 없으면 출세간의 도를 실현할 수 없습니다. 행사(行舍 : 행하는 버림)의 지로 번뇌를 떼어낼 수 있지만, 여전히 완전히 끊어 내기에는 모자랍니다. 만약 번뇌를 완전히 끊으려면 반드시 가장 괴롭히고 가장 힘이 센 번뇌인 신견身見을 끊어야 합니다. 신견을 끊어야 번뇌의 매우 심한 압박을 받지 않습니다. 만약 우리들이 번뇌의 매우 심한 압박을 받고 싶지 않다면 응당 견도를 실현해야 합니다. 견도를 실현하기 전에는 행사지에 의지해서 계속해서 세계가 생멸하는 핍박을 열심히 관해야 합니다. 이때 마음은 이미 민감하고, 충분히 발달하였으며, 세간지혜도 이미 성숙하였기 때문에 마음은 새로운 경계, 즉 출세간의 경계를 향하게 됩니다. 이 과정은 마치 과거에 여행용 범선을 타고 바다로 나가는 것과 같습니다. 당시 항해기술이 아직 발달하지 않아 선원은 육지가 있는지 알려면 까마귀를 데리고 가서 배 위에서 까마귀에게 먹을 것을 잘 먹여야 합니다. 배가 큰 바다로 항해하는 동안 까마귀가 배의 돛대 위에 머물러 있다가 만약 까마귀가 새로운 대륙을 보면 배를 떠나 날아가고, 날아가서 만약 대륙을 보지 못하면 다시 배 위로 돌아와 먹을 것을 먹습니다. 선원으로 하여금 이를 보살피게 합니다. 그 후 몇 차례 끊임없이 날면서 선회하다가 만약 까마귀가 확실히 육지를 보게 되면 대륙을 향해 바로 날아가 다시 돌아오지 않습니다.[111]

똑같은 이치로 만약 우리들이 계속해서 세간 최고의 위빠사나를 실현하고

111) 『청정도론清淨道論』, 페이지 678.

계속해서 무상의 핍박을 사유한다면 마음은 계속해서 빙빙 돌다가 만약 마음이 출세간의 소연을 보게 되면 다시는 세간으로 돌아오지 않고 견도를 실현합니다. 마음이 해탈의 소연으로 향하려면 가장 먼저 도심道心, 즉 도지道智를 실현해야 하고, 그 후에 도과道果가 있을 것입니다. 출세간의 경계를 실현하는 이런 과정은 마치 삼매에 드는 것과 같습니다. 삼매를 실현하는 데는 불과 1, 2시간 내지 3시간이 필요하지만, 출세간 도과의 삼매定는 2개의 찰나만 필요할 따름입니다.112)

성인과 범부의 차이는 어디에 있을까요? 오직 성인이라야 도과道果의 삼매定 경험으로 깨달아 들어가서 출세간의 소연을 보고 해탈의 경계를 알 뿐입니다. 과의 삼매(果定 ; phala-samapatt)의 힘이 매우 강함으로 인해 그 염원(意願)에 따라 삼매가 열반 속에 있을 것입니다. 이때 과의 삼매는 도심道心과 함께 있지 않고 과의 삼매는 삼매와 같이 비교적 장시간 머물러 있을 수 있습니다. 성인은 만약 필요하다면 장시간 이러한 소연상에 있을 수 있습니다. 만약 성인이 더욱 철저하게 번뇌를 끊으려 한다면 계속해서 무상의 핍박을 사유하여야 합니다. 이때 그는 세간지를 사용할 수 있고 출세간의 지혜를 사용할 수도 있습니다. 만약 견도를 실현할 수 없다면 단지 세간지를 운용할 수 있을 뿐입니다.

---

112) 출세간의 삼매는 바로 과의 삼매(果定), 즉 도과道果의 삼매로 과의 삼매에 들어가는 사람이 바로 성인이다. 출세간의 경계 속에서 과의 삼매는 단지 2개의 찰나만 있지만, 성인은 입정하고 싶거나 오랫동안 입정하든 언제든지 모두 그 염원대로 과정에 들어갈 수 있다. 과의 삼매에 드는 과정은 마치 안반념을 소연으로 삼는 삼매와 같다. 과의 삼매는 열반을 소연으로 하고 이때 견도 혹은 수행·번뇌를 끊는 과정에 속하지 않고 단지 산정은 출세간의 경계 속에서 열반의 즐거움을 체험한다. 만약 번뇌를 끊으려면 반드시 계속해서 무상·고·무아를 관해야 진정한 해탈에 도달할 수 있다.

5. 도성제道聖諦 맺음말

도제는 세간과 출세간의 두 가지 측면에 존재합니다. 세간의 도제로는 번뇌를 완전히 끊을 수 없고, 출세간의 도제 속에서 지혜 및 삼매를 운영하여야 번뇌를 완전히 끊어 없앨 수 있습니다. 왜 그럴까요? 그것은 멸제를 소연으로 삼기 때문입니다. 그래서 출세간의 지혜를 충분히 운영하여야 번뇌를 제거할 수 있습니다.

어떤 상황 하에서 바로 끊어짐(正斷)이 출현하는지 분명히 이해하려면 반드시 출세간의 도제를 분명히 이해하여야 합니다. 출세간의 지혜 가운데 우리들의 삼매 · 바른 알아차림 · 정진 · 지혜는 모두 동일한 목표, 즉 사성제의 실현에 있습니다. 이 때문에 번뇌를 바로 끊을 수 있는 힘이 생깁니다. 견도하기 전에는 출세간의 지혜가 일어날 수 없기 때문에 번뇌를 완전히 끊을 수 없습니다. 오직 해탈의 소연이 출현할 때에만 한결같은 마음으로 열심히 무상을 사유할 수 있고, 마음은 비로소 열반을 향하고 출세간의 경계를 향하게 될 것입니다. 남전불교에 따르면 이것은 하나의 마음 과정 가운데 있습니다. 「도道」를 실현하는 과정은 마치 삼매에 드는 것과 같습니다. 삼매에 들어가기 전에 먼저 번뇌를 해害하여야 삼매의 경계에 진입할 수 있습니다. 똑같은 이치로 열반을 실현하기 전에 번뇌를 먼저 끊어야 출세간의 경계를 향할 수 있습니다.

제8장. 삼전법륜 三轉法輪

사성제를 세 번 굴림(三轉四諦)113), 남전불교에서는 이 「세 번 굴림(三轉)」을 바로 세 가지 지혜의 설명이라고 생각하나, 북전불교에서는 특별히 강조하지 않습니다.

첫 번째 굴림은 「진리를 보여주는 굴림(示諦轉)」이고, 이 첫 번째 지혜는 「진리를 보여주는 지혜(示諦智 ; 삿짜 냐나 sacca ñāṇa)」입니다. 한자로 번역하면 첫 번째 지혜는 「시전示轉」으로 견도(見道; 성제를 현전에서 깨달음)의 과정을 표시합니다.

남・북전 불교의 견해에 의하면 첫 번째 굴림은 견도를 설명함에 있고,

---

113) "무엇을 3전 12행三轉十二行相이라 하는가? 이것이 고성제苦聖諦이다, 이것이 고성제임을 두루 알아야 한다(應遍知). 이것이 고성제임을 두루 알았다此已遍知)라고 하였으니, 이를 세 번 굴림(三轉)이라 한다. 즉 이와 같이 하나하나 굴릴 때마다 각각 별도의 안眼・지智・명明・각覺이 발생하니, 이것을 십이행상十二行相이라 한다……어떻게 세 번 굴리었는가? 세 번을 거듭해서 굴렸기 때문이다. 어떻게 12행상을 갖추었는가? 세 번 거듭해서 차례차례로 사성제四聖諦를 거쳤기 때문이니, 이른 바 이것이 고苦이고, 이것이 집集이고, 이것이 멸滅이며, 이것이 도道이다(見道). 이것을 두루 알아야 하고, 이것을 영원히 끊어야 하며, 이것을 증득해야 하고, 이것을 두루 수습해야 한다(修道). 이것을 이미 두루 알았고, 이것을 영원히 끊었으며, 이것을 증명하였고, 이것을 수습하였다(無學道)" 『아비달마구사론』권24 「분별현성품」, 『대정장』29 , 페이지128 하단.

사성제를 실현하는 것입니다. 첫 번째로 우리들에게 부처님께서 개오開悟하신 내용을 견도의 과정까지 바르게 이해시키는 것입니다. 삼장경(三藏經; 대장경) 중에서 첫 번째 굴림을 견도의 과정에 대한 설명이라고 엄격하게 정의하기도 하지만, 이것은 방편설법입니다. 『중아함경中阿含經』에서처럼 사리불이 바른 견해의 삼매(正見定)를 설명할 때 아라한의 지혜에 불과한 누진漏盡의 지혜를 설명하는 부분에서 시전示轉이 보입니다.114) 그 밖의 경에서도 불환과不還果와 관련하여 시전을 언급하고 있습니다. 시전은 견도를 설명하는데 쓰입니다. 누진도漏盡道를 설명할 수도 있지만, 평상시는 견도를 설명하는데 쓰입니다. 우리는 교진여憍陳如가 『전법륜경轉法輪經』을 듣고 청정한 법안(眼)을 실현하였음을 알고 있습니다. 그는 견도의 지혜를 얻어 존재하는 일체세간법이 모두 생멸법生滅法임을 알았습니다. 엄격히 말하면 첫 번째 굴림은 부처님의 견도에 속하지만, 완전히 이와 같이 분별할 수는 없습니다. 부처님께서 현관現觀하신 부분을 제외하고 그밖에 중생을 교화·인도하시기 위한 설법의 부분도 있기 때문입니다.

남전불교에서는 견도를 실현할 때 신견身見·계금취견戒禁取見·의疑의 세 가지 결박이 끊어져 버린다고 주장합니다. 일체유부에서는 견도할 때 버리고 여의어야할 번뇌에 대한 분석이 너무나 복잡합니다. 견고소단의

114) 『중아함경심품中阿含經·心品』, 『대정장』책1, 페이지710 하. "비구야, 만일 비구가 고苦에 대해 듣고 다시 지혜로써 괴로움을 사실 그대로 바르게 본다면, 고집苦集과 고멸苦滅과 고멸도苦滅道에 대해 듣고, 다시 지혜로써 고집과 고멸과 고멸도에 대하여 사실 그대로 바르게 본다면, 비구야, 이런 자를 많이 들어 밝은 지혜가 있는 비구라고 하며, 여래는 많이 들어 밝은 지혜가 있는 비구를 이와 같이 시설하느니라." "그래서 스스로 알고, 스스로 깨닫고, 스스로 증득하여 성취하여 노닐었다. 그리하여 생生이 이미 다하고, 범행은 이미 서고, 할 일을 이미 마쳐서, 다시는 후세의 목숨을 받지 않는다는 것을 사실 그대로 알았다. 그리고 그 존자는 법을 알아 결국 아라한이 되었다."

번뇌, 견집소단의 번뇌, 견멸소단의 번뇌, 견도소단의 번뇌가 있어 욕계欲界에는 총 33종이 있습니다.[115] 견도를 실현하는 조건은 욕계의 번뇌를 떼어내는 것을 제외하고, 상위 계(색계와 무색계)의 번뇌를 떼어내야 하므로 도제를 봄으로써 끊어야 하는 번뇌는 도합 88종이 있습니다.

두 번째 굴림은 「진리를 행해야 하는 굴림(應作諦轉)」이라 부르고, 두 번째 진리는 「진리를 행해야 함을 아는 지혜(應作諦智 ; kicca ñāṇa)」입니다. 「낏짜 kicca」는 「행해야 함(應該作)」이란 뜻으로 해야 할 일을 표시합니다. 한자로 번역하면 「권전勸轉」으로 그 뜻은 매우 좋습니다. 「권전」은 무언가 해야겠다는 의사를 표시하라고 권고하는 것입니다. 엄격히 말하면 두 번째 굴림은 수도의 과정에 속하지만, 이것은 다만 방편의 설명임을 바르게 이해시켜야 합니다.

두 번째 굴림은 수도修道를 실현하는 부분입니다. 일체유부에서는 부처님께서 갖가지 공덕이 있어 수도하는 과정에 제1과 · 제2과를 실현할 필요가 없었고, 그래서 직접 제3과를 증득할 수 있었다고 생각하였습니다. 「행해야 함(應作)」은 개오開悟 이후 비로소 잘 이해할 수 있고, 개오 이전에는 부처님께서도 결코 「행해야 함」의 내용을 이해하실 수 없었습니다. 즉 부처님께서는 견도 가운데 도의 과정을 「두루 알았고(遍知)」, 그런 후에 어떻게 해야 완전히 번뇌를 끊어 없앨 수 있는지 잘 이해하였습니다. 부처님께서는 스스로 번뇌를 끊어 없앨 수 있을 뿐만 아니라 다른 사람을 번뇌를 끊을 수 있는 방향으로 나아가도록 이끌 수 있었습니다. 그래서 부처님의 개오는 두

115) 욕계의 고제를 봄으로써 끊어지는 번뇌 10가지(貪 · 瞋 · 痴 · 慢 · 疑 · 身見 · 邊見、邪見、見取、戒禁取), 욕계의 견제를 봄으로써 끊어지는 번뇌 7가지(除身、邊、戒禁取見), 욕계의 멸제를 봄으로써 끊어지는 번뇌 7가지(除身、邊、戒禁取見), 욕계의 도제를 봄으로 끊어지는 번뇌 8가지(欲界除身、邊見)가 있어 모두 33종이 있다.

개의 방향이 있습니다. 첫째는 「도」를 통달하여 해탈을 실현하는 것이고, 둘째는 중생이 어떻게 도를 닦고 어떻게 도를 실현하여 해탈에 도달할 수 있는지 지도하는 것입니다.

엄격히 말하자면 일체유부에서는 두 번째 굴림을 수도의 과정이라고 설명합니다. 견도한 후라야 수도의 과정이 있고, 견도한 때에는 완전히 번뇌를 떼어낼 수 없으며, 단지 수도의 과정이 있어야 비로소 진정으로 일체 번뇌를 끊어 없앨 수 있다고 말합니다. 그래서 수도를 「행해야 함」이라 부르고, 견도했을 때 아직 끊지 못한 일체의 번뇌를 떼어낼 수 있습니다. 두 번째 굴림은 어떻게 수도할 것인가[116]를 설명하여 일체 번뇌를 떼어내게 합니다. 수도의 과정에 끊어야 하는 번뇌는 열 가지로[117] 두 번째 굴림에서는 금강유정金剛喩定[118]을 실현하여야 합니다.

세 번째 굴림은 「진리를 이미 행한 굴림(已作諦轉)」이라 부르고, 세 번째 지혜는 「진리를 이미 행하였음을 아는 지혜(已作諦智 ; kata ñāṇa)」입니다. 한자로 번역하면 「증전證轉」이라 번역합니다. 이미 금강유정을 완성하였고, 무루지無漏智 · 무생지無生智를 얻었으며, 진리를 실현하여 더 이상 할 것은

116) 수도修道는 견도의 자리에서 일어나는 무루지無漏智로 사성제를 정진 수습하고 삼계 81품의 수혹修惑을 끊어 없애는 것이다. 사향사과四向四果 중의 예류과預流果 · 일내향一來向 · 일래과一來果 · 불환향不還向 · 불환가不還果 · 아라한향阿羅漢向 등 여섯 사람에 상당한다.

117) 욕계수도欲界修道에서는 탐貪 · 진瞋 · 치痴 · 만慢 네 가지를 끊어야 하고 색계수도色界修道에서는 탐貪 · 치痴 · 만慢 세 가지를 끊어야 하며, 무색계無色界修에서는 탐貪 · 치痴 · 만慢 세 가지를 끊어야 한다.

118) 금강처럼 견고하고 예리한 삼매를 가리킨다. 별도로 번뇌를 끊는 계위階位를 무간도無間道라 하고 금강유정으로 무간도를 표시하고, 걸림 없이 진리를 증오하는 해탈도에 들어갈 수 있다. * 무간도 : 사도(四道)의 하나로, 번뇌에서 벗어나 막힘이 없는 경지를 이르는 말.

아무것도 없다고 설명합니다.

부처님께서 사성제의 세 가지 지혜(三種智)를 설명한 것처럼 이와 같아야 사성제를 철저하게 이해할 수 있고, 사성제는 곧 연기를 설명하는 것이기 때문에 연기의 내용을 철저하게 이해할 수 있습니다. 이상의 내용을 간단한 표로 정리하면 아래와 같습니다.

세 번 굴림	세 가지 지혜	
	북전	남전
첫 번째 굴림 : 견도見道를 실현함	시전	진리를 보임의 굴림 → 진리를 앎의 지혜 (sāccā ñāṇā)
두 번째 굴림 : 수도修道를 실현함	권전	진리를 두루 행해야 함의 굴림 → 진리를 두루 행해야 함의 지혜(kīccā ñāṇā)
세 번째 굴림: 무루지無漏智를 얻음	증전	진리를 이미 두루 행함의 굴림→ 진리를 이미 두루 행하였음의 지혜(kata ñāṇa)

1. 괴로움의 진리를 세 번 굴림(三轉苦諦)

"비구들이여! 이것이 고성제이다. 전에는 들어본 적이 없는 법에 관해서 나에게 법안이 생겨났고, 지혜가 생겨났고, 통찰지가 생겨났고, 명이 생겨났고, 광명이 생겨났다. 비구들이여! 이 고성제에 관해서 두루 알아야 하고, 비구들이여! 이미 두루 알았기에 전에는 들어본 적이 없는 법에 관해서 나에게 눈이 생겨났고 내지 광명이 생겨났다."

Idaṃ dukkham ariyasaccaṇti me bhikkhave pubbe aṇaṇussutesu dhammesu cakkhum udapādi ñāṇam udapādi pāññā udapādi vījjā udapādi āloko ūdāpādi || || Taṃ kho paṇidaṃ dukkhaṃ ariyasaccaṃ parīññeyyaṇ ti me bhikkhave pubbe || la || parīññātan ti me bhikkhāve pubbe ananussutesu dhammesu cakkhum udapādi || pe || āloko udapādi || ||

諸比丘！苦聖諦者，即是此，是前所未聞之法，我眼生・智生・慧生・明生・光明生. 諸比丘！對此苦聖諦應遍知，諸比丘！已遍知，於前所未聞之法，我眼生乃至光明生.

전에는 들어본 적이 없는 법(pubbe aṇaṇussutesu dhammesu)

부처님 시대에 비록 수많은 수행이 있었을지라도 무루도無漏道는 이미 보이지 않았습니다. 부처님께서는 한량없는 공덕을 모으고 계셨기 때문에 무루도를 실현하고 해탈할 수 있었습니다. 당시 인도인들에게 삼매를 닦는 것은 보편적인 일에 해당하는 것으로 현대인들에게 자동차가 있는 것과 같습니다. 다만 그들에게는 무루도가 없었는데, 그들도 부처님에게 의지해야 무루도를 들을 수 있고 무루도를 실현할 수 있었습니다. 모든 부처님께서는 사성제・팔정도로써 중생을 가르치고 인도하십니다. 부처님께서 계시기 전에는 열반의 고성古城과 선인仙人의 옛 길(古道)이 이미 보이지 않았고,[119) 부처님께서 그것을 실현하고서야 이 법으로 중생을 교화할 수 있었습니다. 그래서 "전에는 들어본 적이 없는 법"이라 말씀하신 것입니다.

119) 「고성」은 열반을 가리킨다. 「옛길」은 팔정도를 말한다. 부처님께서는 옛길을 발견하였고 이것에 의지하여 열반을 향하셨다.

빨리어로 바나vana는 갈애(愛)·숲이란 뜻입니다.120) 갈애의 빽빽한 숲이 있기 때문에 우리는 열반의 고성을 볼 수 없습니다. 그러나 부처님께서는 모든 갈애를 완전히 끊어버리고 오랜 세월 이래로 갈애와 번뇌의 빽빽한 숲에 의해 파묻혀 있던 성곽도시(城市)를 발견할 수 있었습니다. 부처님께서는 어떠한 갈애 번뇌의 종자가 없었기 때문에 중생을 위해 사성제·팔정도의 「여여如如하고」·「여如를 여의지 않으며」·「여如와 다르지 않은」 깊은 뜻을 보여줄 수 있었습니다.

법안이 생김(cakkhum udapādi)

열반의 고성에는 진정한 해탈, 해탈의 지혜가 있고 무루無漏의 법안이 생겨남을 말합니다.

지혜가 생김(ñāṇam udapādi)

무루의 지혜가 생겨남을 말합니다.

통찰지가 생김(pañña udapādi)

무루의 통찰지가 생겨남을 말합니다.

명이 생김(vījjā udapādi)

무루의 명(靈知; 꿰뚫어 암)이 생겨나서 무명이 없음을 말합니다.

광명이 생김(āloko udapādi)

120) 갈애(범어vāṇa)는 한곳에 꿰매다는 뜻이고, 모은다는 뜻, 혹은 숲(빨리어 vana) 두 가지 뜻과 상통한다.

무루지혜의 광명이 생겨남을 말합니다. 유루지혜有漏智慧는 「삼매」 때문에 「광명」이 있습니다. 다만 무루지혜의 광명이 있어야 무엇이 해탈의 경계인지 분명히 분별하고 어떻게 해탈할 수 있는지 알 수 있습니다.

열반의 도는 「여여하고」·「여를 여의지 않으며」·「여와 다르지 않습니다.」 그것은 사성제 팔정도에 관해 잘 이해하는 것입니다. 사성제 팔정도를 잘 이해하여야 「여여하고」·「여를 여의지 않으며」·「여와 다르지 않음」을 잘 이해할 수 있습니다. 『잡아함雜阿含』에서는 사성제는 「여여」121)하고, 「여」가 상주하는 법(常法)이라는 뜻이라 말하며, 부처가 있는지 없는지와 상관없이 사성제·팔정도는 존재한다고 생각합니다.

열반은 상주하는 법이고, 이 법이 이전에 없다는 말이 아니라 「전에는 들어본 적이 없는 법」으로 이 법이 파묻혀있음을 비유한 것입니다. 마치 숲속에 갈애 번뇌가 자라나는 나무가 많이 있어 장차 오래된 성곽도시, 즉 열반이 무성한 나무 숲속으로 사라져 그것의 존재를 보지 못하게 된 것과 같습니다. 또한 현재 말법시대에 열반에 대해 잘 이해할 수록 애매모호해지는 것과 같습니다.

남전 불교의 설법에 의하면 말법시대에는 매우 깊고 미묘한 승의법勝義法과 연기법의 아비달마를 해설하는 것이 먼저 사라지고, 또한 여법하게 설명하는 법사가 없어지며, 그 후 경전의 심오한 뜻도 보지 못하게 되고, 계율도 점점 보지 못하게 되어 최후에는 불법이 사라질 것이라고 말합니다. 왜 그럴까요? 갈수록 팔정도 사성제의 「여여하고」·「여를 여의지 않으며」·

121) "여여하고 여를 여의지 않고 여와 다르지 않은 것이며, 진실하고, 진리를 자세히 살핀 것이며, 뒤바뀌지 않은 것으로 성인께서 밝히신 것이고, 세존께서 말씀하신 사성제이다." 『잡아함경 제417경』, 『대정장』 책2, 페이지 110하단. 그밖에 『상응부경전6相應部經典 六 제상응諦相應』, 『한역남전대장경』, 페이지 324 참조.

「여와 다르지 않는」 진리성(諦性)을 잘 이해할 수 있는 사람이 적어지기 때문입니다. 그래서 각기 다른 수많은 이론과 견해가 출현하고 복잡한 설법도 곧 이어서 출현하지만, 「여여하고」·「여를 여의지 않으며」·「여와 다르지 않는」 이해가 오히려 적어지니, 이것이 바로 말법의 세간입니다. 이로써 「전에는 들어본 적이 없는 법」은 이전에 법이 없다는 말이 아니라 단지 부처님께서 출생하실 때 법이 이미 보이지 않아서 부처님께서 불가사의한 노력을 기울여야 이해할 수 있었다는 것입니다.

부처님께서 우거진 숲을 열어젖혀서 옛길 하나를 발견하였고, 열반의 고성에 도달할 수 있었기에 우리들은 부처님처럼 그렇게 고생을 하지 않고도 그 길을 발견할 수 있습니다. 그렇지만 우리들은 「갈애」의 숲이 갈 수록 우거져서 「여여하고」·「여를 여의지 않으며」·「여와 다르지 않는」 견해도 갈수록 애매모호해지자 부처님께서는 비할 바 없는 자비로운 마음과 자비·지혜를 펼쳐보이셔서 그 번거로움을 마다하지 않으시고 세 가지 순서로 어떻게 이 해탈의 길을 걸어갈 것인지 우리들을 가르치고 인도하셨습니다.

괴로움의 진리를 세 번 굴려 설명하면 바로 "나는 이것이 괴로움의 진리임을 두루 알고, 나는 괴로움의 진리를 두루 알아야 하며, 나는 괴로움의 진리를 두루 알았다."입니다. 이는 곧 「진리를 아는 지혜」·「진리를 행해야 함을 아는 지혜」·「진리를 이미 행하였음을 아는 지혜」의 세 가지 지혜를 설명하는 것입니다.

『청정도론清淨道論』에서 「변지(遍知; 두루 앎, 철저하게 바르게 앎)」의 다섯 가지 측면을 언급하고 있습니다.122)

---

122) 「이 사성제 가운데 일체 괴로움은 그 현기現起하는 성질에 의지함이 첫째 종이고, 명과 색에 의지함이 두 번째 종이며, 욕계 색계 무색계의 각각 다른 생기生起에 의지함이 세 번째 종이고, 사식四食에 의지함이 네 번째 종이며, 오취온五取蘊의 차별에 의지함이

(1) 괴로움이 현기現起하는 성질의 변지 : 윤회의 뜻이다.

(2) 명색名色의 변지 : 명색도 윤회의 뜻을 표시한다.

(3) 삼계고의 변지 : 괴로움은 한 가지 혹은 두 가지(명, 색) 혹 세 가지(욕계 · 색계 · 무색계의 괴로움) 등으로 다르게 분별하고 이와 같은 분별법은 원시불교에 있다. 수행 과정 중에 일체유부는 「세 가지 괴로움(三苦)」 - 행고行苦 · 괴고壞苦 · 고고苦苦로 계통적 사유를 하지만, 원시불교는 이 세 가지 분류방식에 의지하지 않고 수행과정을 안배한다. 똑같이 집제集諦도 고제와 같이 세 가지 분별이 있다.

(4) 사식四食의 변지 : 단식段食 · 촉식觸食 · 의사식意思食 · 식식識食의 네 가지 식이다.

(5) 오취온五取蘊의 변지 : 색色 · 수受 · 상想 · 행行 · 식識 등 오온五蘊을 두루 알 수 있어야 수행의 과정을 철저하게 이해할 수 있다.

괴로움이란 무엇입니까? 괴로움은 바로 과果입니다. 『구사론俱舍論』에서는 고제苦諦는 「병」과 같고, 집제集諦는 병의 원인과 같으며, 멸제滅諦는 병이 나음과 같고, 도제道諦는 병을 치료하는 과정과 같다고 말합니다.123)

다섯째 종이다.」『청정도론淸淨道論』, 항529.

123) 「그러므로 수행자가 가행위加行位 중에 최초로 괴로움을 관할 것이니 괴로움이 곧 고제苦諦이다. 다시 괴로움은 무엇이 원인인가 관할 것이니, 원인은 곧 집제集諦이다. 다시 괴로움은 무엇을 없앨 것인가 관할 것이니, 곧 괴로움의 없앰을 관할 것이니, 없앰은 곧 멸제滅諦이다. 후에 괴로움을 없애는데 무엇으로 도를 삼을 것인가 관할 것이니, 곧 없애는 도를 관할 것이니, 도는 곧 도제道諦이다. 병을 발견하고서 병의 원인을 찾아보고 계속해서 병이 나음을 생각하여 그 후에 양악을 구하듯이 계경契經

『청정도론』에서는 네 가지 비유를 들고 있습니다. 가장 좋은 비유로 네 가지 진리를 이렇게 사유하라고 설명합니다. "「고」는 무거운 짐이라 생각하고, 「집」은 무거운 짐을 취함이라 생각하며, 「멸」은 무거운 짐을 벗어남이라 생각하고, 「도」는 무거운 짐을 벗어나는 방편이라 생각하라."124)

왜 괴로움이 과果입니까? 과거의 업으로 인해 우리는 어머니의 태 가운데 생을 맺고, 끊임없이 파괴하며 만족할 수 없는 세간에서 성장하여 청정한 연화 가운데 출생하지 못하므로 생이 있으면 반드시 괴로움이 있습니다.125) 우리들은 응당 「이것이 괴로움이고」, 「괴로움을 알아야 하며」, 「괴로움을 이미 알았다」는 세 가지 순서를 깨달아 알 수 있어야 철저히 괴로움의 진리를 이해하였다 할 것입니다.

또한 진리에 대한 차례를 비유로 설명하니, 어느 경계에서 말하느냐 하면, 이른 바 양의경良醫經이란 경에서 이르길, "무릇 의왕醫王이란 네 가지 덕을 갖추어 독화살을 뽑아버릴 수 있음을 말하니, 첫째 병의 증상을 잘 아는 것이고, 둘째 병의 원인을 잘 알며, 셋째 병이 나음을 잘 알아서, 넷째 양약을 잘 안다. 여래 또한 그와 같이 대의왕이 되어 고집멸도를 여실하게 알기 때문에 가행위에서 이와 같은 순서로 관하여 현관위現觀位에서 차례 또한 그러하니라.」『아비달마구사론』 권22 「분별현성품分別賢聖品」, 『대정장』책9, 페이지114 상단.

124) "고제는 무거운 짐과 같고, 집제는 무거운 짐을 짊어짐과 같으며 멸제는 무거운 짐을 내려놓음과 같으며 도제는 무거운 짐을 내려놓는 방법과 같다." 『청정도론』, 페이지528.

125) 「유정有情이 생길 때 청련青蓮, 홍련紅蓮, 백련白蓮 가운데 생하는 것이 아니라 모태 가운데 생하여……10개월 중에 온갖 고초를 다 겪고 사지와 몸통이 자유롭게 굽혔다 폈다 하지 못한다……」『청정도론』, 페이지515.

2. 집제를 세 번 굴림(三轉集諦)

"비구들이여! 이것이 고의 집성제이다. 전에는 들어본 적이 없는 법에 관해서 나에게 법안이 생겨났고, 지혜가 생겨났고, 통찰지가 생겨났고, 명이 생겨났고, 광명이 생겨났다. 비구들이여! 이 고집성제에 관해서 끊어야 하고, 비구들이여! 이미 끊었기에 전에는 들어본 적이 없는 법에 관해서 나에게 눈이 생겨났고 내지 광명이 생겨났다.

Idaṃ dukkhasamudayaṃ arīyasaccaṇ ti me bhikkhāve pubbe aṇaṇussutesu dhammesu cakkhum udapādi ñāṇam udapādi paññā udapādi vijjāudapādi āloko udapādi || ||Taṃ kho panidaṃ dukkhasamudayam aryasaccaṃ pahātabbaṇ ti me bhikkhave pubbe || la－pe || pahīṇaṇ ti me bhikkhave pubbe aṇaṇussutesu dhammesu cākkhuṃ udapādi || pe || āloko udapādi || ||

諸比丘！苦集聖諦者，卽是此，是前所未聞之法，我眼生・智生・慧生・明生・光明生・諸比丘！對此苦集聖諦應斷除，諸比丘！已斷除，於前所未聞之法，我眼生乃至光明生・

집제集諦는 괴로움의 원인으로 괴로움의 원인에 대해서 멀리 여의어야 합니다. 집제에 관해서 「이것이 갈애임을 알고(知是集)」·「갈애를 버려야 하며(應斷集)」·「이미 갈애를 버린(已斷集)」 세 가지 지혜가 있어야 집제를 철저히 이해할 수 있습니다.

「이것이다(卽是此)」는 제일의 앎을 가리킵니다. 이것이 바로 갈애임을 알면

“눈이 생겨나고, 지혜가 생겨나며, 통찰지가 생겨나고, 명이 생겨나며, 광명이 생겨날” 수 있습니다. 이것은 북전 『아함경』[126]에서도 찾아볼 수 있지만, 『구사론』에서는 「안 · 지혜 · 명 · 각」[127]으로 설명합니다. 이것과 그것들의 현관現觀은 수행과정과 관계가 있습니다.

견도見道의 과정에서 욕계 · 색계 · 무색계의 분별에 의하여 무간도無間道와 해탈도解脫道의 분별에 의하여 일체유부는 사성제를 계통적으로 분별사유하여야 한다고 생각하였습니다. 그래서 번뇌를 떼어내는 해탈도 상에서 욕계 · 색계 · 무색계 중에서 각 계의 번뇌를 떼어내는 것으로 사성제를 관찰사유할 수 있게 되었습니다.

남전불교의 견해에 의하면 부처님께서는 사성제의 법륜을 세 번 굴리셨는데, 한 번 굴리실 때 마다 각자 네 가지 행상行相이 있어 도합 십이행상十二行相이 있습니다. 이 세 번 굴림이 바로 세 가지 지혜입니다. 십이행상은 고 · 집 · 멸 · 도 사성제 각각에 세 가지 지혜의 실천이 있음을 대표합니다. 남전에서는 「눈이 생김 · 지혜가 생김 · 통찰지가 생김 · 명이 생김 · 광명이 생김」의 다섯 가지로 현관의 과정을 설명하지만, 일체유부에서는 「안 · 지혜 · 명 ·

---

126) “고습제苦習諦란 본래 아직 듣지 못한 법으로 눈이 생겨나고, 지혜가 생겨나며, 명이 생겨나고, 각이 생겨나며, 광명이 생겨나고, 통찰지가 생겨난다. 다시 고습제란 실제 삼매(實定)이고, 헛되지도 망령되지도 않으며, 마침내 차이가 없는 세존의 설한 바이기 때문에 고습제라 한다.” 『증일아함경增壹阿含經 고당품高幢品』, 『대정장大正藏』 책2 , 항619상。

127) “교진여 등에게 견도가 생겨났을 때 이미 정법의 수레바퀴를 굴렸다고 말하였기 때문이다. 무엇을 3전 12행三轉十二行相이라 하는가? 이것이 고성제苦聖諦이다, 이것이 고성제임을 두루 알아야 한다(應遍知) , 이것이 고성제임을 두루 알았다此已遍知)라고 하였으니, 이를 세 번 굴림(三轉)이라 한다. 즉 이와 같이 하나하나 굴릴 때마다 각각 별도의 안 · 지 · 명 · 각이 발생하니, 이것을 십이행상十二行相이라 한다.” 『아비달마구사론』권24 「분별현성품」, 『대정장』29 , 페이지 128 하단.

각」으로 번뇌를 떼어냄과 현관의 관계를 설명합니다. 이로 인해 『구사론』에서는 「안眼」은 법지인法智忍이라고 하여 무루지혜를 표시하고, 「지혜(智)」는 법지法智라고 하여 무애無疑를 대표하며, 「명明」은 유지인類智忍이라고 하여 여실요해如實了解를 표시하며, 「각覺」은 류지類智라고 하여 지혜청정智慧淸淨을 표시합니다.128)

남전에서는 사제는 3전 12행상三轉十二行相이 있다고 설명하고, 일체유부에서는 사제는 48행상이 있다고 생각합니다. 『구사론』 제6품에서는 이 같은 분별을 설명하고 있습니다. 경량부는 여기서 유부를 비평하길, "부처님께서 법륜을 굴리실 때 열두 가지 행상을 설명하셨다고 생각한다. 왜냐하면 고·집·멸·도의 사성제를 세 번 굴렸기 때문에 십이행상만 있을 뿐이다. 만약 유부가 말한 대로 48행상이 있다면 왜 부처님께서는 48행상을 말씀하시지 않고 십이행상을 말씀하셨겠는가?"

유부는 경량부의 비평에 대해 변론을 제기하였습니다. "부처님께서는 일찍 비구에게 말씀하셨다. 만약 해탈하려면 일곱 가지 방편(선에 처함處善)이 있어야 하고, 만약 일곱 가지 방편이 없다면 해탈할 방법이 없다. 이 일곱

128) "하나하나 굴릴 때마다 각각 별도의 안·지·명·각이 발생한다. 해석하자면 견도見道 가운데 법인法忍을 안眼이라 하고, 법지法智를 지혜라 하고, 류인類忍을 명이라 하고, 류지類智를 각이라 한다. 또 해석하자면, 관견觀見을 안이라 하고 결단決斷을 지혜라 하고 조료照了를 명이라 하고 경찰警察을 각이라 하니, 이것으로 삼도三道를 해통解通한다." 『구사론俱舍論 송소논본頌疏論本』, 『대정장』책41 , 페이지 953 중단. 「인忍」은 막 사제의 이치를 인가認可하여 마음이 편안히 머물 수 있고 일체의 괴롭히고 해치는 것을 참아내며, 추호도 번뇌장애와 막힘을 입지 않음을 가리킨다. 「지혜智」는 사제의 이치를 이미 알아 미혹의 몸을 해탈할 수 있음을 가리킨다. 「법法」은 제법의 진리를 가리킨다. 「류類」는 유사, 상사相似의 뜻이다. 「법지인法智忍」 「법지法智」는 욕계에서 사제의 이치를 현관現觀하는 것이고, 「유지인類智忍」, 「류지類智」는 무색계에서 사제의 지혜를 현관하는 것이다.

가지 방편은 물질(色)의 고 · 집 · 멸 · 도 · 맛(味) · 근심(患) · 여읨(離)을 이해하는 것이다.[129] 그렇지만 부처님께서 경전에서 일곱 가지 방편(칠방편×오온)을 열어 보이셨지만, 35종 방편이 있어야 한다고 말씀하시지 않았다. 같은 이치로 부처님께서는 비록 48행상을 말씀하시지 않았고 단지 12가지 현관 과정의 행상을 말씀하셨다. 단 존재하는 모든 진리는 모두 그 가운데 포괄해야 한다."

일체유부는 고와 집이 비록 두 가지 진리이지만, 그것들을 하나의 현관 과정으로 보아야 한다고 생각하였습니다. 그것들의 수행계통에 따라 현관 과정 가운데 아홉 가지 변지가 있고, 그 중 고와 집은 한 가지 변지에 속하며, 같은 하나의 체에 속한다는 것입니다.[130]

『구사론』 제6품에서는 이렇게 언급하고 있습니다.

---

129) "세존은 여러 비구에게 말하였다. 일곱 가지 선에 처함(七處善), 세 가지 의미를 관함(三種觀義)이 있다. 만일 이 법을 다 알면 번뇌가 다 하여(漏盡) 번뇌가 없어지고(無漏) 마음이 해탈(心解脫)하고 지혜가 해탈(慧解脫)하여, 현재의 법(現法)에 스스로 알고 몸으로 증득하여 구족하여 머문다. 그래서 나의 생(生)은 이미 다하였고, 범행은 이미 확립되었으며, 할 일은 이미 마쳐, 후세의 몸(後有)을 받지 않음을 스스로 아느니라. 비구들이여, 어떤 것이 일곱 가지 선에 처함인가? 비구들이여, 여실히 색을 알고(知色), 색의 집(色集) · 색의 멸(色滅) · 색의 멸도자취(色滅道跡) · 색의 맛(色味) · 색의 재앙(色患) · 색의 벗어남(色離)을 여실히 안다. 이와 같이 수受 · 상想 · 행行 · 식識과 식의 집 · 식의 명 · 식의 멸도 자취 · 식의 맛 · 식의 재앙 · 식의 벗어남을 여실히 안다." 『잡아함경雜阿含經, 제41경』, 『대정장』책2 , 페이지10 상단.

130) 삼계의 견見 · 수修의 두 가지 미혹을 끊음에 총 아홉 가지 두루 앎이 있는데, 나누어 살펴보면 견혹見惑을 닦음에 여섯 가지 변지가 있고, 수혹修惑을 끊음에 세 가지 변지가 있다. 여섯 가지 변지에 따라 말하고 세 가지 변지를 합쳐 세우면 고와 집을 보아 끊는 변지, 멸을 보아 끊는 변지, 도를 보아 끊는 변지이므로 고와 집은 한 가지 변지에 속한다.

"이 네 가지 진리 가운데 과의 존재(果性)로서의 오취온을 고제라고 하고, 인의 존재(因性)로서의 오취온을 집제라고 하니, 이는 능히 결합하여 생기는 것이기 때문이다. 이에 따라 고제와 집제는 인과 과의 존재로, 비록 그 명칭은 다를지라도 존재 자체(物)가 다른 것은 아니다. 그러나 멸·도의 두 가지 진리는 존재 자체도 역시 다른 것임을 마땅히 알아야 한다."131)

이것이 의미하는 바는 고제는 바로 오취온五取蘊으로 「과果」의 자리에서 말한 것이고, 집제集諦는 바로 오취온이 생기하는 「인因」에 관한 것으로 고의 능집能集, 즉 초감招感입니다. 고와 집은 단지 명칭만 다를 뿐이고, 본체는 서로 같은 것으로 모두 유루법有漏法에 속한다고 말합니다. 그 밖에 『구사론』 제1품에서도 고와 집의 분별을 찾을 수 있습니다.132) "멸·도의

131) 『아비달마구사론』권22 「분별현성품」, 『대정장』책29 , 페이지114 상단.

132) "유루有漏는 취온取蘊이라 하고 또 유쟁有諍, 및 고집세간苦集世間 , 견처삼유見處三有 등이라 말한다. 논에 이르길, 여기서는 무엇을 말하고자 함인가? 취온取蘊에 대해 말하고자 함이다. 이를테면 역시 '온'이라고 이름하는 것 중의 혹 어떤 것은 오로지 '온'일 뿐으로 취온이 아닌 것이 있으니, 말하자면 무루의 행(行, 즉 무루온)이 바로 그것이다. 즉 번뇌를 일컬어 '취取'라 한 것으로, (유루의) 온은 취로부터 생겨났기 때문에 '취온'이라고 이름하였으니, 이는 마치 풀이나 겨에서 생겨난 불과 같다. 혹은 (유루의) 온은 취에 속하기 때문에 '취온'이라고 이름하였으니, 이는 마치 신하가 왕에 속한 것을 '제왕의 신하'라고 하는 것과 같다. 혹은 (유루의) 온은 취를 낳기 때문에 '취온'이라고 이름하였으니, 이는 마치 꽃이나 과실을 낳는 나무와 같다. 이러한 유루법을 또한 역시 '유쟁有諍'이라고도 이름한다. 즉 번뇌를 일컬어 '쟁'이라 말한 것으로, 그것은 선한 품성을 자극하여 동요하게 하기 때문이며, 자신과 타인에게 손해를 끼치기 때문이다. 즉 (유루법에는) 이 같은 '쟁'이 따라 증가하기 때문에 '유쟁'이라 이름한 것으로, 이는 마치 유루의 경우와도 같다. (유루법을) 또한 역시 '고苦'라고도 이름하니, 성심에 위배되는 것이기 때문이다. 또한 역시 '집集'이라고도 이름하니, 능히 괴로움을 초래하는 것이기 때문이다. 또한 역시 '세간世間'이라고도 이름하니, 가히 (생주이멸의 4상에 의해) 훼손 파괴되며, (성도(聖道)에 의해) 대치되는 것이기

두 가지 진리는 존재 자체도 역시 다른 것이다"라는 것에 관해서는 멸제와 도제는 명칭이 달라도 그것의 본체는 같지 않고, 두 가지는 비록 무루법無漏法일지라도 「도」는 유위법有爲法이고 「멸」은 무위법無爲法이라고 말합니다.

『구사론』에서는 고제 · 집제를 바로 「행行」의 설명이라 강조합니다. 이전에 이미 행은 윤회의 가장 중요한 연緣이고, 행이 있으면 윤회할 것이라고 설명하였습니다. 왜 「행」이 있으면 윤회하겠습니까? 갈애(愛)가 있기 때문에 행이 있습니다. 행이 있으면 세 가지 고, 즉 고고苦苦 · 괴고壞苦 · 행고行苦가 있습니다. 일체 법은 모두 「행」의 무상 핍박 가운데 있어서 고는 바로 행입니다. 그러나 집集은 바로 「행의 연緣」입니다. 집은 갈애이고 유루법이기 때문입니다. 갈애가 있으면 무명이 있으며, 또한 행이 있습니다. 멸제의 해탈을 실현하려면 고를 없애야 하고, 갈애 · 행을 없애야 합니다. 그래서 해탈도는 갈애를 여의는 도이고, 갈애를 여의는 것은 연을 여의고 행을 여의는 것입니다. 왜 행을 여읠 수 있을까요? 행은 원래 바로 고임을 이해하고 있기 때문입니다.

3. 멸제를 세 번 굴림(三轉滅諦)

"비구들이여! 이것이 고의 멸성제이다. 전에는 들어본 적이 없는 법에 관해서 나에게 법안이 생겨났고, 지혜가 생겨났고, 통찰지가

때문이다. 또한 역시 '견처見處'라고도 이름하니, 견(見)이 거기에 머물며, 수면(隨眠, 번뇌)을 수증隨增시키기 때문이다. 또한 역시 '3유有'라고도 이름하니, (유루법) 존재(有)의 원인이자 근거이며, 세 가지 존재(욕유 · 색유 · 무색유)에 포섭되기 때문이다. 이와 같은 종류가 바로 유루법으로서, 뜻에 따라 그 명칭을 달리하는 것이다." 『아비달마구사론』권1 「분별계품分別界品」, 『대정장』책29 , 페이지2 상단.

생겨났고, 명이 생겨났고, 광명이 생겨났다. 비구들이여! 이 고의 멸성제에 관해서 지금 증득해야 하고, 비구들이여! 이미 지금 증득하였기에 전에는 들어본 적이 없는 법에 관해서 나에게 눈이 생겨났고 내지 광명이 생겨났다.

Idaṃ dukkhāṇirodhaṃ ariyasaccaān'ti me bhikkhave pūbbe ananussutesu dhammesu cakkhuṃ udapādi, ñāṇaṃ udapādi, paññā udapādi, vījjā udapādi āloko udapādi. ‖ ‖ Taṃ kho paṇidaṃ dukkhāṇīrodhāṃ ariyassccsṃ sacchi- kataṇ'ti me, bhikkhave, pubbe ‖ lā－pe ‖ sācchīkāṭāṇ ti mebhīkkhāve pubbe aṇaṇussutesu dhammesu cakkhuṃ udapādi ‖ pe ‖ āloko udapādi ‖ ‖

諸比丘！苦滅聖諦者，卽是此，前所未聞之法，我眼生·智生·慧生·明生·光明生. 諸比丘！對此苦滅聖諦應現證，乃至已現證，於前所未聞之法，我眼生至乃至光明生.

멸제를 세 번 굴림이란 바로「멸을 증명함을 알았다(知證滅)」·「멸을 증명해야 한다(應證滅)」·「멸을 증명하였다(已證滅)」의 세 가지 지혜입니다.「증證」은 자기의 경험으로 자기 신체를 사용해야 증명할 수 있고, 해탈을 실현할 수 있습니다.『잡아함경』에는 이렇게 언급하고 있습니다.

세계의 끝이 어디에 있는지 알고 싶어 하는 천인이 있었다. 이 때문에 계속 뛰어다녔지만 그것을 찾지 못하자 천인은 부처님께 찾아뵙고 물었다. "이 세계의 인因, 세계의 연緣, 세계의 소멸, 세계의 소멸에 이르는 도는 무엇입니까?" 부처님께서는 대답하셨다. "키가 한 길(一尋 ; 8척)인 몸 가운데 세계의 인이 있고, 세계의 소멸이 있으며, 세계의 도가 있다. 그래서 이 세계를 이해하려면 고생스럽게

저 멀리 뛰어 다닐 필요가 없이 자신의 몸에서 세계를 증명하는 경험으로부터 세계의 소멸에 이르는 도를 향할 수 있다."133)

「증證」은 곧 자기의 경험으로 이해하는 것으로 몸으로 증명하는 것을 제외하고 기타 수단으로 불법을 이해할 수 없습니다. 이 때문에 우리는

---

133) "그때 그 적마천자赤馬天子가 부처님께 여쭈었다. 세존이시여! 혹 세계의 끝을 지나가면 나지도 않고 늙지도 않으며 죽지도 않는 그런 곳에 이를 수 있습니까? 부처님께서 적마에게 말씀하셨다. 이 세계의 끝을 지나간다 해도 나지도 않고 늙지도 않으며 죽지도 않는 그런 곳은 없느니라.……적마 천자가 부처님께 아뢰었다.……저는 전생 일을 기억하고 있습니다. 제 이름은 적마였고, 신통을 얻고 모든 애욕을 다 여읜 외도의 신선이었습니다.……오늘은 세계의 끝을 찾아보리라 이렇게 생각하고는 곧 출발하였습니다. 오직 밥 먹고 대소변을 보는 동안만 제외하고는 잠을 자는 것까지도 아껴가면서 끊임없이 걸어 백 년 동안을 갔습니다. 그러다가 거기에서 목숨을 마쳤으나 그때까지도 세계의 끝을 지나, 나지도 않고 늙지도 않으며 죽지도 않는 그런 곳에는 이르지 못하였습니다. 부처님께서 적마에게 말씀하셨다. 나는 지금 한 길 밖에 안 되는 몸으로, 세계와 세계의 집集과 세계의 소멸과 세계의 소멸에 이르는 도의 자취(道跡)를 설명하리라. 적마 천자여, 어떤 것이 세간인가? 5수음受陰을 말하는 것이다.……어떤 것이 색의 집集인가? 이른바 미래의 존재에 대한 갈애·탐욕·기쁨을 함께 가지고 거기에 집착하는 것이다. 이것을 세간의 집集이라고 하느니라. 어떤 것이 세간의 소멸인가? 만일 그가 미래의 존재에 대해 애착과 탐욕과 기쁨을 함께 가지고 거기에 집착하는 것을 남김없이 끊어 버리고 모두 여의어서, 탐욕이 없어지고 완전히 소멸해버리면, 그것을 세간의 소멸이라고 한다. 어떤 것이 세간의 소멸에 이르는 도의 자취인가? 8정도正道인 바른 견해(正見)·바른 뜻(正志)·바른 말(正語)·바른 업(正業)·바른 살림(正命)·바른 방편(正方便)·바른 생각(正念)·바른 삼매(正定)가 세간의 소멸에 이르는 자취라 이름 하는 것이다.……적마여, 세간의 괴로움을 분명하게 알아 세간의 괴로움을 끊고, 세간의 집을 분명하게 알아 세간의 집을 끊고, 세간의 소멸을 분명하게 알아 세간의 소멸을 증명하고, 세간의 소멸에 이르는 도의 자취를 분명하게 알아 세간의 집集에 이르는 도를 닦으면 적마여, 이것을 세계의 끝을 얻는 것이요 세간의 애욕을 벗어나는 것이라 하느니라." 『잡아함경 제137경』, 『대정장』 책2, 페이지 359상단-중단.

전통에 의지하지도 말고, 다른 사람의 견해 혹은 도리에 의지하지도 말며, 자기 몸에 의지해서 무엇이 불법인지, 무엇이 열반인지 이해하여야 합니다. 이것이야 말로 「증」의 뜻을 진정으로 이해하는 것입니다.

일체유부에서는 「멸」을 「택멸擇滅」[134]로 설명하고 있습니다. 그들의 수행과정을 이해하고 싶다면 「택멸」을 이해하여야 합니다. 택멸은 바로 지혜로 소멸을 실현하는 것으로 「행멸行滅」의 뜻입니다. 이는 「점차적으로 행이 소멸(漸次滅)」하는 과정입니다. 일체유부의 인식에 따르면, 「구경택멸究竟擇滅」은 열반 · 무위경계無爲境界이지만, 「택멸」은 「행멸」이라고도 말할 수 있어 곧 고제와 집제의 번뇌를 끊는 것입니다. 다시 말해 「택멸」의 궁극적인 뜻은 구경열반 · 무위경계이지만 방편으로 설명하면 「택멸」은 단지 열반일 뿐만 아니라 행멸의 과정을 설명하는 것으로 지혜로 번뇌를 제거하는 과정입니다. 만약 일체유부에서 말하는 번뇌를 제거하는 복잡한 과정 및 모든 수행법을 알고 싶다면 그들의 각기 다른 번뇌의 「택멸」 방법과 현관의 분별에 대해 이해하여야 합니다.

「행(行 ; sāṅkhārā)」은 다른 뜻이 있습니다. 「행」을 이해하여야 불법에 대해 비교적 뚜렷한 인식을 가질 수 있습니다. 「행」은 빨리어 중에서 너무 많은 측면에서 사용되고 있습니다. 예를 들면 인도, 희랍에서 내지 중국에서 희극을 공연할 때 연기자는 분장술로 자신의 얼굴을 꾸밉니다. 흑색의 안료를 사용해서 생기를 표시하기도 하고, 다른 얼굴색을 통하여 다른 감정을 나타내기도 합니다. 만약 사랑이 일종의 얼굴색이고 미움도 일종의 얼굴색이면 각기 다른 얼굴색으로 연기자의 다른 심정을 이해할 수 있을

---

134) 이것과 저것을 가려내는데, 특히 혜慧의 힘으로 법을 가려 정확한 판단을 하는 것을 '간택簡擇'이라 하고, 그 힘을 '택력擇力'이라 한다. 열반은 이 택력에 의해 얻어진 소멸(擇力之滅)이기 때문에 택멸(擇滅, pratisaṃkhyā-nirodha)이라고 한다.

것입니다. 희극이 일종의 (인간의 탐욕을) 드러내 보이는 방법이듯이 「행」도 본래 없는 진상真相을 드러내 보이는 것으로 마치 여인 혹은 연기자가 물감과 분을 발라 자기 자신을 꾸미는 것과 같습니다. 「행」은 자연적인 것이 아니라 본래 없는 것을 조작하는 것입니다. 「행」은 무엇 때문에 구르겠습니까? 마치 수레바퀴가 한결같이 구르는 것처럼 동력이 있기 때문입니다. 그래서 「행」은 「동력」이라고 번역할 수 있는데, 본래 없는 진상을 조작하여서 곧 존재하는 모든 법이 본래 없는 과정을 일으키는 것입니다.

이러한 이치에 비추어 보면, 「택멸」은 구경열반을 드러내 보이는 것을 제외하고 행멸의 과정, 곧 지혜로 나머지 행을 소멸시키는 것을 대표합니다. 다른 강도, 다른 품의 번뇌를 떼어내려면 다른 택멸을 사용해야 함을 설명합니다. 왜냐하면 "행"은 수많은 다른 품의 번뇌를 대표하기 때문에 만약 행을 소멸시키려면 수많은 다른 택멸이 있어야 합니다.

멸제滅諦의 실현은 바로 괴로움을 여의는 과정으로 승의제勝義諦의 구경에서 설명하면 단지 하나의 진정한 멸제가 있을 뿐이고, 두 개 혹은 세 개의 다른 해탈경계는 없습니다. 원시불교에서 멸제는 단지 열반의 경계를 드러내어 보이는 것으로 구경멸究竟滅의 뜻이고, 다른 품의 행멸과 관계가 전혀 없습니다. 하지만 열반을 실현하거나 제1과를 실현하고 제4과에 이르는 과정에는 각기 다른 수행자가 지닌 「근根」의 성숙정도에 따라야 합니다. 그리고 다른 설명도 있습니다. 남북전 불교에서는 세 가지 종류의 근[135]으로

135) "견도見道에서는 일찍이 알지 못하였던 것으로서 마땅히 알아야 할 행상行相이 일어나기 때문에 그것을 설하여 '미지당지未知當知'라고 설한 것이다. 또한 수도修道에서는 일찍이 알지 못하였던 것이 없으며, 다만 그 밖의 나머지 수면을 끊고 제거하게 되기 때문에 그러한 경계에서는 다시금 자꾸 자꾸 요지了知하게 된다. 그렇기 때문에 그것을 설하여 '이지已知'라고 이름하게 된 것이다. 그리고 무학도無學道에서는 스스로 이미 알았음을 알았기 때문에 '지知'라고 일컬은 것으로, 이러한 '지'를 가진 것을

이 도리를 이해합니다. 견도見道할 때에는 「미지당지근未知當知根」이 있고, 수도修道할 때에는 「이지근已知根」이 있으며, 구경해탈한 후에는 「구지근具知根」을 실현하였습니다. 「근」은 출세간의 소연所緣에 관한 것이고, 무루소연無漏所緣의 증상력增上力에 관한 것입니다. 우리들이 제1차로 해탈의 소연을 보게 될 때에는 그 해탈소연의 증상력, 즉 근은 여전히 매우 약합니다. 비록 역량이 약할지라도 다만 견도를 실현하여 성류聖流에 이미 들어갔습니다. 성인과 범부의 차별은 어디에 있겠습니까? 어떠한 상황 하에 있느냐에 상관없이 성인은 도과道果의 삼매(定)을 닦을 수 있지만, 범부는 아직 해탈경계를 실현하지 못해서 도과의 삼매를 닦을 수 없습니다.

도과의 삼매는 어떤 종류의 삼매입니까? 그것은 해탈경계를 소연으로 삼습니다. 남전에서는 도심道心은 단지 1찰나에 있고, 과심果心은 2개 혹은 3개 찰나에 있다고 생각합니다. 그러나 일체유부에서는 견도는 15개 혹은 16개 찰나로 인식합니다. 그런 종류의 설법에 관계없이 이 과정은 모두 매우 빠릅니다. 비록 이 과정이 이처럼 빠를지라도 도과의 삼매에 들어가는 것은 매우 역량이 있는 경험입니다. 왜냐하면 그것은 우리의 마음으로 하여금 어떠한 상황 하에서도 관계없이 이런 경험을 기억하게 합니다. 도과의 삼매에 드는 경험은 삼매에 드는 것처럼 일찍이 삼매를 실현한 사람이 어떠한 상황 하에서도 삼매에 드는 소연과 삼매에 드는 탐욕을 여읜 과정을 기억할 수 있습니다. 마찬가지로 일찍이 도과의 삼매에 든 성인은 그의 마음도 이와 같은 경험을 기억할 수 있습니다. 일체유부는

일컬어 '구지具知'라고 하였다. 혹은 이러한 지를 자꾸 익힘으로써 이미 그 성품을 성취한 것을 일컬어 '구지'라고 하였다. 이를테면 진지盡智와 무생지無生智를 획득하였기 때문에 여실히 스스로 알아 나는 괴로움(苦)를 두루 알았고, 더 이상 두루 알 것이 없다." 『아비달마구사론』권3 「분별근품分別根品」, 『재정장』책29 , 페이지15 상단.

마음은 해탈의 소연을 기억할 수 있고, 게다가 오근五根도 평행을 이룰 때 도과의 삼매에 들어갈 수 있다고 생각하였습니다.

멸제는 무위법無爲法이고, 소연이 없는 법이며, 바로 행멸이므로 반드시 무루법으로 소멸을 이해하여야 합니다. 그래서 4과의 무루과無漏果가 되어야 「멸」의 경계이고, 세 가지 무루근無漏根은 우리가 「택멸」을 이해하도록 돕습니다. 택멸과 현관의 과정은 분리될 수 없습니다. 이로 인해 현관의 과정으로 택멸을 이해하여야 하고 무위법을 실현하여야 합니다. 즉 열반을 성취할 때 무루유위無漏有爲의 「도」로 이행하여야 합니다.

4. 도제를 세 번 굴림(三轉道諦)

"비구들이여! 이것이 고멸의 도성제에 수순하는 것이다. 전에는 들어본 적이 없는 법에 관해서 나에게 법안이 생겨났고, 지혜가 생겨났고, 통찰지가 생겨났고, 명이 생겨났고, 광명이 생겨났다. 비구들이여! 이 고멸의 도성제에 수순하는 것에 대하여 수습해야 하고, 내지 이미 수습하였기에 전에는 들어본 적이 없는 법에 관해서 나에게 법안이 생겨났고 내지 광명이 생겨났다.

Idaṃ dukkha-ṇirodha-gamiṇī paṭīpadā ariyasaccāṇ ti me bhikkhave pubbe aṇaṇussutesu dhammesu cakkhum udapādi ñāṇam udapādi pāññā udapādivījjā udapādi āloko udapādi || || Tam kho panidaṃ dukkha-nirodha-gāmini paṭipadā ariyasaccam bhavetabbāṇ ti me bhikkhave || pa || bhāvitaṇ ti me bhikkhave pubbe aṇaṇussutesu dhammesu cakkhum udapādi ñāṇām udapādi pāññā udapādi vijjā udapādi āloko udapādi || ||

諸比丘！順苦滅道聖諦者，卽是此，前所未聞之法，我眼生·智生·慧生·明生·光明生. 諸比丘！對此順苦滅道聖諦應修習，乃至已修習，於前所未聞之法，我眼生乃至光明生.

멸제滅諦는 과果이고, 도제道諦는 인因입니다. 도제의 세 번 굴림(三轉)은 「도가 있음을 안다(知有道)」·「수습하여야 한다(應修習)」·「이미 수습하였다(已修習)」입니다. 도제는 세간과 출세간의 두 개 부분이 있습니다. 무엇이 도제입니까? 현관이라야 도제를 진정으로 이해할 수 있습니다. 도제의 정수는 괴로움의 원인은 갈애이기 때문에 탐욕을 여읨, 즉 갈애를 여읨에 있습니다. 「갈애를 여읨(離愛)」·「탐욕을 여읨(離欲)」이 도의 뜻입니다. 그래서 통상 「도」는 탐욕을 벗어나는 도·갈애를 벗어나는 도라고 부르고, 열반을 실현하는 도입니다. 「도」는 우리들을 존재하는 모든 번뇌에서 벗어나도록 인도하는데, 그것은 멸제의 인입니다.

『구사론』에서는 "견도는 무루無漏이다. 견도를 실현하기 위해서는 세상을 벗어나는 마음(出世心)을 써야 하고 세상을 벗어나는 마음이 있어야 번뇌를 바로 끊을 수 있기 때문이다."라고 언급하고 있습니다. 그래서 엄격히 말하면 출세간의 도는 견도의 과정을 설명하는 것입니다. 그 밖에 엄격히 설명하면 제2과·제3과·제4과도 마치 견도처럼 출세간심의 과정에 속합니다. 그렇지만 수도는 비교적 긴 과정입니다. 이 때문에 『구사론』에서는 "수도는 세간과 출세간의 두 측면을 포함한다."라고 언급하고 있습니다.136) 그렇지

136) "마땅히 알아야 할 것이니, 견도는 오로지 무루이지만, 수도는 두 가지와 통한다. 그 까닭은 무엇인가? 견도는 삼계의 견혹을 능히 신속하게 대치하기 때문에, 9품의 견소단見所斷을 단박에 끊기 때문으로, 세간도世間道는 능히 이러한 견혹을 감당할 만한 능력을 갖지 않기 때문에 견도위(見位) 중의 도는 오로지 무루인 것이다. 그러나 수도는 이와는 다르기 때문에 두 가지 종류와 통하는 것이다." 『아비달마구사론』권22

만 견도 과정에는 반드시 출세간심만 있고, 세간심은 없는데, 이는 세간심에는 번뇌를 올바로 끊을 방법이 없기 때문입니다.

수도의 과정에는 출세간심이 네 차례 나타나는데, 삼매는 다른 과위의 도과道果 삼매 가운데 있을 수 있습니다. 다른 과위를 성취하는 수도는 매우 자연적인 과정입니다. 만약 우리들이 힘써 수행하여 무상無常·고苦·무아無我를 애써 사유하면 제1과로부터 임운任運하여 제2과를 향하고 이어서 자연히 제3과 제4과를 향할 수 있습니다. 마치 제1과에서 힘써 사유하는 것처럼 물러나지 않는 마음으로 계속 노력하면 자연히 제2과를 향해 전진하지만, 줄곧 삼매가 제1과 가운데 있을 리가 없습니다. 이로 인해 「도」는 하나의 과정입니다. 일체유부에서는 단변지斷遍知는 단지 견도 과정에만 속하여, 오직 출세간 무루지혜의 능작能作만 있을 뿐이라고 생각합니다. 그러나 남전에서는 단변지는 세간과 출세간 측면으로 나누어질 수 있다고 생각하여 그것은 세간관世間觀의 과정 - 괴멸수관지(壞滅隨觀智 ; 괴멸의 지속적인 관찰에 의한 앎)에서 시작되고, 괴멸수관지 이후는 모두 단변지에 속하며 이로 인해 단변지도 세간의 부분에 속한다고 말합니다.

도는 닦아야 하고, 열반은 자기의 몸으로 증명해야 합니다. 수도의 「수修」는 팔리어 bhāvanā에 따르면 「성취」의 뜻입니다. 수도는 도를 성취하고, 도를 증명하는 과정입니다. 해탈을 실현할 때 「도」에 대하여 「이미 닦았다(已修)」고 일컫습니다. 오직 아라한과 부처라야 완전히 닦을 수 있고, 완전히 증명할 수 있습니다. 만약 여전히 도를 성취하지 못하였다면 「응당 닦아야 함(應修)」이라고 일컫습니다. 도를 성취한, 이미 닦은 측면에서 불교는 세 가지 목표가 있습니다.

「분별현성품分別賢聖品」, 『재정장』책29 , 페이지113 하단.

(1) 불도佛道의 성취 : 수도의 과정에서 「이미 닦은」 부분은 부처와 같아야 합니다.

(2) 성문도聲聞道의 성취 : 「이미 닦은」 부분은 제4과를 실현합니다. 그것에도 「시해탈時解脫」과 「부시해탈不時解脫」의 두 가지 아라한 과위로 나뉩니다. 오직 이미 무생지無生智의 아라한을 성취해야 「이미 닦은」 것입니다.

(3) 독각도獨覺道의 성취 : 일반적으로 독각은 불법이 없는 시대에 출현한다고 말합니다. 그들은 선지식에 의지하지 않고 자신의 노력에 의지해 연기緣起를 이해합니다. 독각은 부처님과 아라한이 없는 시대에 출현합니다. 부처님의 바라밀은 독각에 비해 훨씬 높습니다.

수도의 과정은 바로 성도의 과정으로 평상시 불교는 이러한 과정을 자량資糧 · 가행加行 · 견도見道 · 수도修道 · 무학도無學道의 다섯 단계로 설명합니다.137)

---

137) 대승과 소승은 각자 수도의 다섯 계위階位를 세운다.
1. 소승 오위 (1) 자량위(資糧位): 오정심五停心 · 별상념別相念 · 총상념總相念 (2) 가행위加行位 - 완위煖位 · 정위頂位 · 인위忍位 · 세제일위世第一位 (3) 견도위見道位 : 성문초과로 삼결三結을 끊음(남전), 또는 삼계견혹三界見惑 88종을 끊음(구사론) (4) 수도위修道位 : 무상을 사유하여 십결十結을 끊음(남전) 사제四諦를 닦아 욕계의 사혹思惑을 끊은 2과 3과(구사론) (5) 무학위無學位) : 일체 번뇌를 끊고 할 일을 이미 다한 4과 아라한.
2. 대승 오위 (1) 자량위: 십주十住, 십행十行, 십회향 등 모든 위의 보살, 공덕지혜로 조도助道의 자량으로 삼음. (2) 가행위: 무루지의 가력을 얻는 수행 위로, 대승순결택분順抉擇分이라 불림 (3) 통달위: 또는 작견도위. 초지初地보살이 진여를 체득하여 중도를 봄. (4) 수도위: 작수도위. 2지에서 10지 보살로 견도를 얻고, 장애를 끊어 제거하고 근본지를 수습함. (5) 구경위: 곧 불과위. 최극의 청정원만. 참조 『불광佛光』「오위五位」, 페이지1087. 이세걸李世傑 선 , 『구사학강요俱舍學綱要』 페이지139-174. 한정걸韓廷傑 저 , 『유식학개론』(대북시 : 문진文津 , 민82 , 초한) 페이지 296-308.

제9장. 사성제 맺음말

1. 사성제가 승의제勝義諦 상에 있음이 공성空性

남전불교는 승의제勝義諦 상에서 사성제는 공성空性이라고 여깁니다. 『청정도론』에서도 사성제는 공이라고 설명하고 있습니다.[138] 왜 공일까요? 비록 「도」가 있을지라도, 길이 있을지라도 길을 가는 사람은 없습니다. 그래서 사성제는 자성自性이 없고 그것들은 연기법緣起法입니다. 우리들은 반드시 연기를 분명히 이해하여야 사성제를 이해할 수 있습니다. 사성제를 이해하지 못하면 연기를 이해할 수 없습니다. 열반이 있음도, 아라한이 있음도 이해할 수 없습니다. 다만 열반을 실현하는 사람이 없을 뿐입니다. 마찬가지로 「행行」, 즉 조작이 있기 때문에 괴로움이 있습니다. 다만 그 가운데는 「조작하는 사람」이 없습니다.

사성제는 바로 연기를 설명한 것입니다. 원시불교에서는 연기에는 자성이 없다고 말합니다. 다만 우리들은 사성제 서로간의 관계가 인과적 분별이고 그것들로 인해 연기법임을 분명히 이해하여야 합니다. 이 때문에 남전불교에서는 사성제는 승의제 가운데 존재하는 법이 아니라고 여깁니다. 다만

138) "일체의 사제四諦는 제일의설第一義說에 의지해 (괴로움을) 받는 자가 없고 (번뇌를) 짓는 자가 없으며 멸에 들어가는 자 및 (도)를 행하는 자가 없는 까닭에 (사제)는 공空임을 마땅히 알라." 『청정도론』, 페이지 528.

일체유부는 인·연·과가 정말로 존재하고, 이 때문에 사성제도 진실한 법이라고 생각합니다. 대승불교는 이와 같이 진실로 존재하는 법에 대해 비판의 말을 하였는데, 남전불교에 대해 조준한 것이 아니라 일체유부에 대해 조준한 것입니다. 왜냐하면 남전불교에서도 사성제는 연기법이고 공임을 강조하고 있기 때문입니다.

2. 사제四諦의 같은 점(同分)과 다른 점(不同分)

『청정도론』은 우리들을 위해 사성제 상호간의 같은 점과 다른 점을 분명히 이해시켜줍니다. 그 중 몇몇은 방편으로 분별하여 설명한 것입니다.139)

2-1 고의 집제의 같은 부분과 다른 부분

A. 같은 점

(1) 고제와 집제는 깊고 깊어 이해하기 어렵습니다. 즉 고제와 집제는 바로 연기법을 설명한 것으로 그것들의 심도는 매우 깊고 깊어 이해하기 어려우므로 우리들이 꿰뚫어 분명히 이해하기가 어렵습니다. 왜냐하면 유루심有漏心 가운데 고제와 집제의 깊고 깊은 뜻을 통찰하기가 쉽지 않기 때문입니다. 만약 고제를 분명히 이해할 수 있으면 집제를 분명히 이해할 수 있습니다.

---

139) "앞의 (고·집) 두 가지 진리는 모두 사유하기 곤란하고, 깊고 깊으며, 세간이자 유루인 까닭이 같은 점이다. 그러나 과와 인은 분별이 있고, 응당 두루 알아야 함과 끊어야 함의 차별인 까닭이 다른 점이다." 『청정도론』 페이지 532.

고제와 집제 두 가지 진리를 통찰할 수 있으면 해탈의 과정을 분명히 이해할 수 있습니다.

(2) 고제와 집제는 세간법입니다. 즉 고제와 집제는 유루법입니다. 그래서 세간의 존재(世性)로 세간법에 속합니다.

B. 다른 점

(1) 인·과의 분별이 있습니다. 즉 고제와 집제 두 가지 진리는 인과관계가 있습니다. 그 중에 고는 「과果」이고, 집은「인因」입니다.

(2) 고는 두루 알아야(遍知) 하고, 집은 끊어야(斷) 합니다.

2-2 고제와 멸제의 같은 점과 다른 점

고제와 멸제의 같은 점과 다른 점을 살펴보겠습니다.[140)]

A. 같은 점

고제와 멸제는 모두 「과果」에 속합니다. 즉 고는 과이고, 열반도 과입니다. 왜냐하면 고는 집의 과이고, 열반은 도의 과이기 때문입니다. 도과道果는 어떻게 출현하는 것일까요? 견도한 후에 제일 먼저 해탈의 소연, 즉 열반을

140) 「첫 번째 고제와 세 번째 멸제가 같은 것은 과인 까닭에 같은 점이 되지만 유위와 무위인 까닭에 다른 점이 된다.」『청정도론』, 페이지532.

보고, 또 수도할 때 「근根」의 힘을 증가시킬 수 있으면, 해탈의 소연을 증득하여 도과를 성취하고, 아라한과를 실현할 수 있습니다.

B. 다른 점

고제는 유위법이고, 멸제는 무위법입니다.

2-3 멸제와 도제의 같은 점과 다른 점

멸제를 실현하는 과정은 바로 제1과果에서 제4과果의 실현입니다. 승의제상에서 구경의 설명은 단지 하나의 멸제가 있을 뿐이고, 2개 혹은 3개의 멸은 없습니다. 『청정도론』에서는 멸제 도제의 같은 점과 다른 점을 설명하여,[141] 우리들에게 멸제를 이해시켜줍니다.

A. 같은 점

멸제와 도제는 둘 다 무루법이라는 점에서 같은 부류입니다.

B. 다른 점

유위有爲와 무위無爲의 분별이 있습니다. 원시불교의 견해에 따르면 무위법, 즉 열반은 오직 하나, 열반과涅槃果를 실현하는 것으로 「인因」, 즉 도를

141) "뒤의 두 가지 (멸제 · 도제)는 모두 깊고 깊으며, 사유하기 어렵고, 출세간 · 무루인 까닭에 동분이지만 인경因境(소연)과 유경有境(소연이 있음)의 분별 및 마땅히 증득하고 수습하여야 하는 분별인 까닭에 다른 점이다." 『청정도론』, 페이지532.

행동에 옮겨야 합니다. 마치 고의 인이 집이고, 멸의 인이 도인 것과 같습니다. 도제와 멸제는 비록 인과 관계가 있지만 그들의 본체는 다른 부류입니다. 왜냐하면 도는 「유위」이고, 멸은「무위」이기 때문입니다. 멸제의 실현은 하나의 과정이라고 하였습니다. 만약 「견도見道」·「수도修道」를 증득함이 없으면 열반을 증득할 수 없습니다. 열반을 증득한 후 도(인)와 멸(과)은 일미一味의 해탈로 변합니다.

2-4 집제와 멸제의 같은 점과 다른 점

집제와 멸제 간에 같은 점과 다른 점을 살펴보겠습니다.[142)]

A. 같은 점

집제와 멸제 간에는 유학有學·무학無學의 분별이 없습니다. 즉 집제와 멸제는 유학·무학의 분별이 없다는 점에서 서로 같습니다. 엄격히 말하자면 멸제는 무위법으로 유학·무학의 어떠한 분별도 없지만, 방편으로 수행의 인과관계를 설명하여 멸제를 분명히 이해하기 위해서 여전히 유학·무학으로 분별하고 있습니다. 멸은 구경의 열반으로 무위법에 속합니다. 「도」의 과정을 통해서 행동에 옮기고 멸제를 실현함에 따라 「도」는 유위입니다. 이 때문에 방편으로 「멸」은 무학이라고 설명합니다.

142) "둘째 집제와 셋째 멸제는 학도 아니고 무학도 아닌 까닭이 같은 점이지만 소연이 있음과 소연이 없음인 까닭에 다른 점이다." 『청정도론』, 페이지 532.

B. 다른 점

소연이 있고 소연이 없는 분별이 있습니다. 집제는 소연이 있지만, 멸제는 소연이 없습니다. 이 때문에 무위법입니다. 그러나 수행과정 중에 멸은 여전히 우리들의 소연으로 변할 수 있습니다. 이상의 내용을 표로 정리하면 아래와 같습니다.

	같은 점	다른 점
고제 · 집제	연기법에 속하고, 깊고 깊어 이해하기 어려움. 같이 세간법 · 유루법	인과 관계. 집은 「인」, 고는 「과」. 고는 두루 알아야 하고, 집은 끊어야 함
고제 · 멸제	모두 「과」에 속함	고제는 유위법, 멸은 무위법
멸제 · 도제	모두 「무루법」에 속함	도는 「유위」, 멸은 「무학」
집제 · 멸제	「유학」 · 「무학」의 분별이 없음	집제는 소연이 있고, 멸제는 소연이 없음

3. 남북전 사제사유 행상의 분별

북전불교는 현관現觀·수도修道 과정에서 16행상行相으로 사성제를 이해합니다. 만약 남전불교 자료를 참고하면 『무애해도無礙解道』[143] 중에서 16행상으로 사성제를 이해하는 방편설명을 찾아낼 수 있습니다. 『청정도론』은 『무애해도』를 인용하여 설명하고 있습니다. 남북전 간에는 사제 사유의 16행상에 다소 차이가 있습니다. 이들 차이는 우리에게 그것들이 다른 현관과정임을 분명히 이해할 수 있게 합니다.

3-1 고제 사유의 네 가지 상

일체유부가 고제를 사유하는 것에는 사상, 즉 무상無常·고苦·공空·무아無我가 있습니다. 그들은 고제를 분명히 이해하는 과정을 설명합니다. 16행상은 사성제를 증득하고자 하는 것입니다. 그래서 고제도 「증득證」하고자 합니다. 엄격히 말해 고제는 「두루 알(遍知)」고자 하는 것입니다. 두루 앎도 일종의 증득으로 바깥의 경험과 전통이 다른 사람이 이야기한 말에 의지하는 것이 아니라 자기 몸으로 분명히 이해하는 것입니다. 사성제를 분명히 알려면 자기 체험에 의지해야 합니다. 이 때문에 고제는 성인이 자기 몸으로 검증하고 사무쳐 알게 된 것입니다. 고제를 증득하는 것은 하나의 과정으로 북전불교에서는 먼저 무상을 분명히 이해해야 무상의 핍박, 이것이 고임을 관할 수 있습니다. 만약 자기 몸으로 실제 경험한 것이 없다면 이 같은 무상의 고가 주는 핍박을 알지 못할 것입니다. 오직 자신이 몸소 경험해야

143) 임승택 편역, 『(초기 불교 수행론의 집성) 빠띠삼비다막가 역주』 (가산삼학총서 002, 서울: 가산불교문화연구원출판부), 2001.

일체가 모두 진짜가 아님을 알게 되고, 이 때문에 비로소 고제가 공·무아임을 분명히 이해할 것입니다. 이것이야말로 고제의 현관과정입니다.

남전불교에서는 어떻게 고제를 이해할까요? 『청정도론』에서는 고제에 네 가지 상이 있다고 언급합니다.144) 첫째 「핍박」의 상이고, 둘째 「유위有爲」의 상이며, 세 번째는 「열뇌熱惱」의 상이고, 네 번째는 「유괴有壞」(변이變異)의 상입니다.

3-2 집제 사유의 네 가지 상

현관 과정 중에 남전·북전은 집제에도 다른 행상이 있습니다. 북전불교에서는 집제를 「인因·집集·생生·연緣」의 네 가지 상으로 사유합니다. 수행과정은 집제가 어떻게 우리를 계속 윤회하게 하고 계속 괴로움을 낳게 하는지에 대해 분명히 이해하는데 있습니다. 가장 먼저 고를 사유하여야 고의 원인을 이해할 수 있습니다. 고의 인因, 즉 「갈애愛」의 인도가 있어 우리들을 윤회로 향하도록 만들기 때문입니다. 이른바 「집集」은 누적입니다. 누적이 있기 때문에 업이 있고 생生이 있습니다. 생이 있어 「연緣」이 계속해서 존재할 것이고, 이에 괴로움도 계속될 것입니다.

남전불교는 『청정도론』에서 「집제集諦」에 네 가지 상이 있음을 언급합니다.145) 첫째는 「누적」(퇴적)의 상이고, 둘째는 「인因」(인연)의 상이며, 셋째는

---

144) "고는 핍박의 뜻·유위의 뜻·열뇌의 뜻·변이의 뜻이다." 『청정도론』, 페이지 508.

145) "집은 누적의 뜻·인연의 뜻·결박의 뜻·장애의 뜻이다." 『청정도론』, 페이지 508-509.

「결結」(결박)의 상이고, 넷째는 「장애」의 상입니다.

3-3 멸제 사유의 네 가지 상

북전불교에서는 멸제에는 「멸滅·정靜·묘妙·리離」의 네 가지 상이 있다고 설명합니다. 남전불교에서 멸제의 네 가지 상은146) 곧 「출리出離·원리遠離·무위無爲·불사不死」입니다.

3-4 도제 사유의 네 가지 상

북전불교에서는 「도道·여如·행行·출出」의 네 가지 상으로 도제의 사유를 설명합니다. 남전불교에서 도제의 네 가지 상은147) 「출出·인因·견見·증상增上」입니다. 도는 우리들을 영도하여 번뇌를 벗어나 해탈의 방향으로 향하도록 인도하므로 「출出」입니다. 도는 불사의 인이 아니고 해탈의 인이므로 「인因」입니다. 도로 말미암아 우리들은 직접 멸제를 볼 수 있으므로 「견見」입니다. 도는 증상의 힘이 있으므로 「증상增上」입니다.

---

146) "멸은 출리의 뜻 원리의 뜻 무위의 뜻 불사의 뜻이다." 『청정도론』, 페이지509.
147) "도는 출의 뜻·인의 뜻·견의 뜻·증상(력)의 뜻이다." 『청정도론』, 페이지509.

〈남북전 사제四諦 16행상行相의 차별〉

16행상 / 사제	북전 『구사론俱舍論』	남전 『청정도론清淨道論』
고제	무상無常 · 고苦 · 공空 · 무아無我	핍박逼迫 · 유위有爲 · 열뇌熱惱 · 변이變異
집제	인因 · 집集 · 생生 · 연緣	퇴적堆積 · 인연因緣 · 결박結縛 · 장애障礙
멸제	멸滅 · 정靜 · 묘妙 · 리離	출리出離 · 원리遠離 · 무위無爲 · 불사不死
도제	도道 · 여如 · 행行 · 출出	출出 · 인因 · 견見 · 증감增上

4. 남북전의 사성제를 관하는 과정

사성제 16행상은 매우 오래된 전통이지만, 남전불교의 경전에는 16행상이 없고, 불전 경전에서도 대개는 보이지 않으며, 아비달마에서만 16행상의 설명이 있습니다.

4-1 남전의 사성제 현관은 자연스런 과정이다

남전불교의 견해에 따르면 수관修觀의 과정에서 우리들은 사성제 16행상을 직접 사유하는 것이 아니라 사념처 수행과정 중에 자연히 유루법의 무상・고・무아를 사유하고, 이렇게 해서 「관의 과果」, 즉 사성제가 자연히 출현합니다. 남전불교에서는 현관의 기초는 사념처四念處 수행이라고 말합니다. 가장 먼저 신身・수受・심心의 염처念處를 분명히 이해하여야 합니다. 이 세 가지 염처는 우리들을 점점 해탈로 향하고 인도할 수 있지만, 오직 법념처의 수행이 있어야 진정으로 해탈을 실현하는 것입니다. 법념처는 신・수・심・법을 포함하고, 사념처의 모든 수행을 귀납시킵니다. 이 때문에 사념처의 수행은 사성제의 실현입니다. 이는 대단히 자연스런 과정입니다.

4-2 북전의 사성제 사유는 차제次第의 과정이다

북전불교에서 수관의 방식은 남전불교처럼 무상・고・무아의 사유를 빌어 사념처를 수행하고 도를 실현한 후 자연히 사성제의 분명한 이해를 획득하는 것이 아니라 사성제 16행상을 직접 사유하는 것입니다. 수행을 시작할 때부터 계통적으로 16행상의 이치를 사용해 사성제를 사유하는 것으로 사성제가 자연히 사념처, 법념처 수행으로 변화되는 것이 아니라 전력을 다해 사성제를 배양하고 분명히 이해하는 방법인 것으로 보입니다.

북전북교는 수행을 시작할 때부터 계통적으로 16행상을 사용하여 사성제를 관하므로 그들의 현관과정은 복잡한 설명이 수없이 많습니다. 남전불교는 시작할 때부터 계통적으로 사성제 16행상을 사유하지 않고, 무상・고・무아를 분명히 이해하는 가운데 연기를 보고 점점 지혜를 증가시키므로 상대적으로 사성제에 대한 분명한 이해가 완만하게 증가할 수 있어 견도할 때에 자연히 사성제가 일어나는 것을 현관할 수 있습니다.

4-3 사념처는 해탈의 기초이다

사념처가 있어야 해탈이 있고, 사념처가 없으면 수행에 의한 해탈은 없습니다. 수념修念은 지관止觀의 조건을 성취하는 것으로 「알아차림」이 없으면 해탈도 없습니다. 그래서 남전 · 북전 모두 사념처를 기초로 삼아 세계의 모든 법은 모두 사념처 가운데 포괄된다고 설명합니다. 사념처 중에서 법념처는 신 · 수 · 심 · 법 및 일체법을 포함합니다. 사념처에 대한 이해가 깊어질 수록 사성제에 대한 이해도 깊어질 수 있습니다. 사성제를 진정으로 철저히 알 수 있으려면 가장 먼저 반드시 성도成道를 해야 합니다. 오직 성도가 있어야 출세간심 · 무루심으로 사성제를 몸으로 증득할 수 있습니다.

5. 무루도無漏道는 삼학三學을 실현한다.

무루도 중에 우리들의 계戒 · 정定 · 혜慧 삼학三學은 저절로 「도道」를 성취하고 해탈할 수 있습니다. 해탈을 실현할 때 도에 더 이상 집착하지 않고 도를 버릴 수 있으니, 이것이 불교의 특수한 지점입니다. 즉 불교는 무루심無漏心으로 도를 이해하고 실현합니다. 그것은 집착하지 않는 마음이고, 출세간심입니다.

5-1 무루도 중에 계학의 실현

출세간의 무루도 중에 계 · 정 · 혜 삼학이 다함께 출현하여 번뇌를 바로 끊을 수 있습니다. 계학戒學은 무루심 가운데 어떻게 출현할까요? 출세간의 도는 열반을 소연으로 삼기 때문에 저절로 모든 번뇌를 바로 끊어버려 더 이상 바르지 못한 말 · 바르지 못한 행위 · 바르지 못한 살림이 없습니다. 이 때문에 계학은 무루심 중에 해탈의 내용입니다. 계의 정수는 근율의根律儀[148]에 있습니다. 율의가 있어야 도가 있습니다. 부처님께서는 『잡아함경』에서 비구에게 이러한 이치를 잘 설명하시고 계십니다.

> "비구들이여! 안眼 · 이耳 · 비鼻 · 설舌 · 신身 · 의意는 망망대해와 같고 육진외경六塵外境은 파도와 같나니, 부딪혀 오는 거센 파도에 마음을 잘 가라앉히고 인내할 수 있다면 망망대해를 건너갈 수 있느니라."[149]

출세간심 중에 우리들의 소연은 멸제입니다. 우리들에게 근율의가 있기 때문에 자연히 취상取相 · 취수상取隨相이 있을 수가 없고, 해탈의 소연에 집착할 수가 없습니다. 「취상取相」이란 이 사람은 남학생이다, 여학생이라는 상을 취하여 탐욕에 물든 마음(貪染)이 일어나는 것을 말합니다. 「취수상取隨相」은 이 사람은 눈이 예쁘다, 머리카락이 곱다는 상을 취하여 애욕에 물든 마음(愛染)이 생기는 것을 말합니다. 취상 · 취소상이 있는 것은 집착이 있기 때문인데 이때 근율의가 없습니다. 그렇지만 출세간심에 소연이 열반이면

148) 근율의根律儀란 바른 알아차림(正念)에 머물러 육근六根을 수호하고 줄곧 각종 과실의 연을 헤아려 막음을 이른다.

149) "이른바 바다란 세간의 어리석은 범부가 말하는 바이고 성인이 말한 것이 아니다. 눈은 사람에게 대해이고, 저 색은 파도가 되며, 색의 파도를 장악하고 이겨낼 수 있으면 눈의 대해를 건너가 마칠 수 있느니라." 『대정장』 책2 , 페이지54 하단.

집착이 없어 「취상」·「취수상」이 있을 수 없습니다. 계학이 성취되었기 때문에 이때 마음은 자연히 율의가 있는 존재입니다. 이 때문에 바르지 못한 말 · 바르지 못한 행위 · 바르지 못한 살림이 출현할 수가 없습니다.

5-2 무루도 중에 정학의 실현

출세간심 중에 꼭 「삼매定」가 있습니다. 이 출세간의 삼매는 바른 알아차림 · 바른 정진의 협조에 의지해야 비로소 바른 삼매가 있습니다. 바른 삼매도 계학 · 혜학에 의지해야 성취될 수 있습니다. 출세간의 삼매 중에 바른 정진 · 바른 알아차림이 다 함께 출현합니다. 이 때문에 모두 열반을 소연으로 삼습니다. 『청정도론』에서는 마치 세 명의 친구가 다 함께 꽃을 따는 것과 같다고 설명합니다. 즉 「삼매」란 한 사람이 위대하다고 하기에 부족하고 반드시 먼저 「정진」의 등을 밟아야 꽃을 딸 정도로 충분히 높이 올라갑니다. 다만 안정되게 꽃을 딸 수 있으려면 「삼매」는 손을 따로 「알아차림」이란 친구의 어깨 위에 기대어야 더욱 더 안정되게 혼란되지 않게 꽃을 따는 목표를 완성할 수 있습니다.150)

---

150) "세 친구가 다 같이 동산에 들어가는 것은 마치 바른 정진 등 세 가지 법이 동시에 일어나는 것과 같고, 동산에 활짝 핀 참파꽃(瞻波伽)은 출세간의 소연과 같으며, 손을 들어도 딸 수가 없음은 삼매의 자기 법성法性으로도 출세간의 소연에 한결같이 쏟아부어(專注) 번뇌를 편안히 그칠 수 없음과 같으며, 그가 더 높이 설 수 있도록 등을 굽혀주는 친구는 정진과 같으며, 또 다른 이가 있으니 서서 그의 어깨를 내어 주는 친구는 알아차림과 같다. 이에 그는 한 사람의 등 위에 서서 다른 사람의 어깨를 잡고 그가 하고자 하는 대로 꽃을 따는 것은 정진을 얻어 그 책려策勵하는 작용을 완성하고 알아차림으로 그 잊지 않는 작용을 완성할 때 삼매를 도와 출세간의 소연에 한결같이 쏟아 부어 번뇌를 편안히 그칠 수 있음과 같다." 『청정도론』, 페이지530.

이 비유 가운데 「알아차림」과 「삼매」의 목표는 출세간의 소연에 관한 것으로 이 때문에 꽃은 「열반」을 표시합니다. 「바른 삼매」는 자신을 소연 상에서 산란되지 않게 유지할 수 없습니다. 그것이 산란되지 않게 유지할 수 있으려면 「바른 알아차림」의 협조가 있어야 합니다. 단지 「알아차림」만으로는 아직 충분하지 않고 반드시 「정진」의 지지가 있어야 안정되게 꽃을 딸 수 있고, 정말로 열반의 목표를 실현하게 됩니다. 이 때문에 출세간심 중에 정학의 세 친구인 바른 삼매 · 바른 정진 · 바른 알아차림과 모든 삼매에 관한 자량이 다 함께 출현합니다. 이처럼 막 정학을 성취하려 할 때 모든 번뇌를 바로 끊을 수 있고 저절로 꽃을 따는 목표를 달성할 수 있습니다. 다시 말해 열반경계를 실현할 수 있습니다.

5-3 무루도 중에 혜학의 실현

혜학慧學은 팔성도八聖道 중에 바른 견해 · 바른 사유입니다. 『청정도론』에 매우 좋은 비유가 있습니다. 마치 금을 다루는 금장金匠처럼 장식하는 물품을 만들려면 무엇이 동인지, 은인지, 금 등등인지 분별하는 지혜가 있어야 필요한 재료를 적절히 안배할 수 있습니다. 만약 금장이 지혜가 없으면 자신이 필요한 재질을 분명히 이해할 수 없습니다. 그래서 지혜의 공능은 경계를 「통달通達」하는 것으로 소연의 의미를 완전히 이해하는 것입니다.

우리들은 「상想」 · 「식識」 · 「지혜」 이 세 가지가 다르다는 것을 분별해야 합니다. 「상」은 취상取相으로 단지 매우 거친 상을 이해할 수 있을 뿐입니다. 「식」은 요별了別로 그것은 비교적 미세한 상을 이해할 수 있습니다. 오직 「지혜」가 있어야만 소연을 통달할 수 있습니다. 그래서 「식」 · 「상」에 의지해서는 해탈할 수가 없고 혜학을 실현할 수 없습니다. 오직 지혜가 있어야

소연을 통달할 수 있고 해탈할 수 있어 비로소 혜학을 실현할 수 있습니다.151)

이 세 가지의 관계에 대해 또 다른 비유가 있습니다. 「상」은 어린 아이처럼 길 위에서 큰돈을 보았지만 가지고 가서 무엇을 할 수 있을지 몰라 그 돈을 그의 엄마인 「식」에게 주었습니다. 엄마는 큰 돈을 보고서 그 돈의 가치를, 예를 들면 쌀, 과일 혹은 감자를 몇 근 살 수 있을지 이해할 수 있습니다. 만약 엄마가 이 큰 돈을 금장에게 주면 금장은 이 돈이 어디에서 제조된 것인지 혹은 돈 안에 은의 성분 · 금의 성분 · 동의 성분이 얼마나 있는지를 분석할 수 있어 금장처럼 그 큰돈을 또렷하게 분석하여 모든 세부사항에 통달할 수 있습니다. 이것이 바로 「지혜」의 공능입니다.

지혜는 바른 견해입니다. 금장이 이 큰돈을 가지고 이리저리 뒤집어 보고 관찰할 때 그 가운데 바른 견해가 있고, 「알아차림」의 작용이 있습니다. 그는 바른 견해 · 「알아차림」에 의지해 상세하게 분별할 때 「바른 사유」의 작용이 있습니다. 그래서 지혜의 마음속에는 바른 견해 · 바른 사유가 있습니다. 이처럼 출세간심 중에는 바른 견해 · 바른 사유가 출세간의 소연에 통달하여 번뇌를 바로 끊어버리기 때문에 저절로 혜학을 성취하게 됩니다.

6. 사성제 맺음말

비구들이여! 나는 이와 같이 3전 12행상으로 사성제를 여실지견하여 모두 다 청정하게 되지 못한 까닭에, 비구들이여! 나는 천신 · 마라 · 범천 · 사문 · 바라문 · 인천 중생 가운데 무상정등이란 현등각을 증득하였다고 말하지 못하였을 것이다.

151) 『청정도론』 페이지444. 참조

13. Yāvakivañca me bhikkhave imesu catusu ariyasacesu evaṃ tiparivaṭṭaṃ dvādasākāraṃ yathābhūtaṃ ñāṇada- ssanaṃ na suvisuddham ahosi ‖ neva tāvāham bhikkhave sadevake loke samārake sabrahmake sassam- aṇabrāhmaniyā pajāya sadevamanussāya anuttaraṃ sammāsambodhiṃ abhisambuddhoti paccaññāsiṃ ‖ ‖

諸比丘! 我于四聖諦以如是三轉十二行相之如實智見未達悉皆清淨故，諸比丘!我則不于天・魔・梵・沙門・婆羅門・人・天衆生中，宣稱證得無上正等現等覺.

비구들이여! 그리고 이와 같이 3전 12행상으로 이 사성제를 여실지견하여 모두 다 청정하게 되었기 때문에 나는 천신·마라·범천·사문·바라문·인천 중생 가운데 무상정등이란 현등각을 증득하였다고 말했다. 또 '심해탈이 확고부동하고, 이것이 나의 최후 생이며, 후세의 몸을 받지 않을 것이다.'라는 지와 견이 일어났다.

Yato ca kho me bhikkhave imesu catūsu ariyasaccesu evaṃ tiparivaṭṭam dvādasākāraṃ yathābhūtaṃ ñāna- dassanaṃ suvisuddham ahosi ‖ athāham bhikkhave sadevake loke samārake sabrahmake sassam aṇabrāhmaṇiyā pajāya sadevamanussāya anuttaram sammāsambodhim abhisambuddho ti paccaññāsiṃ ‖ Ñāṇañca pana me dassanam udapādi Akuppā me ceto vimutti ayamantima jāti natthidāni punabbhavo ti ‖ ‖

諸比丘! 然而我于此四聖諦，如是三轉十二行相之如實智見達悉皆清淨故，諸比丘!我于天・魔・梵・沙門・婆羅門・人・天衆生中，宣稱證得無上正等現等覺.又，得生智與見,心解脫不動，此爲我最後生，不受後有.

『잡아함경』에서는 "만약 고제를 실현하지 못하면 집제를 실현할 수 없다. 어떤 사람이 나는 집제를 실현하였지만 고제를 실현하지 못하였다고 말하면 이것은 불가능한 일이다. 어떤 사람이 나는 도제를 실현하였지만 멸제를 실현하지 못했다고 말하면 이것도 불가능한 일이다."[152]라고 말하고 있습니다. 이 경에 비추어 보면 성도를 실현하는 것은 점차로 현관하는 과정입니다. 우리들이 고제 · 집제 · 멸제 · 도제의 순서대로 현관해야 괴로움을 끝낼 수 있습니다.

사성제를 현관하는 중에 남 · 북전 불교의 수행과정은 조금 다릅니다. 일체유부는 현관 과정에 반드시 차제次第가 있어야 한다고 여깁니다. 이 때문에 16행상의 차제는 가행위(加行位 ; 견도에 들어 유식의 실성에 머물려고 특별히 노력하는 단계) 중에 사성제를 사유하고 , 16행상을 점차적으로「여의거나(離)」혹은「해하여서(害)」견도를 실현하는 과정입니다.

남전불교도「무상無常 · 고苦 · 무아無我」를 사유하고 견도를 실현하지만, 그들의 수행과정은 사성제를 계통적으로 사유하지도 않고, 사성제를 개별적 행상의 순서대로 관하지도 않습니다. 다만 무상 · 고 · 무아를 직접 사유하고 견도를 실현합니다. 견도 이전에 반드시 먼저 세계관의 최고지혜를 실현해야 현관을 실천할 수 있습니다.

---

152) "이때, 세존께서 비구들에게 이르시길, 이렇게 말해야 하느니라. 나는 고성제에 아직 빈틈없이 한결같지(無間等) 못하고 고집의 성제 · 고멸의 성제도 아직 빈틈없이 한결같지 못하였는데 나는 고멸에 이르는 도적道迹의 성제에 빈틈없이 한결같다고 하는 말은 맞지 않다. 왜 그러한가? 옳은 부분이 조금도 없기 때문이다. 만약 고의 성제 · 고집의 성제 · 고멸의 성제가 이직 빈틈없이 계합하지 못하였는데, 고멸에 이르는 도적의 성제에 빈틈없이 한결같고자 하는 것은 옳은 부분이 조금도 없다." 『잡아함경 제397경』, 『대정장』 책2 , 페이지107 상단. 그 밖에 『상응부경전6 구제라佉提羅』,『한역남전대장경』, 페이지337-338 참조.

남전불교에 따르면 단변지斷遍知는 세간관의 단계, 즉 괴멸에 대한 앎(壞滅隨觀智; bhangañāna)153)에서 시작됩니다. 그러나 북전불교에서는 단변지는 16행상을 여의거나 해한 후가 바로 현관이고, 견도의 과정에 속한다고 여깁니다. 예를 들면 고제 중에 고법지인苦法智忍 · 고법지苦法智 · 고류지인苦類智忍 · 고류지苦類智154)가 있고, 집제 중에 집법지인集法智忍 · 집법지集法智 · 집류지인集類智忍 · 류지인類智忍이 있습니다. 엄격히 말해서 고제와 집제는 연이어 같이 일어나서 5, 6개의 찰나가 제1 단변지155)가 되는 과정입니다. 남북전은 여기서 같은 의견입니다. 즉 바로 끊음(正斷)은 출세간의 지혜에서 나오고, 세간의 지혜는 번뇌를 바로 끊을 힘이 없습니다. 『중부中部』 니까야에서는 1찰나의 현관과정 중에 삼학이 현관열반의 소연 중에 성숙되어 있음으로 인해 그 작용 · 공능에 의지해 고집멸제를 관할 수 있어 출세간심은 사성제를 통달할 수 있다고 설명합니다.

남전불교에서는 『전법륜경轉法輪經』 중에 사성제의 3전으로 12행상의 설명이 되지만, 일체유부에서는 「안眼 · 지智 · 명明 · 각覺」의 현관과 시전示轉 · 권전勸轉 · 증전證轉 등의 3전으로 12행상이 됩니다.156) 그러나 수많은

---

153) "마땅히 선수자禪修者의 관지觀智가 예민하게 변할 때 다시는 여러 행법이 생하고 멸할 때에 주의를 기울이지 않고 단지 그것들의 괴멸을 관조한다." 『아비달마阿毘達摩개요정해槪要精解』, 페이지349-350.

154) 16상견도(十六相見道) 고(苦) · 집(集) · 멸(滅) · 도(道)의 사성제 각각을 네 가지 지혜(법인法忍 · 법지法智 · 유인類忍 · 유지類智)를 통해 관찰하는 16종의 마음.

155) "욕계에 계속되는 처음 2부(部)의 끊어짐에 하나의 변지를 설정하니, 여기서 처음 2부라고 하는 말은 견고소단과 견집소단을 의미한다." 『아비달마구사론』권21〈분별수면품〉, 『대정장』 책29 , 페이지112 상단.

156) "무엇을 3전轉 12행상行相이라고 하는 것인가? '이것은 고성제이다', '이것은 고성제임을 두루 알아야 한다', '이것이 고성제임을 이미 두루 알았다'고 하였으니, 이것을 3전이라고 한다. 또한 이와 같은 것을 하나하나 굴릴

불교철학가들은 이와 같은 특수한 견해를 받아들이지 않습니다. 남전불교는 사성제의 3전이 바로 세 가지 지혜라고 생각합니다. 『사리불아비달마舍利弗阿毘達摩』에서는 12행상을 12가지 지혜라고 부릅니다.

부처님께서 보리수 아래 개오하셨을 때 사성제 12행상을 이미 사고하셨습니다. 남전불교에 따르면 부처님께서는 성인으로 보리수 아래서 사성제를 통달·사유·현관하였을 뿐만 아니라 사성제로 어떻게 중생을 교도할 것인가 생각하셨습니다. 그래서 첫 번째 굴림에서 부처님은 두 가지 지혜가 있었습니다. 하나는 사성제를 스스로 통달하는 것이고, 다른 하나는 중생을 교도하는 지혜입니다. 이 두 가지 측면의 지혜가 완전히 성숙되었기 때문에 그는 「부처」가 되었습니다. 성문과 독각들은 비록 사성제의 의미를 분명히 이해할 수 있었지만, 그들은 중생을 방편으로 교도할 수 없었고 단지 부처님만이 자재·방편으로 교도할 수 있었습니다. 부처님께서 사성제를 통달하고 방편으로 교도하는 지혜를 실현하였기 때문에 세간에 설법하여 중생이 사성제를 실천하도록 교도할 수 있었습니다.

6-1 사성제는 위없는 법(無上法)이다

수많은 경전에서 사성제는 위없는 법이고, 세간에는 이것보다 높은 법은 없다고 설명하고 있습니다. 『중아함中阿含·상적유경象迹喻經』 중에서 사리불은 일체의 선법善法은 모두 사성제와 관련이 있다고 말하고 있습니다.157)

때마다 각각 별도로 안眼·지智·명明·각覺이 생기게 되니, 이것을 설하여 12행상이라고 이름하였다." 『아비달마구사론』 권24 〈분별현성품〉, 『대정장』 책29, 페이지128 하단.

157) "이때, 존자 사리자가 비구들에게 이르길, 여러 현인들이여! 만약 무량한 선법이

왜 그럴까요? 사성제가 있어야 진실한 해탈법이 있고, 진실한 멀리 여읨(遠離)·탐욕을 여읨(離欲)·진실한 소멸이라야 진정으로 철저한 지혜이고 진정한 현관·열반이기 때문입니다. 모든 세간 법 가운데 사성제가 가장 훌륭한 법입니다. 일체의 선법은 모두 사성제에 포괄되어 있습니다.

사성제가 바로 「진정한 지혜」입니다. 사성제의 현관을 어떻게 안배하든지 모두 같은 측면의 지혜를 표현한 것입니다. 부처님께서 계셨기 때문에 비로소 우리들은 사성제를 완전히 이해할 수 있습니다. 그래서 부처님께서 세간에 계실 때 수많은 중생들이 개오할 수 있었습니다. 부처님께서 열반에 드신 후 사성제에 대한 이치가 점점 더 모호해지자 개오한 중생들도 점점 더 줄어들었습니다. 사성제의 이치가 세간에서 점점 보이지 않을 때 진정한 불법도 보이지 않게 될 것입니다. 비록 독각승이 여전히 개오할 수 있을지라도 그들은 사성제를 철저히 설명할 수 없기 때문에 중생들을 방편으로 교도할 수 없습니다. 이는 우려할만한 일입니다. 오직 부처님만이 사성제를 완전히 설명하실 수 있고, 중생들은 사성제의 위없는 법을 들은 후 비로소 개오하고 윤회의 괴로움을 완전히 떼어놓을 수 있습니다.

세존께서는 이와 같이 말씀하셨다. 다섯 비구들은 기뻐하며 세존께

있다면 저 일체 법은 모두 사성제가 거두어들이는 것이고 사성제 중으로 들어가니, 사성제를 일체법에서 가장 제일이라 한다. 왜 그러한가? 일체 갖가지 선법을 섭수攝受하기 때문이다. 여러 현인들이여! 이는 가축들의 발자국 중에 코끼리 발자국에 제일인 것과 같다. 왜 그러한가? 저 코끼리 발자국은 가장 광대하기 때문이다. 이와 같이 여러 현인들이여! 무량한 선법, 저 일체법이 모두 사성제가 거두어들이고 사성제 중으로 들어가니, 사성제를 일체법에서 가장 제일이라 한다." 『중아함경 ; 상적유경象迹喻經』, 『대정장』 책1 , 페이지464 중단.

서 하신 말씀을 믿고 받아들였다. 구수 교진여는 번뇌를 멀리 여읜 법안이 생겨서, 집법이 있는 것은 모두 다 저 멸법이 있음을 깨달았다.

15. Idam avoca Bhagavā ‖ attamanā pañcavaggiyā bhikkhū Bhagavato bhāsitam abhinandum̩ ‖ Imasmiñca pana veyyākaran̩asmim bhaññamāne āyasmato Kon̩daññassa virajam̩ vitamalam̩ dhammacakkhum udapadi ‖ yam̩ kiñci samudaya dhammam̩ sabban tam̩ nirodhadhamman ti ‖ ‖

世尊如是說已，五比丘歡喜・信受於世尊之所說. 具壽憍陳如生遠塵離垢之法眼，了知：有集法者，皆有此滅法.

6-2 개오하였을 때 번뇌를 여의는 법안이 생김

부처님께서 사성제를 실현한 후 누진지漏盡智・무생지無生智를 얻으셨고, 이때 출세간의 지혜로써 사성제를 드러내 보이신 것입니다. 교진여는 불교에서 가장 먼저 깨달음의 증과를 얻은 분입니다. 개오開悟란 "Virajam̩ vītamalam̩ dhammacakk-hum udapādi", 즉 「먼지와 때를 멀리 여읜 법안(遠塵離垢之法眼)」을 의미합니다. 이것이 출세간의 지혜입니다. 모든 생법生法은 모두 멸법滅法입니다. 그렇지만 왜 「먼지와 때를 멀리 여읜 법안」을 사용해야 무상을 관할 수 있습니까? 때(번뇌)를 여의려면 「아견我見을 떼어놓을 수 있는」 지혜가 있어야 합니다. 『구사론』에서는 유루법有漏法은 「기둥」과 같고 번뇌・결박은 「밧줄」과 같으며 사람은 「소」와 같다고 설명합니다. 만약 때를 여읜 법안이 있어 기둥과 밧줄이 있음을 안다면 밧줄에 묶인 소는 없을 것입니다. 『잡아함경』에서 사리불은 두 마리 소로 같은 이치를 설명합니다. 즉 검은 소와 흰 소가 각각 한 마리 있는데, 원래 그들은 멍에가 있어 서로 장애가 되지 않으므로 마부는 검은 소와 흰 소를 몰 수 있다고 말합니다. 이 비유 가운데 흰 소는 내육입內六入과 같고, 검은 소는 외육입外六入과 같으며, 내외육입의 사이에는 「멍에」가 있습니다. 「멍에」가 바로 번뇌 · 결박입니다. 결박이 존재하여 내외처를 한곳에 잇닿게 하여 자재하지 못합니다. 원래 흰 소와 검은 소는 서로 장애가 되지 않지만, 멍에가 있어 흰 소는 검은 소에게 장애가 되고, 검은 소는 흰 소에게 장애가 됩니다.158) 만약 우리들이 진실한 지혜로써 「멍에」를 보지 못한다면 소를 모는 「마부」가 있고, 「마부」의 개념이 진실한 것이라고 생각합니다. 그러나 청정한 눈이 열렸을 때 장애는 검은 소와 흰 소에 있지 않고, 「멍에」에 있음을 알고, 또 「마부」의 개념이 진실하지 않음을 알게 됩니다.

---

158) 「존자 마하 구치라는 존자 사리불에게 묻기를. "어떠한가? 존자 사리불이여! 눈이 빛깔을 얽어매는가? 빛깔이 눈을 얽어매는가? 귀와 소리 · 코와 냄새 · 혀와 맛 · 몸과 접촉 · 뜻과 법에 있어서 뜻이 법을 얽어매는가? 법이 뜻을 얽어매는가?" 존자 사리불이 존자 마하 구치라에게 대답하였다. "눈이 빛깔을 얽매는 것도 아니고 빛깔이 눈을 얽매는 것도 아니다. 나아가 뜻이 법을 얽매는 것도 아니고 법이 뜻을 얽매는 것도 아니다. 존자 마하 구치라여! 그 중간에서 만일 욕망과 탐욕을 일으키면 그것이 곧 얽어매는 것이다. 존자 마하 구치라여! 비유하면 검고 흰 두 마리 소가 한 멍에와 굴레에 묶여 있을 때, 어떤 사람이 검은 소가 흰 소를 묶었는가? 흰 소가 검은 소를 묶었는가? 라고 묻는다면 바른 물음이라 하겠는가?" 대답하길, "아니다. 존자 사리불이여! 검은 소가 흰 소를 묶은 것도 아니고, 흰 소가 검은 소를 묶은 것도 아니다. 그 중간에 멍에나 혹은 굴레를 씌우면 그것이 곧 묶는 것이다." "이와 같이 존자 마하 구치라여! 눈이 빛깔을 얽매는 것도 아니고, 빛깔이 눈을 얽매는 것도 아니며, 나아가 뜻이 법을 얽매는 것도 아니고 법이 뜻을 얽매는 것도 아니다. 그 중간의 욕망과 탐욕이 곧 얽어매는 것이다.」 『잡아함경 · 제250경』, 『대정장』책2 , 페이지 60상단. 그 밖에 『상응부경전 4 · 구치라』, 『한역남전대장경』 , 페이지216-218. 『상응부경전4 · 질다상응質多相應』, 『한역남전대장경』 , 페이지355-357 참조.

6-3 집법이 있어 모두 멸법이 있다

집법集法이란 무슨 뜻일까요? 집법은 바로 비유 중에서 기둥 · 밧줄로서 즉 「유루법 · 결박」입니다. 「집법」이 있으면 멸법이 있습니다. 만약 집법이 없다면 멸법이 있을 수가 없습니다. 모든 연기법은 다 멸법입니다. 만약 기둥 · 밧줄이 사라지면 묶인 소도 사라질 것입니다. 무루지혜가 있어야만 「집법集法이 있는 것은 모두 다 저 멸법滅法이 있다」는 사실을 볼 수 있지만, 유루지혜로는 볼 수 없을 것입니다.

비유 중에서 기둥은 유루법을 대표하고, 묶인 소는 단지 하나의 개념일 뿐이므로 결박을 없애고, 밧줄, 즉 번뇌를 없앨 수 있으며, 기둥, 즉 유루법에 묶어두지 못합니다. 만약 때를 여읜 지혜를 실현하지 못하면 우리들은 「묶인 소」란 개념이 진실이라고 생각합니다. 그렇지만 때를 여읜 법안이 생긴 후에는 장애를 형성하는 것이 소가 아니라 기둥에 있고 밧줄에 있음을 알게 되어 진정으로 결박이 있고 유루법이 있어 묶인 소가 있음을 진정으로 이해할 것입니다. 지혜로 기둥과 밧줄의 존재가 있지만, 「묶인 소」란 개념은 결코 현실에 존재하는 법이 아님을 알게 될 것입니다. 마치 교진여처럼 출세간으로의 지혜로 「집법이 있는 것은 모두 다 저 멸법이 있다」는 사실을 깨달아 알 것입니다. 집법이 있어야 멸법이 있습니다. 일체 연기법은 모두 멸법입니다. 연기법 중에 결박, 유루법의 존재가 있음을 깨달아 알 것입니다. 그러나 「자아」의 존재가 없음에도 연기 가운데 「자아」가 있으면 때를 여읜 지혜는 아직 실현되지 않았습니다.

때를 여읜 법안이란 무슨 뜻일까요? 검은 소 · 흰 소의 비유로 내외 육입을 설명합니다. 목소리는 귀의 장애로 들리는 것이 아닙니다. 목소리가 귀의 장애로 변화되어 들리는 것은 결박이 있기 때문입니다. 또한 얼굴빛은 눈의 장애로 보이는 것이 아닙니다. 얼굴빛이 눈의 장애로 변화되어 보이는 것은 결박이 있기 때문입니다. 향기는 코의 장애로 나는 것이 아닙니다. 향기가 코의 장애로 변화되어 나는 것은 결박이 있기 때문입니다. 맛은 혀의 장애로 느끼는 것이 아닙니다. 혀가 혀의 장애로 변화되어 느끼는 것은 결박이 있기 때문입니다. 촉감은 신체의 장애로 느껴지는 것이 아닙니다. 촉감이 신체의 장애로 변화되어 느껴지는 것은 결박이 있기 때문입니다. 법法은 뜻(意)의 장애로 인식되는 것이 아닙니다. 법이 뜻의 장애로 변화되어 인식되는 것은 결박이 있기 때문입니다. 그래서 검은 소 · 흰 소는 원래 장애가 아닙니다. 그것은 멍에가 있기 때문에 서로 장애가 됩니다. 결박이 출현하는 것은 「유루법」이 있기 때문입니다. 결박은 곧 유루법에 의지합니다.

「때를 여읜 법안」이 열리면 유루법이 있고 결박이 있음을 알 수 있고, 이것이 연기법임을 알 수 있습니다. 모든 연기법은 모두 생하고 멸함이 있습니다. 묶인 중생은 본래 존재하지 않습니다. 단지 일종의 개념일 뿐입니다. 그래서 출세간의 지혜가 있는, 때를 여읜 눈으로 집법이 있고, 멸법이 있다는 사실을 또렷하게 알 수 있습니다. 다만 그 가운데 생멸하는 「자아」의 개념이 없을 뿐입니다.

세존께서 이와 같이 법륜을 굴리셨을 때 땅에 사는 천인들이 소리내어 말했다. "세존께서 이와 같이 바라나국, 선인이 내려와 머무는 곳(이씨빠따나), 녹야원에서 위없는 법륜을 굴리시니, 사문 · 바라문 · 천인 · 마라 · 범천 혹은 세간의 그 누구도 모두 다 덮을 수 없었다."

Evam pavattite ca pana Bhagavatā dhammacakke Bhummā devā saddam anussāvesuṃ ||| Etam Bhagavatā Bārānasiyam Isipatane

Migadāye anuttaraṃ dhamma- cakkam pavattitaṃ appativattiyaṃ samanena vā brāhmaṇena vā devena vā Mārena vāBrahmunā vā kenaci vā lokasminti ‖

世尊轉如是法輪時，地居之諸天發聲言：世尊如是于波羅奈國仙人墮處鹿野苑，轉無上之法輪，沙門·婆羅門·天·魔·梵或世間之任何者，皆不能覆.

6-4 법륜을 굴린 함의

『구사론』에서는 법륜을 굴림(dhammacakkampavattitaṃ)이 견도의 의미라고 설명합니다.159) 왜냐하면 교진여는 견도를 실현한 후 「먼지와 때를 멀리 여읜 법안」을 얻고서 집법·멸법을 알았고, 생멸을 알았으며, 생멸하는 중생·자아가 없음을 알 수 있었습니다. 집법이 멸하고 멸법이 멸할 때 바로 열반입니다. 열반을 실현하기 전에 반드시 견도를 하여야 하고, 「자아」

159) 「세존께서는 어떤 곳에서 그것을 설하여 법륜法輪이라고 이름하셨는데, 마치 세간의 바퀴가 신속함 등의 특징(相)을 갖듯이 견도도 그와 유사하기 때문에 법륜이라 한 것이다. 견도가 어떻게 그것과 서로 유사하다는 것인가? 신속하게 작용(速行)하는 것 따위가 그 같은 세간의 바퀴와 유사하기 때문이다. 즉 견제見諦의 도는 신속하게 작용하기 때문이며, 버리고 취함이 있기 때문이며, 아직 항복시키지 않은 것을 능히 항복시키기 때문이며, 이미 항복한 것을 진압하기 때문이며, 위아래로 회전하기 때문으로, 이러한 다섯 가지 특징을 갖춘 것이 세간의 수레바퀴와 유사한 것이다. 이에 대해 존자 묘음(妙音)은 이와 같이 설하길, "세간의 수레바퀴가 바큇살 등의 특징을 갖는 것처럼 여덟 가지의 성도(八支聖道)도 그것과 유사하기 때문에 바퀴라고 이름한 것으로, 이를테면 바른 견해·바른 사유·바른 노력·바른 알아차림은 세간 수레바퀴의 바퀴살과 유사하고, 바른 말·바른 행위·바른 살림은 바퀴통과 유사하며, 바른 삼매는 바퀴 테와 유사하다. 그래서 법륜이라고 말하게 된 것이다.」『아비달마구사론』권24 〈분별현성품〉,『대정장』책29 페이지128 중-하단.

는 진실한 것이 아니고 개념적 존재임을 이해하여야 합니다. 그러나 남전불교의 일부 사람들은 「법륜은 견도일 뿐」이라는 설법을 받아들이지 않고, 그들은 "법륜은 단지 견도의 부분일 뿐만 아니라 사성제에 대해 철저히 이해하고 사성제의 정수를 철저히 아는 것이다. 이 때문에 초전을 세 번 굴리는 것 모두가 법륜이고 모두가 사성제의 부분"이라고 생각합니다. 160)

땅에 사는 천인들의 음성을 듣고 사대천왕 천인들도 소리내어 말했다. "세존께서 이와 같이 바라내국 선인이 내려와 머무는 곳의 녹야원에서 위없는 법륜을 굴리시니, 사문·바라문·천인·마라·범천 혹은 세간의 그 누구도 덮을 수가 없었다."

Bhummānaṃ devānaṃ saddaṃ sutvā Cātumma-hārājikā devā saddam anussāvesuṃ ‖ Etam Bhagavatā Bārāṇasiyam Isipatane Migadāye anuttaraṃ dhamma- cakkam pavattitam appativattiyaṃ samaṇena vā brāhma- ṇena vā devena vā Mārena vā Brahmuṇā vā kenaci vā lokasmin ti ‖

聞得地居諸天音聲之四大天王諸天，發聲言：世尊如是于波羅奈國仙人墮處鹿野苑，轉無上之法輪，沙門·婆羅門·天·魔·梵或世間之任何者，皆不能覆.

---

160) "이로 말미암아 삼전은 순서대로 견도·수도·무학도를 현시한 것이니, 비바사사毘婆沙師가 설하는 바는 이와 같다. 만약 그렇다면 3전 12행상은 오로지 견도만이 아니거늘 어떻게 오로지 견도에 대해서만 법륜이라는 명칭으로 설할 수 있겠는가? 이런 까닭에 오로지 마땅히 이러한 3전 12행상과 관계된 모든 법문을 법륜이라 해야 할 것이니, 이것이 가히 정리(正理)에 부합한다 할 것이다." 『아비달마구사론』권24 〈분별현성품〉, 『대정장』 책29, 페이지128.

사대천왕의 천인들이 음성을 듣고 도리천의 천인들 · 염마천의 천인들 · 도솔천의 천인들 · 화락천의 천인들 · 타화자재천의 천인들 · 범천의 천인들이 소리내어 말했다.
"세존께서 이와 같이 바라나국, 선인이 내려와 머무는 곳, 녹야원에서 위없는 법륜을 굴리시니, 사문 · 바라문 · 천인 · 마라 · 범천 혹은 세간의 그 누구도 덮을 수가 없었다."

Cātummahārājikānaṃ devānaṃ saddaṃ sutvā Tāvatiṃsā devā Yāmā Tusitā devā Nimmānaratī devā Paranimmittavasavattino devā Brahmakāyikā devā saddam anussāvesuṃ ‖‖ Etam Bhagavatā Bārānasiyam Isipatane Migadāye anuttaraṃ dhammacakkam pavattitam appativatti- yaṃ samanena vā brāhmanena vā devena vā Mārena vā Brahmunā vā kenaci va lokasmin ti ‖‖

聞得四大天王諸天音聲之忉利諸天 · 焰摩諸天 · 兜率諸天 · 化樂諸天 · 他化自在諸天 · 梵天諸天發聲言：世尊如是于波羅奈國仙人墮處鹿野苑，轉無上之法輪，沙門，婆羅門 · 天 · 魔 · 梵或世間之任何者，皆不能覆.

이와 같이 그 찰나, 사이에 제천 범천 세상에까지 두루 그 소리가 들렸다. 또 일만 세계의 땅이 솟구쳐 진동하였고, 무량 광대한 광명이 나타나니 천인들의 위신력을 뛰어넘었다.

Itiha tena khanena tena layena tena muhu-ttena yāva Brahmalokā saddo abbhuggacchi ‖ ayañca dasasahassī lokadhātu samkampi saṃpakampi sampavedhi ‖ appamāno ca ulāro obhāso loke pātur ahosi atikkamma devānaṃ devānubhāvan ti ‖‖

如是于其刹那之間諸天梵世普聞其聲. 又，十千世界地湧震動，現起無量廣大，超越諸天威神之光明.

6-5 법을 듣고 개오한 자들

부처님께서 법륜을 굴리실 때 다섯 비구만이 법륜경을 들었을 뿐만 아니라 무수한 셀 수 없는 천인들도 법을 들었고,161) 교진여만이 개오한 것이 아니라 매우 많은 천인들도 개오하였습니다. 교진여와 천인들은 바라밀이 있었고 지혜를 모으는 종자가 있었기 때문에 매우 빨리 개오할 수 있었습니다. 불교의 견해에 따르면 개오할 수 있는 것은 과거의 삶 때문으로 과거 한 생뿐만 아니라 심지어 더 나아가 여러 세상 이전에 충분한 지혜 혹은 행위의 선근종자를 모아야 비로소 개오할 수 있습니다. 북전불교에서는 이를 「순해탈분順解脫分」이라고 부릅니다.162) 「순해탈분」에서 다섯 비구는 이전에 일찍

161) 삼계 중에 법이 없어도 법을 듣는 무색계의 천인을 제외하고 욕계육천 색계 18천의 천인들이 모두 부처님께서 설하신 법을 청문하였다.

162) 순해탈분順解脫分은 생사를 염리厭離하고 열반을 흔구欣求하기 때문에 여러 선근을 닦아 마침내 해탈의 선과를 얻음을 가리킨다. 중생이 삼계를 벗어나려면 번뇌혹업을 끊어 없애고 진공열반真空涅槃의 이치를 증득하기 위해서 반드시 「일곱방편七方便」을 닦아야 한다. 순해탈분은 곧 「일곱방편」 중에서 앞의 3위인 오정심五停心 · 별상염주別相念住 · 총상염주總相念住 등의 세 현위賢位의 선善과 같다. 대개 이들 과위에 머무는 보살은 비록 번뇌 · 소지이장所知二障을 눌러 소멸시킬 수 없을지라도 이미 유식의 성(唯識之性)에 대해 신해信解를 깊이 일으켜 두 가지 이로운 수승한 행(二利勝行)을 닦는 까닭에 순해탈분선順解脫分善이라 칭한다. 그 밖에 순결택분順抉擇分에서 결택의 뜻은 사제 이치의 무루지혜를 보게 되는 것으로 곧 무루결택의 성도에 순응하여 「견도」 무루지無漏智의 과를 얻는 것이다. 「일곱방편」 중에서 뒤의 4위인 난暖 · 정頂 · 인忍 · 세제일법世第一法 등 4선근과 같다. 이 4선근으로 견도에 접근하여 그 승혜勝慧 일분一分의 견도결택지見道抉擇智에 순응하여 사성제를 관찰하고 16행상을 지을 수 있으며, 세제일법의 무간에 인연하여 무루지를 인발引發한 즉 저것의 지혜를 순익할 수 있는 것으로 이를 순결택분이라 칭한다. 이런 까닭에 성문승 중에 매우 빠른 자는 3생에 바야흐로

명색名色을 분석한 적이 있어, 명색의 무상을 관하고, 지智·관觀의 종자가 있어서 빠르게 개오할 수 있었습니다. 만약 이들 자량이 없다면 이렇게 개오하기 대단히 어려울 것입니다. 똑같은 이치로 모든 천인이나 중생들도 지혜의 종자, 충분한 바라밀이 있기 때문에 개오할 수 있습니다.

이때 세존께서 칭찬하여 말씀하셨습니다. "교진여는 개오했다. 교진여는 개오했다!" 이 때문에 구수 교진여는 아야교진여라고 이름 불렀다.

Atha kho Bhagavā udānam udānesiñāsi vata bho Kondanno Aññasi vata bho Kondañño ti ‖ Iti hidam āyasmato Kondaññassa Aññata-Koṇdañño tveva nāmam asosī ti ‖

是時，世尊稱贊言：憍陳如悟矣，憍陳如悟矣! 因此卽名具壽憍陳如爲阿若憍陳如.

부처님께서 이 경에서 교진여를 「안냐타 꼰다냐(Aññāta- Koṇdañño)」라고 불렀는데, 즉 개오한 교진여라는 말이다. 「안냐(añña)」는 「개오」라는 의미로 곧 출세간의 지혜로 무엇이 집법인지, 무엇이 멸법인지 알았고 출세간의 지혜로서 해탈의 소연을 볼 수 있었기 때문에 더 이상 「자아」의 개념은 없습니다. 교진여는 부처님께서 『전법륜경』을 연설하심을 듣고서 사성제를 철저하게 알 수 있었습니다. 이 때문에 「먼지와 때를 멀리 여읜 법안」을

해탈을 얻고 또 첫 번째 생에 비로소 순해탈분을 일으키고, 두 번째 생이 순결택분을 일으키며, 세 번째 생에 견도에 들어가서 구경의 해탈을 얻게 된다. 『불광』「순해탈분順解脫分」, 페이지5351.

증득하여 개오하고, 수다환과를 증득했습니다.

과를 증득한 후 교진여는 출가를 요청하였고, 부처님께서는 흔쾌히 동의하시며 말씀하셨습니다. "잘 왔다(善來), 비구여! 법을 이미 잘 말했고, 범행을 잘 닦아서 일체 고를 멸진하였구나." 교진여는 수염과 머리카락이 저절로 떨어졌습니다. 이것이 교진여가 출가하여 비구계를 받은 정황입니다. 뒤를 따라 발제跋提·위발衛跋·마하나미摩诃那摩 및 아설시阿說示도 날마다 수다환과를 증오證悟하였고 똑같은 방식으로 비구계를 얻었습니다.[163] 부처님께서 『전법륜경』을 열어 보이신 후 5일째 날에 『무아상경無我相經』을 열어 보이셨습니다. 다섯 비구는 『무아상경』을 듣고 난 후 아라한과를 증오하였고, 인간 제일진의 누진비구가 되었습니다.[164]

6-6 맺음 말

사성제는 윤회와 윤회의 원인, 열반과 열반의 방법을 설명하고 있습니다. 윤회는 단지 일종의 몸과 마음인 오취온이 상속되는 것으로 오취온이 있으면 고를 느끼게 되는데, 이것이 고제 苦諦입니다. 윤회와 윤회의 원인을 조성하는 것은 갈애로 이것이 집제集諦입니다. 윤회의 정지는 갈애를 끊은 후의 열반으로 이것이 멸제滅諦입니다. 네 번째 성제는 팔정도로 그것은 우리들로 하여금 윤회의 뒤응킴(纏結)을 벗어던지고 열반을 증득케 할 수 있는 방법입니다. 원컨대 우리들이 가르침에 따라 봉행하고 부처님의 족적, 부처님께서 가리킨 길을 따라 걸어서 열반의 고성에 들어갈 수 있기를 바랍니다.

---

163) 『전정법륜轉正法輪』, 97페이지 참조。

164) 『전정법륜』, 101페이지 참조

이곳에 계신 분들은 사성제를 빨리 꿰뚫어 보고 괴로움을 그쳐서 집착이 없는 열반을 깨달아 들어가길 축복합니다.

제10장. 문답 요점정리

1.

질문 : 스님께서는 「갈애愛」가 윤회의 가장 특별한 연이라고 말씀하셨는데, 경전에서는 「무명無明」이 윤회의 근본이자 존재의 연이라고 한 것을 본적이 있습니다. 무명과 갈애 어느 쪽이 윤회의 가장 분명히 드러나는 연인지 모르겠습니다.

답변 : 무명은 인이 있고 연이 있습니다. 경에서는 이치에 맞지 않은(不如理) 사유(作意)나 「유루有漏」가 무명의 인이고 무명의 연이라고 말합니다. 무명은 스스로 출현할 수 없고, 수많은 친구와 같이 발생합니다. 가장 분명히 드러나는 무명의 친구가 바로 「갈애」입니다. 집제 중에 모든 번뇌가 포함되어 있는데, 무명은 이들 번뇌 안에 있으니 국왕의 역할에 비유할 수 있습니다. 그렇지만 무명이 일어나는 것을 분명히 이해해야 합니다. 「유루」 중에서 가장 분명히 드러나는 법이 바로 「갈애」입니다. 그래서 부처님께서는 「갈애」로 집제를 설명하셨습니다.

2.

질문 : 세간 지혜로 번뇌를 끊을 수 없습니까? 스님께서는 무엇을 세간 지혜라고 하시는지? 예를 들어주십시오.

답변 : 우리들의 세계가 바로 오온입니다. 오온을 제외하고는 어떤 세계도 없습니다. 이 때문에 세간지혜의 소연은 오온이고, 모든 세간의 경험은 모두 오온 중에 있으며, 오온의 경계를 넘어설 수 없습니다. 세간 지혜는 단지 세계 · 오온의 모든 지혜에 관한 것이기 때문에 해탈의 소연, 즉 열반을 볼 수 없습니다. 그래서 그것으로는 번뇌를 완전히 끊어 제거할 수 없습니다.

견도를 실현해야 출세간의 지혜가 생길 수 있습니다. 출세간의 지혜는 해탈의 소연을 분명히 알기 때문에 이미 오온경계를 뛰어넘는 지혜입니다. 이 때문에 번뇌를 끊어 제거할 수 있는 힘이 있습니다. 견도한 후에 우리들은 출세간의 지혜를 운영할 수 있을 뿐만 아니라 세간의 지혜를 운영하여 번뇌를 끊어 제거할 수 있습니다.

3.

질문 : 남전 · 북전 불교는 「관멸제觀滅諦」에 대해 가장 큰 차이점을 보이는데 왜 그렇습니까?

답변 : 멸제는 단지 하나만 있을 뿐이고, 두 개가 있을 수 없습니다. 우리들 지혜 수준에 의지해 이해할 수 있는 측면을 못 넘어서므로, 아비달마는 무수한 다른 분별을 사용해서 설명합니다. 부처님께서 멸제를 가르친 견해에 대해 남전 · 북전이 일치하지 않은 점은 없습니다. 이른 바 「멸滅」은 바로 갈애가 없는 경계, 즉 열반입니다. 열반은 무엇에도 집착이 없음(無住)으로 보호함도 없고 갈구함도 없는 경계입니다. 이 견해는 모두 다 동의하고 차이가 없습니다.

열반을 실현하는 경계는 세간지혜도 필요하고 출세간의 지혜도 있어야 합니다. 세간의 지혜 하나만으로는 여전히 부족하고, 반드시 출세간의 지혜가 있어야 합니다. 관멸제에 대해 남전불교에서는 무위법이 하나만 있는데 바로 열반입니다. 그러나 일체유부에서는 무위법이 세 가지가 있지만, 「결택무위擇滅無爲」가 있어야 진정한 열반입니다. 멸제의 구분 중에서 남·북전 불교는 모두 「유여열반有余涅槃」과 「무여열반無余涅槃」의 두 가지 열반의 구분이 있음을 승인합니다.

북전불교의 관을 이해하기란 대단히 어렵습니다. 그들은 남전불교와 같이 「유여」와 「무여」의 두 가지 열반을 설명할 뿐만 아니라 『유가사지론瑜伽師地論』·『성유식론成唯識論』·『중관론中觀論』 등 대승경론 내에서 다시 유여有余·무여無余·자성청정自性清淨·무주無住의 네 가지 열반165)의 구분을

165) 「열반의 뜻을 대략적으로 분별하면 네 가지가 있다.
첫째는 **본래자성청정열반本來自性清淨涅槃**이다. 이것은 일체법의 실상인 진여의 이치를 말하는 것으로 비록 객진의 물듬(客染)은 있지만 본래 청정하고 헤아릴 수 없는 미묘한 공덕을 갖추어서 무생무멸無生無滅하고 깊고 맑기가 허공과 같고 일체유정에게 평등하게 공동으로 있고, 일체법과 더불어 불일불이不一不異하고 일체상(소취상) 일체분별(능취상)을 여의며, 심사尋思의 길이 끊어지고 언어의 길도 끊어지며, 오직 참된 성자만이 스스로 안으로 증득한 것(自內所證)이고 그 성품이 본래 공덕하여 열반이라 이름한다.
둘째, **유여의열반有余依涅槃**이다. 이것은 진연에 즉卽하여 번뇌장을 벗어남을 말하는 것으로 비록 미세한 괴로움의 소의所依가 아직 소멸하지 않았지만 번뇌장은 영원히 고요하기 때문에 열반이라 이름한다.
셋째, **무여의열반無余依涅槃**이다. 이것은 진여에 즉하여 생사의 괴로움을 벗어남을 말하는 것으로 번뇌는 이미 다하고 나머지 의지함 또한 멸하여 온갖 괴로움이 영원히 고요하기 때문에 열반이라 이름한다.
넷째, **무주입열반無住入涅槃**이다. 이것은 진여에 즉하여 소지장所知障을 벗어남을 말하는 것으로 대비와 반야가 항상 도움을 받아서 이로 말마암아 생사열반에 머물지 않고 유정을 이롭고 안락하게 하며 미래제가 다하도록 씀에 항상 고요하기 때문에 열반이라 이름한다.」『성유식론』, 『대정장』 책31, 페이지55 중단.
「논에 이르길, 모든 보살에게 미혹이 멸한 즉 **무주처열반無住處涅槃**이다. 석釋에 이르길,

말하고 있습니다. 그 중에 남전불교와 다른 것은 곧 자성청정과 무주 두 가지 열반의 견해입니다.

「자성청정열반」166)은 원시불교에서는 언급된 적이 없습니다. 대승의 이치에 따라 해탈의 경계는 진여가 됩니다. 진여는 출세간 지혜의 경계이지만, 세간의 법과 분리되지 않습니다. 진여는 세간 혹은 출세간의 구분이 없습니다. 그래서 중생이 열반을 알고 있는지 여부와 상관없이 우리들은 모두 이미 청정 열반경계에 있기 때문에 세간의 모든 법은 모두 다 연기입니다. 연기법은 생하지도 멸하지도 않고, 늘지도 줄어들지도 않는 진여상입니다. 이 때문에 윤회의 조건(緣)인 무명 등 갖가지 번뇌가 조성되지만, 연기법 중에서 진실로 존재하는 것이 아닙니다. 일체중생은 본래 진여경계에 있으며, 자성청정열반 중에 있습니다.

대승불교의 목표는 「무주열반無住涅槃」167)의 실현, 바로 집착이 없는 열반

이승二乘과 보살은 같이 미혹의 소멸을 멸제로 삼는다. 이승은 미혹이 멸해 일향으로 생사를 등지고 열반을 향해가고 보살은 미혹이 멸해 생사를 등지지도 열반을 등지지도 않는 까닭에 이승과 다르다. 보살은 이것이 네 가지 열반 중에 멸하니 무주처이다. 첫째, 본래청정열반本來清淨涅槃이고 둘때 무주처열반이며, 셋째 유여, 넷째 무여이다. 보살은 생사와 열반이 다름을 보지 않는다. 반야로 말미암아 생사에 머물지 않고, 자비로 말미암아 열반에 머물지 않는다. 만약 생사를 분별하면 생사에 머물고, 열반을 분별하면 열반에 머문다. 보살은 무분별지無分別智를 얻어 분별함이 없는 까닭에 머무는 바가 없다.」『섭대승론석攝大乘論釋; 석학과적멸승상釋學果寂滅勝相』, 『대정장』 책31, 페이지247 상-중단.

166) 일체사물의 본래상이 진여 · 적멸의 체임을 가리킨다.

167) 생사에, 열반에 머무르지 않는 열반을 가리킨다. 보살이 중생을 불쌍히 여기고 중생을 구제하기 위해 미래제가 다하도록 생사에 머물지 않고 열반에도 머물지 않는 것과 같다. 『성유식론』은 또 이것이 대승최고의 불과임을 언급하고 있다. 그 밖에 무주열반은 그 체가 비록 또한 진여일지라도 지혜의 정확한 판단력으로 장애를 제거해야 증득할 수 있는 까닭에 자성청정열반과 같지 않다.

의 실현에 있습니다. 열반 그 자체는 소연이 없지만, 그것의 범위는 사실은 바로 진여입니다. 비록 그것이 출세간의 경계일지라도 무위법에 속하기 때문에 대승불교는 세간·출세간의 분별을 뛰어넘음을 강조하고 중생을 불쌍히 여겨야 함을 강조합니다. 그래서 무주열반은 바로 생사에 머물지 않고 열반에 머물지 않는 자비·지혜의 대용大用입니다. 무주열반 안에 우리들은 비로소 승의법勝義法을 진정으로 실현하는 것입니다.

남전불교는 계통 속에 색色·심心·심소心所·열반涅槃의 네 가지 승의법이 있습니다. 그러나 대승불교에서 진정한 법은 자성이 없는 것이므로 색色·심心·심소법心所法은 승의제勝義諦가 아닙니다. 대승은 오직 하나의 승의제만을 승인하는데, 바로 진여를 실현하며 공空을 실현하는 것입니다. 오직 「공」이 있어야 승의勝義입니다. 그것은 자성이 없기 때문에 세간·출세간의 구분을 뛰어넘을 수 있습니다. 여러분들은 아마 유식론唯識論을 보았을 것입니다. 대승의 해탈경계를 실현하기 위해서는 「법法」인 명색의 무상을 사유해야 할 뿐만 아니라 모든 명언 개념[168]의 무상을 사유해야만 합니다.

4.

질문 : 「갈애가 완전히 없어야 열반에 들 수 있다는 것」과 대승불교가 강조하는 「자애로 중생을 불쌍히 여기는 것」은 모순이 아닙니까?

답변 : 이러한 문제를 이해하려면 먼저 아라한이 누구인가를 이해하여야 합니다. 아라한은 종류가 많습니다.[169] 만약 우리들이 아라한이 아니라면

168) 모든 묘사하고 언어로 표현할 수 있는 경계를 가리킨다.

169) 아라한의 종류를 논하자면 그 근성의 예리함과 둔함의 차별에 의지해 6종으로

계속 윤회할 것이지만, 아라한은 윤회하지 않습니다. 만약 아라한이 자비가 없다고 말하면 이것은 편견입니다. 예를 들면 아난 · 사리불 · 목건련 · 수보리 등은 모두 아라한입니다. 그들에게 자비가 없겠습니까?

아라한은 종류가 많습니다. 이는 그들의 바라밀과 관련이 있습니다. 모든 사람은 많은 바라밀을 모아야 아라한과를 성취할 수 있습니다. 보통 아라한은 삼세의 선행과 지혜종자의 바라밀을 모아야 아라한과를 실현할 수 있지만, 큰 아라한은 십만 겁의 바라밀 종자를 모아야 성취할 수 있습니다. 만약

나뉠 수 있다. 『잡아비담심론雜阿毘曇心論』 권5, 『구사론』 권25 등을 근거로 하여 말하면, (1) **퇴법退法아라한**, 또는 **작퇴상作退相아라한**으로 작은 악연을 만나면 증득한 과위를 쉽게 퇴실退失하는 자를 가리킨다. (2) **사법思法 아라한** 또는 **작사상作死相 아라한**으로 과위에 대한 퇴실이 두려워서 자해自害하려고 생각하는 자를 가리킨다. (3) **호법護法 아라한**, 또는 **작수상作守相 아라한**으로 과위를 수호할 수 있으나 퇴실에 이르지 못하는 자를 가리킨다. (4) **안주법安住法 아라한**, 또는 **작주상作住相 아라한**으로 퇴실하지 않지만 증진하지 못하고 과위에 안주하는 자를 가리킨다. (5) **감달법堪達法 아라한**, 또는 **작가진상作可進相 아라한**으로 재빨리 정진하여 부동법에 도달하는 자를 가리킨다. (6) **부동법不動法 아라한**, 또는 **작불괴상作不壞相 아라한**으로 증득한 법을 영원히 퇴실하지 않는 자를 가리킨다. 상술한 6종의 아라한은 이들 중에서 앞의 5종은 성품이 근기가 둔한 자인 까닭에 시애심해탈時愛心解脫을 얻고 후자는 근기가 예리한 자인 까닭에 불시해탈不時解脫 혹은 부동심해탈不動心解脫을 얻는다.
이를 상세히 말하면, 만약 좋은 연緣을 만날 수 있으면 삼매에 들어가 해탈을 얻어 **시해탈時解脫**이라고 한다. 수시로 삼매에 들 수 있고 모종의 특정 인연을 기다림이 없는 해탈을 **불시해탈不時解脫**이라 한다. 또한 자기가 이미 얻은 아라한과를 잘 호념하여 번뇌를 해탈하는 자를 **시애심해탈時愛心解脫**이라고 한다. 그리고 다시는 번뇌 때문에 과위에서 퇴실하지 않고 해탈하는 자를 **부동심해탈不動心解脫**이라고 한다. 그 밖에도 부동법 아라한은 예리한 근기의 형성에 따라 2종으로 나뉜다. 즉 1) 본래 부동의 종성을 성취한 자를 **불퇴법不退法 · 불퇴상不退相 아라한** 이라고 한다. 2) 정진 수행으로 부동법에 도달한 자를 **부동법 아라한**이라고 한다. 이 두 사람을 상술한 다섯 사람과 합쳐서 도합 7종 아라한이라고 한다. 여기에 다시 연각과 부처를 더하여 9종 아라한 또는 9무학無學이라고 한다. 『불광』 「아라한」, 페이지3692 참조.

성불하고 싶으면 3대아승지 겁의 선행과 지혜종자의 바라밀을 모아야 합니다. 1겁의 시간은 얼마나 긴 시간입니까? 부처님께서는 가장 단단한 8입방 킬로미터의 돌로 비유하였습니다. 100년 마다 한 번 문지르고 한 번 파괴하여 돌이 괴멸될 때까지 이르는 것이 바로 1겁의 시간입니다. **만약 성불하고 싶으면 3대아승지 겁의 수행으로 원만한 바라밀 종자를 모아야 불과를 성취할 수 있습니다.**

5.

질문 : 부처님과 아라한은 「생존의 근원이 남아 있는 열반(有餘依涅槃)」을 증득한 이후 꼭 죽음에 진입해야 「무여열반」을 증득할 수 있다고 합니다. 증득한 생존의 근원이 남아 있지 않은 열반(無餘依涅槃)과 죽음의 관계는 무엇입니까?

답변 : 부처님께서 문제에 회답하는 방식은 네 가지가 있습니다.[170]

---

170) 4문답四問答(범어 catvariparcna-vyakaranani, 빨리어 cattaripabha-vyakaranani) , 여러 질문에 대해 대답할 때 문제의 성격에 따라 네 가지로 대답하는 방식이 나뉜다.
(1) 일향기一向記, 또는 결정답決定答으로 질문한 것에 대해 직접 그렇다고 긍정하는 방식으로 회답하는 것을 말한다.
(2) 분별기分別記 또는 해의답解義答으로 질문한 것에 대해 분석 해부한 후 비로소 긍정 혹은 부정으로 회답하는 것을 말한다.
(3) 반문기反問記 또는 반문답反問答으로 직접 답하지 않고 먼저 상대방에게 되묻고 되묻는 중에 그로 하여금 깨닫게 하거나 질문의 뜻을 드러낸 후 비로소 회답하는 것을 말한다.
(4) 사치기舍置記 또는 작치답作置答으로 질문에 대해 대답할 가치가 없거나 대답할 것이 못되는 경우 제쳐 두고 대답하지 않거나 상대방에게 이것은 대답할 것이 못된다고 말하는 것을 말한다. 『불광』「사기답四記答」, 페이지1753.

(1) 질문한 문제에 대해 긍정의 회답을 합니다. (2) 질문한 문제에 대해 다시 일차로 되묻습니다. (3) 질문한 문제에 대해 먼저 분석하고 다시 회답합니다. (4) 질문한 문제에 대해 회답해 주지 않습니다.

질문한 문제에 대해 부처님께서 회답하지 않을 때가 있습니다. 왜 부처님께서는 회답하지 않으실까요? 이러한 문제를 분명히 이해하는 것은 지혜가 있는 사람이 추구하는 방향이 아니기 때문입니다. 수행에 대해서도 도움이 되지 않습니다. 단지 수많은 잡념만 증가시킬 따름입니다. 바람직한 것은 실제로 수행하는 것입니다. 견도할 때 열반의 의미가 무엇인지 알 수 있습니다. 열반경계는 생각할 수 없는 것이지만, 죽음의 경계는 생각할 수 있는 것입니다. 만약 불법을 믿는다면 갈애가 있으면 꼭 태어남이 있고, 태어남이 있으면 죽음이 있음을 믿어야 합니다. **열반은 이미 갈애가 없기 때문에 태어남도 없고 죽음도 없습니다.** 만약 이러한 문제에 대해 정말 대답하라고 한다면 열반은 태어남도 죽음도 없는 경계라고 방편으로 설할 뿐입니다.

6.

질문 : 사성제의 인과관계, 예를 들면 고는 집의 과이고, 집은 고의 인이며, 멸은 도의 과이고, 도는 멸의 인이라고 말하는데 그들 상호간의 차제 개념은 그렇게 분명히 드러납니까?

답변 : 견도가 있기 전에 사성제는 동시에 출현하지 않습니다. 오직 견도가 있을 때 사성제를 출세간 지혜의 소연으로 삼기 때문에 동시에 출현할 수 있습니다. 견도를 실현하기 전에는 먼저 고집멸도가 무엇인지 이해해야 합니다. 그렇지만 현관의 과정에는 이렇게 분명히 드러나는 차제가 없습니

다. 남전불교는 견도를 단지 마음 하나의 과정일 뿐이라고 생각하지만 일체유부는 15개 찰나가 있다고 생각하고, 주로 사성제 16행상을 지혜의 소연으로 삼습니다.

『중부中部 · 대사십경大四十經』에 따르자면 우리들은 먼저 세간의 바른 견해를 이해하여야 출세간의 바른 견해를 이해할 수 있습니다. 출세간의 지혜가 열릴 때 비로소 「묘법에 들어갈」 수 있고, 연기법을 이해할 수 있으며, 사성제를 이해할 수 있습니다. 만약 출세간의 바른 견해가 없다면 무루지혜의 경계에 들어갈 수 없습니다. 왜냐하면 번뇌를 끊는 것은 「점차로 끊는 것(漸斷)」이 아니고 「단박에 끊는 것(頓斷)」입니다. 그래서 견도할 때 무루지혜라야 번뇌를 바로 끊을 힘이 있습니다. 세간의 유루지혜로는 바로 끊을 수 없고, 단지 번뇌를 억눌러 굴복시킬 수 있을 뿐입니다.

7.

질문 : 행과 업은 무엇이 다릅니까? 남전불교에서 「행」은 여전히 심소心所가 다소 있지 않습니까?

답변 : 행(行, sankhāra)의 범위는 대단히 넓습니다. 「행」의 가장 광범위한 의미는 모든 유위법有爲法 · 유집법有集法이라고 합니다. 모든 생멸하는 법이 모두 「행」입니다. 상카라(sankhāra)는 바로 「한곳에 놓음(放在一起)」입니다. 모든 생멸하는 법은 모두 한곳에 있습니다. 이것이 연기법으로 바로 「유위有爲」의 뜻입니다. 연기법은 바로 「연緣」이 있는 법입니다. 부처님께서는 윤회의 과정을 「연」의 이치로 설명합니다. "행이 있고 업이 있기 때문에 윤회가 있다. 행 · 업이 출현할 수 있는 것은 갈애와 무명이 있기 때문이다. 연기

중에 무명과 갈애는 행의 연이고, 취取는 유有의 연이다. 「유」에는 「생유生有」·「업유業有」 두 가지가 있다."

행연식行緣識, 여기서 「식」은 「윤회식輪回識」을 가리킵니다. 「행」이 있기 때문에 윤회식의 출현이 있습니다. 「행」은 보통 「행위」라고 합니다. 윤회식의 출현은 「행위」에 의지합니다. 행위가 없다면 윤회하는 식은 없습니다. 그 밖에 「행」은 「동력」이라고 표시할 수 있습니다. 무엇이 행의 동력이고 행위의 현기現起일까요? 행의 동력은 바로 「사(思 ; cetanā)」입니다. 그래서 윤회의 마음은 주로 「사」에 의지해야 이러한 동력이 현기합니다. 죽을 때 만약 「행」이 있으면 「재생」이 있습니다. 만약 「행」이 없다면 계속 「재생」할 수 없습니다.

「행」은 일종의 행위·동력입니다. 행법行法중에 가장 중요한 것은 바로 「사思」로, 「행」과 「사」는 서로 같은 것입니다. 남전불교에서는 「명법名法」 안에는 수受·상想·행行·식識의 네 가지 온蘊이 있다고 생각합니다. 이것은 모두 행에 속합니다. 「행」은 자기 스스로 출현할 수 없고, 꼭 그것의 벗과 같이 출현합니다. 그 중 가장 중요한 친구는 바로 「수」와 「상」입니다. 만약 이들 친구가 없다면 행은 작용이 없습니다. 예를 들면 식은 왜 모든 경계를 요별了別할 수 있습니까? 주로 「행」이 있기 때문입니다. 「행」은 모든 행법을 가리키고, 행법 중에 가장 중요한 것은 「사」입니다.

행의 작용은 축적됩니다. 「행」이 있기 때문에 연기법은 계속될 수 있습니다. 만약 행이 없다면 무명이 없고, 무명이 없다면 갈애가 없으며, 갈애가 없다면 업이 없고, 업이 없다면 집법이 없습니다. 「행」은 어떻게 작용을 축적할까요? 우리들의 선심·불선심 혹은 부동심이 복행福行·비복행非福行·부동행不動行의 세 가지 행을 조작하면 축적의 작용이 있습니다.

업業은 일종의 힘입니다. 부처님께서 명업明業은 현재와 과거의 사思라고 말씀하셨습니다. 행위가 있어 업의 힘이 있고, 그것이 우리의 존재를 창조합니다. 「업」을 강조하는 것은 주로 존재의 힘을 설명함에 있습니다. 연기법에서 애愛는 취取에 연하고, 취는 유有에 연하며, 유는 생生에 연합니다. 여기서 「유」가 바로 「업」으로, 업의 결과가 바로 「생」입니다. 이 때문에 행에 대해 이야기할 때 특히 무명과 관계가 있고, 업은 곧 특히 취 · 유와 관계가 있습니다.

행의 중점은 「행위」에 있습니다. 그것이 윤회하는 식을 창조합니다. 그리고 행의 일어남은 무명에 의지합니다. 과거에 생명은 무명이 있었기 때문에 죽을 때 「행」이 있었고, 계속해서 「업」을 축적하였을 것입니다. 만약 이 시기 생명이 윤회하는 중에 애 · 취가 있다면 계속 업을 모을 것이고, 업은 바로 미래 생명의 연으로 변할 것입니다. 행은 윤회식이 왜 계속해서 굴러가는지 설명하고, 미래의 존재를 설명합니다. 미래의 존재는 현재의 업에 의지합니다. 그래서 과거에 생명에게 행이 있었다면 윤회식은 끊임없이 상속하였을 것입니다.

우리의 업종자를 모으는 힘이 누구에게 있을까요? 모두 다 행의 이면에 있습니다. 과거의 행이 우리를 이번 생의 명색까지 인도하였고, 미래의 다른 종자도 행 안에 있습니다. 만약 애 · 취의 영향이 있다면 우리들을 미래까지 인도할 것입니다.

「행」은 무명의 연이 있음으로 인해 복행 · 비복행 · 부동행의 세 가지 행을 창작하고, 열반의 소연을 이해하지 못함으로 말미암아 「업」을 축적합니다. 만약 이번 생에 끊임없이 애 · 취한다면 우리들은 계속 존재할 것입니다. 만약 업을 계속 모으지 못한다면 비로소 존재하지 않을 수 있습니다. 우리들의 마음에는 한량없는 업이 있습니다. 이들 업이 끊임없이 마음의 과정에 영향을 미칩니다. 만약 마음에 드는 소연을 볼 수 있다면 과거의 선업이 있기 때문입니다. 마음에 들지 않은 소연을 본다면 과거의 불선업이 있기 때문입니다.

만약 무명이 없다면 「행」을 창작하지 못하고, 「식」을 창조하지 못하며 해탈할 수 있습니다. 해탈하지 못한 것은 행 · 식이 있기 때문에 계속 윤회하는 것입니다. 만약 더 이상 번뇌를 계속 모으지 않는다면 업은 행의 존재를 계속 창작하는 힘이 없습니다. 이처럼 죽을 때 행위 및 우리들의 식을 모을 수 없고 그리하여 해탈할 수 있습니다. 부처님께서는 명업의 힘이 애 · 취에 의지함을 특히 설명하셨습니다. 만약 애 · 취에 의지하지 않는다면 업도 없고 생도 없습니다. 우리들이 죽을 때 만약 무명이 없어 「행위」를 계속하지 않으면 업은 힘이 없습니다. 그래서 행의 축적작용이 있어 업을 계속해서 모을 것이고, 결과적으로 우리들은 해탈할 수가 없습니다.

8.

질문 : 현관現觀이란 무엇입니까?

답변 : 현관現觀은 범어로 아비사마야(abhisamaya)로 보리로의 전향입니다. 개오의 과정을 표시하고, 해탈의 경계, 즉 열반으로의 전향을 의미합니다. 세간심으로는 열반을 볼 수 없고, 오직 출세간심이 있어야 볼 수 있습니다. 그래서 엄격히 말하면 현관은 견도를 가리킵니다. 이때 현관은 바로 우리들이 개오하는 소연, 즉 열반을 관함에 있습니다.

9.

질문 : 「먼지와 때를 멀리 여읜 법안」이 생기는 때 그 과위는 무엇입니까?

답변 : 「먼지와 때를 멀리 여읜 법안」이 출현하는 것은 해탈의 소연을 볼 수 있어서입니다. 이 무루지혜로써 결박이 있고 유루법이 있음을 알지만, 이미 「자아(我)」·「중생衆生」의 개념을 볼 수 없습니다. 만약 유루지혜를 사용하였다면 「무아無我·무중생無衆生」의 경계를 관할 수 없습니다.

「먼지와 때를 멀리 여읜 법안」이 실현될 때 이 과위는 이미 초과의 성인입니다. 해탈의 소연인 열반을 보았기 때문에 일체 집법이 모두 멸법임을 분명히 볼 수 있고, 집·멸 중에 「자아」·「중생」을 찾을 수 없습니다. 이 무루지혜 속에 단지 유루법이 있고 결박이 있음을 분명히 알지만, 「주인」의 개념을 볼 수 없습니다.

10.

질문 : 왜 「안나반나(安那般那 ; 들숨과 날숨)」의 알아차림이 고제입니까? 「안나반나」를 힘써 집중하는 것이 집제가 됩니까?

답변 : 이는 좋은 질문입니다. 이를 철저히 이해하여야 안나반나의 관을 닦을 수 있습니다. 호흡이 무엇입니까? 색色입니다! 색은 무상無常입니까, 상입니까? 무상입니다! 무상의 법은 고입니까, 락입니까? 고입니다! 그렇다면 안나반나는 무상입니까, 상입니까? 무상입니다! 그렇다면 그것은 고입니까, 락입니까? 그것은 고입니다! 만약 이러한 이치를 이해하지 못한다면 해탈을 실현할 수 없습니다. 그래서 여러분은 안나반나 수행에 집중해야

하고, 「안나반나」를 알아차리길 좋아해야 해탈을 실현할 수 있습니다. 그렇다면 「좋아함(愛)」이란 무엇입니까? 고의 인(苦因)입니다! 그래서「안나반나」를 힘써 집중하는 것은 집제입니다.

만약 「안나반나」에 힘써 집중할 수 있다면 끊임없이 정진하여 제4선禪을 실현할 수 있습니다. 제4선정에 이르면 호흡을 볼 수 없습니다. 사실 호흡은 여전히 존재하지만, 너무 미세하여 볼 수 없을 뿐입니다. 만약 나한과를 실현한다면 죽을 때 더 이상 호흡의 출현, 즉 색법의 존재가 없습니다. 만약 「색」이 있다면 기타 다른 법이 일어날 수 있습니다. 그래서 해탈을 실현하고 싶으면 가장 먼저 안나반나에 힘써 집중할 수 있어야 합니다. 무릇 해탈을 실현하여 아라한이 되면 안나반나에 집중할 필요가 없습니다. 이와 같다면 집제가 없습니다. 큰 아라한의 마음은 이미 수면隨眠이 없어 더 이상 안나반나의 집중수행으로 번뇌를 피할 필요가 없습니다. 비록 그가 여전히 호흡의 존재가 있을지라도 이미 물듦이 없습니다. 이 때문에 죽을 때 더 이상 호흡의 색법이 일어나지 않고 더 이상 발생하지 않습니다.

11.

질문: 「멸법이 멸한다」란 무슨 뜻입니까?

답변: 현관의 과정을 통해 무엇이 멸법인지 매우 또렷하게 볼 수 있습니다. 멸법을 분명히 이해할 수 있기 전에는 먼저 무엇이 무상의 핍박인지 이해해야 합니다. 만약 무상의 핍박을 이해하지 못한다면 무엇이 멸법인지 이해할 수 없습니다. 비록 생이 있고 사가 있을지라도 정말 멸법이 아닙니다. 『구사론』에서는 모든 오온五蘊·십이처十二處·명색名色·다른 심소心所·색법色法

이야말로 진정한 멸법이라고 말합니다. 그것들이 일어남은 인이 있고 연이 있는 것으로 연기법입니다. 연이 멸하면 그것들도 멸합니다. 그 밖에 그것들은 유루법이기 때문에 그것들은 애·취·무명·업·행의 과입니다. 만약 「먼지와 때를 멀리 여읜 법안」을 실현할 때 그것들의 연이 멸하고 그것들도 멸함을 알 수 있다면 이것이 바로 무위열반이고, 해탈의 경계입니다.

집법이 있음이 바로 「취」이고, 오취온입니다. 오취온은 생멸법으로 그것이 일어남에는 연이 있고 멸함에도 연이 있습니다. 만약 무루지혜가 있다면 단지 결박·유루법만이 있을 뿐이고, 오히려 계박된 사람은 없음을 알 것입니다. 비유한다면 욕을 듣고 좋지 않은 말을 들으면 해탈이 없을까 번뇌하지만, 청정 법안이 있는 사람은 결박·유루법이 있음을 알고, 곧 욕을 하는 사람의 목소리를 알지만 이 사람에게 화를 낼 수 없습니다. 이 때문에 그는 집법이 있고 멸법이 있음을 분명히 알지만, 「중생」·「자아」의 개념이 없습니다.

해탈경계를 분명히 알려면 청정 법안이 있어야 합니다. 왜 교진여는 일체법이 멸법인지 알았을까요? 왜냐하면 그는 무루지혜로써 유루법의 생멸을 알 수 있었기 때문입니다. 즉 지혜가 없는 사람은 어느 곳에서 일체 유루법이 일어나고 사라지는지 알지 못합니다.

무상의 핍박을 분명히 이해하려면 이것이 개념적인 찰나 생멸이 아니라 법이 찰나 찰나의 생멸임을 진정으로 보아야 합니다. 진정한 생멸을 볼 수 있어야 멀리 여읠 수 있습니다. 욕탐을 여의고 고를 여읠 수 있어야 구경 멸의 경계를 실현할 수 있습니다. 이것이 바로 청정 법안의 경계입니다. 유루지有漏智로는 구경 멸의 경계를 이해할 수 없습니다. 오직 무루지無漏智가 있어야 「모든 집법이 다 멸법이다」는 사실을 알 수 있고, 비로소 구경

멸의 경계를 실현할 수 있습니다. 그래서 또 번뇌의 때를 여읜 지(離垢智)라 부릅니다.

12.

질문 : 「안나반나」를 힘써 집중하는 것이 왜 도제가 아닌지 묻습니다.

답변 : 「안나반나」에 힘써 집중하는 것으로 해탈을 실현하지 못하기 때입니다. 그래서 계속 힘을 써야 합니다. 이 때문에 도제가 아니라 집제입니다. 「안나반나」는 고제이자 집제입니다. 고는 집의 「과」이고, 집은 고의 「인」으로 고제와 집제 이 두 가지 제諦는 같이 출현합니다. 그래서 「안나반나」를 관하는 것은 곧 고제를 관하는 것이자 집제를 관하는 것입니다. 여러분들은 가행加行정진을 해야 하고 자기 자신이 「안나반나」를 실현하도록 힘을 써야 하고 강요해야 합니다.

「안나반나」에 집중하는 것은 여법하지만 여전히 갈애 · 욕탐에 속해 있습니다. 불법에는 법욕法欲과 욕욕欲欲 두 가지 욕탐이 있습니다. 수행 중에 법욕으로 욕욕을 제거해야 하지만, 법욕도 일종의 번뇌입니다. 부처님께서 아직 해탈하시기 전에 여전히 법욕으로 무리하게 힘써 수행해야 했습니다. 그렇지만 해탈을 실현하였을 때 부처님께서는 그 자신이 이미 법이 되었기 때문에 더 이상 법욕이 없었습니다. 그래서 만약 우리들이 여전히 법으로 변하지 않는다면 자기 자신이 법이 되도록 해야 합니다. 법이 될 때 법욕으로 억지로 수행할 필요가 없습니다.

현재 자기 자신이 억지로 힘써 수행하는 것은 고제를 분명히 이해하기 위함입니다. 부처님께서는 고제를 분명히 이해할 수 있으면 집제 · 멸제 · 도제를 이해할 수 있다고 하셨습니다. 이것은 바로 지혜입니다. 사성제는 다 같이 출현할 것입니다. 남전불교에서는 하나의 성제를 철저히 이해할 수 있으면 다른 성제도 분명히 이해할 수 있다고 말합니다. 이 때문에 해탈하기 전에는 「안나반나」에 힘써 집중하는 법욕이 우리들 수행의 기초가 됩니다. 그렇지만 그것은 아직도 고제 속에 있습니다. 그래서 집제 중에도 있습니다.

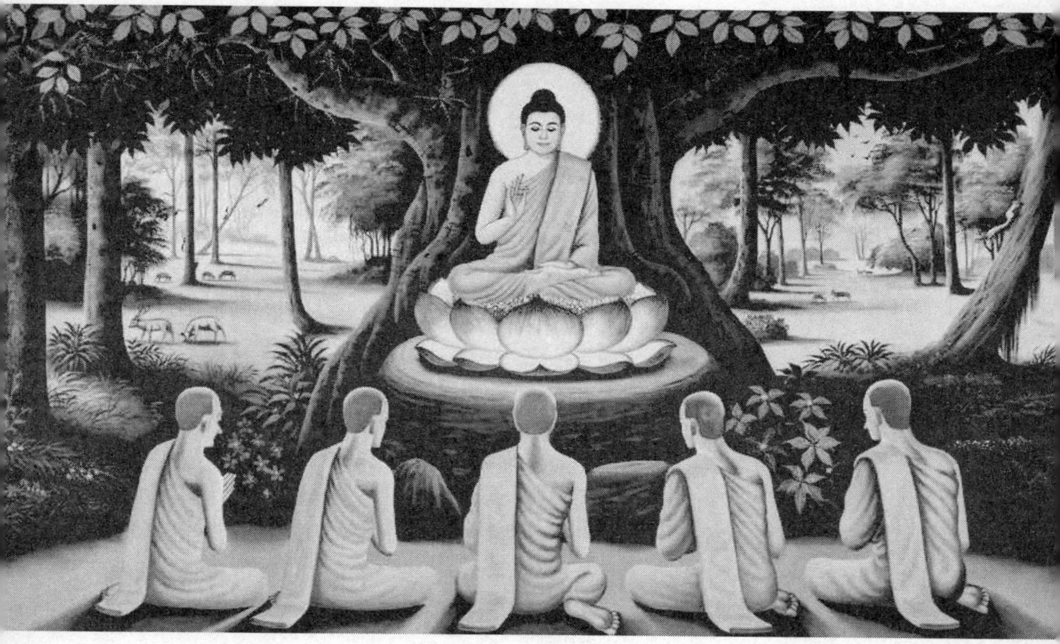

부록 1

『전법륜경轉法輪經』 개요171)

부처님께서 무상정등각을 깨달은 후 설한 제1차 법문

「전법륜(轉法輪)」에 관하여 광의로 말하면 석존 일생 중 모든 설법을 가리키지만, 『전법륜경轉法輪經』으로 불리는 경전은 부처님의 제1차 법문을 기록한 것만을 오로지 가리키고, 또 다섯 비구에 대해 최초로 설법한 경전을 말합니다. 불교도에게 이 최초의 설법은 가장 기념할만한 중요한 사건 중의 하나입니다. 부처님께서 처음으로 법륜을 굴리신 『전법륜경轉法輪經』에 대해서 현재 알려져 있는 것은 20여 종에 달하고, 이는 불교 모든 경전 중 가장 넓게 유통된 경전입니다.

『전법륜경』은 매우 계통이 있는 경전이고, 그 형식은 단행본으로 유통하거나 또는 집록輯錄 가운데 수록되어 있습니다. 전법륜경의 내용에 관해서는 모든 유통본은 폭이 넓고 좁아 다르나, 대략 「중도형中道型」과 「사제형四諦型」의 두 가지로 구분하여 크게 분류할 수 있습니다. 「중도형」은 다섯 비구에게

---

171) 이것은 석장자釋長慈 스님이 미즈노 고오겐(水野弘元)의 〈『轉法輪經』에 관하여〉에서 발췌한 것으로 1996년도 출판한 《불교문헌연구佛教文獻研究 : 미즈노 고오겐水野弘元 저작선집 (一) 》, 동경, 춘추사春秋社 , 페이지 243~273에 수록된 것이다. 별도로 이 책은 허양주許洋主 여사가 번역한 중역본, 페이지293~332 참조。2003년 법고문화法鼓文化 출판 참조。

욕락과 고행의 양변(二邊)을 여의는 중도 및 사성제의 3전 12행상三轉 十二行相 등의 내용을 포함하고 있습니다. 「사제형」은 단지 사성제 3전 12행의 내용만 있고 중도설을 포함하고 있지 않습니다.

그렇지만 『율장律藏』에서는 부처님의 전기를 서술하는 부분과 불전佛傳 등의 기록 중에 중도와 사제를 설법한 후에 약간의 시일이 경과하고 부처님께서는 오온五蘊 · 무아無我 등의 가르침(教導)을 설법하셨습니다. 이로부터 다섯 비구 모두 아라한과阿羅漢果를 증득하였습니다. 광의로 말하면 『전법륜경』의 내용은 곧 1) 중도설 2) 사제설 3) 오온 · 무아설 등 세 가지 부분을 포함합니다.

광의의 『전법륜경』은 모두 23종이고, 만약 그 속한 문헌의 종류에 의지해 구분하면 아래와 같습니다.

A. 『아함경阿含經』 내에 포함되어 있는 『전법륜경』 3종

이 중에는 1. 빨리어 『상응부相應部』, 2. 한역 『잡아함경雜阿含經』, 3. 한역 『증일아함경增一阿含經』 중에 수록되어 있는 3종의 『전법륜경』이 있다.

1. 빨리어 『상응부』 S.56, 11. Tathgātena vuttā, 1상윳따, v, pp.420~424; 남전南傳 3 , 페이지8~22.

2. 『잡아함경』 권15(379경)(대정大正2 , 103c이하)

3. 『증일아함경』 권14(대정2 , 618c이하)

B. 단행본으로 유통되는 『전법륜경』 5종

이 분류의 경전은 한역에 2종, 범문에 1종, 티베트 역에 2종이 있다.

1. 『전법륜경』, 안세고安世高 역(대정2, 503b이하)

2. 『삼전법륜경三轉法輪經』 의정義淨 역(대정2, 504a이하)

3. 범문 Dharmacakrapravartana-Sūtra (by Léon Feer, Paris, 15 Quai Voltaire, 1870)

4. 티베트어 역 Chos-kyi-Hkhor-lo rab-tu bskor-baHi mdo (Dharmacakrapravartana-Sūtra) (동북 31 = 북경판 447)

5. 티베트어 역 Chos-kyi Hkhor-loHi mdo (Dharmacakra- Sūtra) (동북 337 = 북경판1003)

C. 『율장』 내에 포함되어 있는 『전법륜경』 6종

이것에는 1. 『빨리율巴利律』, 2. 『오분율五分律』, 3. 『사분율四分律』, 4. 『십송율十誦律』, 5. 『근본설일체유부비나야잡사根本說一切有部毘奈耶雜事』, 6. 『근본일체유부비나야파승사根本說一切有部毘奈耶破僧事』 중의 『전법륜경』이 보인다.

1. 『빨리율』 〈대품大品〉(Vinaya, I, pp.10~14; 『남전南傳』3 . 항18~26)

2. 『오본율』 권15(대정22 , 104b~105a)

3. 『사분율』 권32(대정22 , 788a~789b)

4. 『십송율』 권60(대정23 , 448b~449a)

5. 『근본설일체유부비나야잡사』권19(대정24 , 292a~c)

6. 『근본일체유부비나야파승사根本說一切有部毘奈耶破僧事』 권6(대정24 , 127b~128c)

D. 불전 문학 중에 수록되어 있는 『전법륜경』 6종

불교 제부파의 불전佛傳 문학은 『율장』 내의 불전으로부터 독립되어 진일보 발전한 것이다. 『전법륜경』이 게재된 불전은 아래와 같이 6종이 있다.

1. 범문 Mahāvastu (ed. É. Senart), iii, pp. 331~340. (영역SBB. XIX, pp.322~335)

2. 범문Lalitavistara(ed. Lefmann), pp. 416~418. 한역 『방광대장엄경方廣大莊嚴經』의 『전법륜경』 이것과 같다.

3. 『불본행집경佛本行集經』 권34(대정3 , 811a~813c)

4. 『방광대장엄경』권 11(대정3 , 607b~608b)

5. 『과거현재인과경過去現在因果經』 권3(대정3 , 644b~645c)

6. 『중허마하제경衆許摩訶帝經』 권7(대정3 , 954a~b)

E. 기타 문헌 속에 인용되어 있는 『전법륜경』 3종

1. 『무애해도無礙解道』 paṭisambhidāmagga(vol. ii, pp. 147~150 ; 『남전』41 , 페이지74~78)

2. 『법온족론法蘊足論』 권6(大正26 , 479b 이하)

3. 야쇼미트라(稱友)의 범문 『구사석俱舍釋』 Yaśomitra, Abhidharmakośa-vyākhyā(ed. Wogihara)

부록 2

『전법륜경轉法輪經』 역본 경문

A. 아함경 전법륜경

전법륜품 제2, 여래의 설법 제1[172)]

Dhammacakkapavattaana-Vagga Dutiya

Tathgātena vuttā

第二 轉法輪品, 第一 如來所說 1

Ⅰ. 서분(序分)[173)]

1. 전체적인 연(通緣)

이와 같이 나는 들었다. 한때에 세존께서 바라나국 부근의 선인이 내려와 머무는 곳에 있는 녹야원에 머물러 계셨다.

Ekaṃ samayaṃ Bhagavā Bārāṇasiyaṃ viharati Isipatane Migadāye.

(如是我聞.) 一時，世尊住波羅捺國仙人墮處鹿野園.

2. 개별적인 연(別緣)

---

172) 팔리어 본은 P.T.S. 판본(제6결집 광설판光碟版), 한역본은 CBETA 한역대장경 남전 제18책 No.0006 제56권 상응부경전相應部經典 제56.

173) 과판은 석성은(釋性恩 ; Dhammajīvī) 스님, 『니까야 선독(尼柯耶選讀)』

2-1 부처님의 반성 : 출가인은 두 극단을 해서는 안됨

이곳에서 세존께서는 다섯 비구에게 말씀하시길, "비구들이여! 출가자는 양변을 가까이 하지 말아야 하니라.

Tatra kho Bhagavā pañcavaggiye bhikkhū āmantesi: "Dveme, bhikkhave, antā pabbajitena na sevitabbā.

於此處，世尊言五比丘曰：「諸比丘！出家者不可親近於二邊.

2-2 두 극단을 질문함

무엇이 양변인가?"

Katame dve?

以何爲二邊耶?

2-3 풀이함

1) 극단 1 : 제1단계 (황궁생활)

모든 욕망에 대해 애욕에 탐착을 일삼는 것은 하열하고, 비천하며, 범부의 소행이고, 성현의 길이 아니며, 의에 상응함이 없느니라.

Yo cayāṃ kāmesu kāmasu khallikānuyogo, hīno gammo pothujjaniko anariyo anatthasaṃhito.

(一) 於諸欲以愛欲貪著爲事者，乃下劣・卑賤・凡夫之所行、非聖賢，乃無義相應.

2) 극단 2 : 제2단계 (6년 고행)

자신에 대해 쓸데없는 번뇌로 고행을 일삼는 것은 괴로운 것이고, 성현의 길이 아니며, 의에 상응함이 없느니라

yo cāyaṃ attakilamathānuyogo, dukkho anariyo anatthasaṃhito.

(二) 以自之煩苦爲事者，爲苦，非聖賢，乃無義相應.

2-4 중도행을 채택함 : 제 3단계 (중도수행)

비구들이여! 여래는 이 양변을 버리고 중도로써 현등각하였나니, 이는 법안을 생기게 하고, 지혜를 생기게 하여, 적정· 증지·등각·열반에 이르도록 돕느니라.

Ete kho, bhikkhave, ubho ante anupagamma majjhimā paṭipadā tathāgatena abhisambuddhā cakkhukaraṇī ñāṇakaraṇī upasamāya abhiññāya sambodhāya nibbānāya saṃvattati.

諸比丘！如來捨此二邊，以中道現等覺. 此爲資於眼生 · 智生 · 寂靜 · 證智 · 等覺 · 涅槃.

Ⅱ. 정종분正宗分

3. 중도中道 수석隨釋 :팔지성도八支聖道

3-1 질문 : 중도

비구들이여! 어떻게 여래께서 중도에 현등각하여 법안을 생기게

하고, 지혜가 생기게 하여, 적정 · 증지 · 등각 · 열반에 이르도록 도울 수 있는가?

Katamā ca sā, bhikkhave, majjhimā paṭipadā tathāgatena abhisambuddhā cakkhukaraṇī ñāṇakaraṇī upasamāya abhiññāya sambodhāya nibbānāya saṃvattati?

諸比丘! 云何乃能如來於中道現等覺 , 資於眼生 · 智生 · 寂靜 · 證智 · 等覺 · 涅槃耶?

3-2 풀이함

팔지성도이니, 이른바 바른 견해 · 바른 사유 · 바른 말 · 바른 행위 · 바른 살림 · 바른 정진 · 바른 알아차림 · 바른 삼매이니라.

Ayameva ariyo aṭṭhaṅgiko maggo, seyyathīdaṃ : sammādiṭṭhi sammāsaṅkappo sammāvācā sammā- kammanto sammāājīvo sammāvāyāmo sammāsati sam- māsamādhi.

乃八支聖道是. 謂 : 正見 · 正思惟 · 正語 · 正業 · 正命 · 正精進 · 正念 · 正定是.

3-3 결론

비구들이여! 이것이 여래께서 현등각한 중도로 이것이 법안을 생기게 하고, 지혜가 생기게 하여, 적정 · 증지 · 등각 · 열반에 이르도록 도울 수 있는가?

Ayaṃ kho sā, bhikkhave, majjhimā paṭipadā Tathāgatena

abhisambuddhā cakkhukaraṇī ñāṇakaraṇī upasamāya abhiññāya sambodhāya nibbānāya saṃvattati.

諸比丘！此乃如來所現等覺之中道，此乃資於眼生・智生・寂靜・證智・等覺・涅槃.

4. 사성제 해석

4-1 고성제 : 고의 자성 – 팔고八苦

비구들이여! 「고성제」란 곧 이것이니, 이른바 태어나는 괴로움·늙는 괴로움·병드는 괴로움·죽는 괴로움·근심하고 비탄하며 고뇌하고 번민하는 괴로움·원망하고 미워하는 사람을 만나야 하는 괴로움·사랑하는 사람과 이별해야 하는 괴로움·구하는 것을 얻지 못하는 괴로움이다. 간략히 말하면 오취온의 괴로움이다.

Idaṃ kho pana, bhikkhave, dukkhaṃ ariyasaccaṃ : Jātipi dukkhā, jarāpi dukkhā, byādhipi dukkho, maraṇampi dukkhaṃ, appiyehi sampayogo dukkho, piyehi vippayogo dukkho, yampicchaṃ na labhati tampi dukkhaṃ saṃkhittena pañcupādānakkhandhā dukkhā.

諸比丘! 苦聖諦者，卽是此，謂：生苦・老苦・病苦・死苦・愁悲憂惱苦・遇怨憎者苦・與所愛者別離苦・所求不得苦，略說爲五取蘊苦.

4-2 고의 집성제

비구들이여! 「고의 집성제」란 즉 이것이니, 이른바 후세의 몸을 일으키고, 기쁨과 탐욕을 함께 행하며 이르는 곳마다 즐거워하는

갈애이다. 이른바 욕망에 대한 갈애·존재하려는 갈애·존재하지 않으려는 갈애이다.

Idaṃ kho pana, bhikkhave, dukkha-samudayam ariyasaccam : Yāyaṃ taṇhā ponobbhavikā nandī rāga- sahagatā tatra tatrābhinandinī, seyyathīdam : Kāmataṇhā, bhavataṇhā, vibhavataṇhā.

諸比丘！苦集聖諦者，即是此，謂：後有起・喜貪俱行・隨處歡喜之渴愛，謂：欲愛・有愛・無有愛是.

4-3 고의 멸성제 : 환멸還滅의 인因

비구들이여! 「고의 멸성제」란 즉 이것이니, 이른바 이러한 갈애를 남김 없이, 여의고 멸하며, 버리고 포기하며, 해탈하고 집착하지 않음이다.

Idaṃ kho pana, bhikkhave, dukkhanirodhaṃ ariyasaccam: Yo tassāyeva taṇhāya asesa-virāganirodho cāgo patinissaggo mutti anālayo.

諸比丘！苦滅聖諦者，即是此，謂：於此渴愛無餘・離滅・棄捨・定棄・解脫而無執著.

4-4 고멸의 도성제 : 내세에 유전하지 않는 인(當來不流轉因)

비구들이여! 「고멸의 도성제」란 즉 이것이니, 이른바 팔정도로, 바른 견해… 내지… 바른 선정이라 하니라.

Idaṃ kho pana, bhikkhave, dukkha-nirodha-gāminī paṭipadā ariyasaccaṃ : Ayameva ariyo aṭṭhaṅgiko maggo, seyyathīdaṃ sammādiṭṭhi … pe … sammāsamādhi.

諸比丘！順苦滅道聖諦者，卽是此，所謂八支聖道是. 謂：正見…乃至…正定是.

5. 사성제를 세 번 굴림 : 3전 12행상三轉十二行相

5-1 고성제를 세 번 굴림

1) 진리의 지혜(諦智) → 모습을 보여줌(示相) / 진리를 앎 (sacca ñāṇaṁ)

비구들이여! 이것이 고성제이다. 전에는 들어본 적이 없는 법에 관해서 나에게 법안이 생겨났고, 지혜가 생겨났고, 통찰지가 생겨났고, 명이 생겨났고, 광명이 생겨났다.

Idaṃ dukkhaṃ ariyasaccaṇ'ti me, bhikkhave, pubbe aṇaṇussutesu dhammesu cakkhuṃ udapādi, ñāṇaṃ udapādi, pāññā udapādi, vījjā udapādi, āloko ūdāpādi

諸比丘! 苦聖諦者，卽是此，於先前未聞之法，我眼生・智生・慧生・明生・光明生.

2) 실행의 지혜(作智) → 수행을 권함(勸修) / 실행해야함을 앎(kicca ñāṇaṁ)

비구들이여! 이 고성제에 관해서 두루 알아야 하기에, 전에는… 내지… 생겨났다.

Taṃ kho panidaṃ dukkhaṃ ariyasaccaṃ pariññeyyan'ti me, bhikkhave, pubbe … pe … udapādi.

諸比丘! 應對此苦聖諦偏知, 於前…乃至…生.

3) 이미 실행했음의 지혜(已作智) → 증명함(作證) / 이미 실행했음을 앎(kata ñāṇaṁ)

비구들이여! 이 고성제에 관해서 이미 두루 알았기에, 전에는 들어본 적이 없는 법에 관해서 나에게 법안이 생겨났고, 지혜가 생겨났고, 통찰지가 생겨났고, 명이 생겨났고, 광명이 생겨났다.

Taṃ kho paṇidaṃ dukkhaṃ ariyasaccaṃ pariññātan'ti me bhikkhave, pubbe ananussutesu dhammesu cakkhuṃ udapādi ñāṇaṃ udapādi, paññā udapādi, vijjā udapādi, āloko udapādi.

諸比丘！應對此苦聖諦已徧知，於先前未聞之法，我眼生，智生・慧生・明生・光明生.

5.2 집성제를 세 번 굴림

1) 진리의 지혜 → 모습을 보여줌 / 진리를 앎

비구들이여! 이것이 고의 집성제이다. 전에는 들어본 적이 없는 법에 관해서 나에게 법안이 생겨났고, 지혜가 생겨났고, 통찰지가 생겨났고, 명이 생겨났고, 광명이 생겨났다.

Idaṃ dukkha-samudayaṃ arīyasaccaṇ ti me, bhikkhāve, pubbe aṇaṇussutesu dhammesu cakkhum udapādi, ñāṇam udapādi, paññā udapādi, vijjā udapādi, āloko udapādi.

諸比丘!苦集聖諦者，即是此，於先前未聞之法，我眼生・智生・慧生・明生・光明生.

2) 실행의 지혜 → 수행을 권함 / 실행해야 함을 앎

비구들이여! 이 고의 집성제에 관해서 두루 끊어야 하기에 전에… 내지… 생겨났다.

Taṃ kho panidaṃ dukkha-samudayam ariasaccaaṃ pahātabbaṇ'ti me, bhikkhave, pubbe…pe…udapādi.

諸比丘! 對此苦集聖諦應斷，偏知, 於前…乃至…生.

3) 이미 실행했음의 지혜 → 증명함 / 이미 실행했음을 앎

비구들이여! 이 고의 집성제에 관해서 이미 끊었기에, 전에는 들어본 적이 없는 법에 관해서 나에게 법안이 생겨났고, 지혜가 생겨났고, 통찰지가 생겨났고, 명이 생겨났고, 광명이 생겨났다.

Taṃ kho panidaṃ dukkha-samudayam ariasaccaṃ pahīṇaṇ ti me, bhikkhave, pubbe aṇaṇussutesu dhammesu cakkhuṃ udapādi, ñāṇaṃ udapādi, paññā udapādi, vijjā udapādi, āloko udapādi.

諸比丘! 對此苦集聖諦已斷，於先前未聞之法，我眼生・智生・慧生・明生・光明生.

5.3 멸성제의 세 번 굴림

1) 진리의 지혜 → 모습을 보여줌 / 진리를 앎

비구들이여! 이것이 고의 멸성제이다. 전에는 들어본 적이 없는 법에 관해서 나에게 법안이 생겨났고, 지혜가 생겨났고, 통찰지가 생겨났고, 명이 생겨났고, 광명이 생겨났다.

Idaṃ dukkhāṇirodhaṃ ariyasaccaān ti me, bhikkhave, pubbe ananussutesu dhammesu cakkhuṃ udapādi, ñāṇaṃ udapādi, paññā udapādi, vījjā udapādi āloko udapādi.

諸比丘！苦滅聖諦者，卽是此，於先前未聞之法，我眼生·智生·慧生·明生·光明生.

2) 실행의 지혜 → 수행을 권함 / 실행해야 함을 앎

비구들이여! 이 고의 멸성제에 관해서 지금 증득해야 하고, 전에는… 내지… 생겨났다.

Taṃ kho paṇidaṃ dukkhāṇīrodhāṃ ariyassccsṃ sacchikātabban ti me bhikkhave pubbe … pe … udapādi.

諸比丘！對此苦滅聖諦應現證, 於前…乃至…生.

3) 이미 실행했음의 지혜 → 증명함 / 이미 실행했음을 앎

비구들이여! 이 고의 멸성제에 관해서 이미 증득하였기에, 전에는 들어본 적이 없는 법에 관해서 나에게 법안이 생겨났고, 지혜가 생겨났고, 통찰지가 생겨났고, 명이 생겨났고, 광명이 생겨났다.

Taṃ kho panidaṃ dukkhanirodhaṃ ariyasaāccaṃ sacchikataṇ ti me, bhikkhave, pubbe aṇaṇussutesu dhammesu cakkhuṃ udapādi, ñāṇaṃ udapādi, paññā udapādi, vijjā udapādi, āloko udapādi.

諸比丘！對此苦滅聖諦已現證，於先前未聞之法，我眼生・智生・慧生・明生・光明生.

5.4 도성제를 세 번 굴림

1) 진리의 지혜 → 모습을 보여줌 / 진리를 앎

비구들이여! 이것이 고멸의 도성제이다. 전에는 들어본 적이 없는 법에 관해서 나에게 법안이 생겨났고, 지혜가 생겨났고, 통찰지가 생겨났고, 명이 생겨났고, 광명이 생겨났다.

Idaṃ dukkha-ṇirodha-gaminī paṭipadā ariyasaccaṇ'ti me, bhikkhave, pubbe ananussutesu dhammesu cakkhum udapādi ñāṇam udapādi, paññā udapādi, vījjā udapādi, āloko udapādi.

諸比丘！順苦滅道聖諦者，卽是此，於先前未聞之法，我眼生・智生・慧生・明生・光明生.

2) 실행의 지혜 → 수행을 권함 / 실행해야 함을 앎

비구들이여! 이 고멸의 도성제에 관해서 수습하여야 하기에 전에… 내지… 생겨났다.

Taṃ kho panidaṃ dukkha-nirodha-gāminī paṭipadā ariyasaccam bhāvetabbāṇ ti me, bhikkhave, pubbe … pe … udapādi.

諸比丘！對此順苦滅道聖諦應修習，於前…乃至…生.

3) 이미 실행했음의 지혜 → 증득함 / 이미 실행했음을 앎

비구들이여! 이 고멸의 도성제에 관해서 이미 수습하였기에, 전에는 들어본 적이 없는 법에 관해서 나에게 법안이 생겨났고, 지혜가 생겨났고, 통찰지가 생겨났고, 명이 생겨났고, 광명이 생겨났다.

Taṃ kho panidaṃ dukkha-nirodha-gāminī paṭipadā ariyasaccam bhāvitan ti me, bhikkhave, pubbe ananussutesu dhammesu cakkhum udapādi ñāṇaṃ udapādi, paññā udapādi, vijjā udapādi, āloko udapādi.

諸比丘！對此順苦滅道聖諦應已修習，於先前未聞之法我眼生・智生・慧生・明生・光明生.

6. 부처님께서 심성을 드러내다.

6-1 아직 증득하기 전이라 말하지 못함

비구들이여! 나는 사성제에 대해 이와 같이 3전 12행상의 여실지견으로 아직 모두 다 청정에 도달하지 못했을 때, 비구들이여! 나는 천신·마라·범천·사문·바라문·인·천 중생 가운데 무상정등각을 현등각하였다고 말하지 못했을 것이다.

Yāvakīvañca me, bhikkhave, imesu catūsu ariyasaccesu evaṃ tiparivaṭṭaṃ dvādasākāraṃ yathābhūtaṃ ñāṇadassanaṃ na suvisuddhaṃ ahosi, neva tāvāhaṃ, bhikkhave, sadevake loke samārake sabrahmake sassamaṇabrāhmaṇiyā pajāya sadevamanussāya anutta- raṃ sammāsambodhiṃ abhisamuddhoti paccaññāsiṃ.

諸比丘！我於四聖諦以如是三轉十二行相之如實智見尚未達悉皆清淨時，諸比丘！我於天・魔・梵世・沙門・婆羅門・人、・天衆生中，不被稱之爲無上正等覺之現等覺。

6-2 이미 증득했기에 비로소 말함

비구들이여! 그리고 이와 같이 3전 12행상으로 이 사성제를 여실지견하여 이미 모두 다 청정에 도달했기 때문에 나는 천신·마라·범천·사문·바라문·인·천 중생 가운데 무상정등각을 현등각하였다고 말했다.

Yato ca kho me, bhikkhave, imesu catūsu ariyasaccesu evaṃ tiparivaṭṭaṃ dvādasākāraṃ yathābhūtaṃ ñāṇadassanaṃ suvisuddhaṃ ahosi, athāhaṃ, bhikkhave, sadevake loke samārake sabrahmake sassamaṇa- brāhmaṇiyā pajāya sadevamanussāya anuttaraṃ sammāsambodhiṃ abhisambuddho ti paccaññāsiṃ.

諸比丘！然而我於此四聖諦，如是三轉十二行相之如實智見已達悉皆清淨故，諸比丘！我於天・魔・梵世・沙門・婆羅門・人・天衆生中，稱之爲無上正等覺之現等覺。

6-3 결론 : 스스로 증득함 (해탈지견解脫知見)

또 나는 '심해탈이 확고부동하여, 이것이 나의 최후 생이며, 후세의

유를 받지 않을 것이다.'라는 지와 견이 일어났다.

Ñāṇañca pana me dassanaṃ udapādi Akuppā me vimutti, ayamantimā jāti, natthidāni punabbhavo ti.

又，我智生與見，我心解脫不動，此爲我最後之生，再不受後有.」

Ⅲ. 유통분流通分

7-1 유통을 찬탄하여 맺음

세존께서는 이와 같이 말씀해 보이셨다. 다섯 비구들은 기뻐하며 세존께서 하신 말씀을 믿고 받아들였다.

Idam avoca Bhagavā. Attamanā pañcavaggiyā bhikkhū Bhagavato bhāsitam abhinandunti.

世尊如是說示已. 五比丘歡喜・信受於世尊之所說.

7-2 교진여가 처음 도심을 증득함

또한 저 가르침을 말씀해보이실 때, 구수 교진여는 먼지와 때를 멀리 여읜 법안이 생겨서, 집법이 있는 것은 모두 다 저 멸법이 있음을 깨달았다.

Imasmiñca pana veyyākaraṇasmiṃ bhaññamāne āyasmato Koṇḍaññassa virajaṃ vītamalaṃ dhamma- cakkhuṃ udapādi : Yaṃ kiñci samudaya dhammaṃ sabbaṃ taṃ nirodhadhamman ti.

又說示此教時，具壽憍陳如生遠塵離垢之法眼：「有集法者，悉皆有此滅法.」

7-3 천인들이 찬탄함

1) 땅에 사는 천인들이 한 목소리로 말함

세존께서 이와 같이 법륜을 굴리셨을 때 땅에 사는 천인들이 한 목소리로 말했다. "세존께서 이와 같이 바라나국, 선인이 내려와 머무는 곳(이씨빠따나)**, 녹야원에서 위없는 법륜을 굴리시니, 사문·바라문·천인·마라·범천 혹은 세간의 그 누구도 모두 다 가릴 수가 없었다."**

Pavattite ca pana Bhagavatā dhammacakke Bhummā devā saddam anussāvesuṃ : Etam Bhagavatā Bārānasiyam Isipatane Migadāye anuttaraṃ dhammacakkaṃ pavattitaṃ appativattiyaṃ samanena vā brāhmaṇena vā devena vā Mārena vā Brahmunā vā kenaci vā lokasmin ti.

世尊轉如是法輪時，地居之諸天發聲言曰:「世尊如是於波羅捺國仙人墮處鹿野苑，轉無上之法輪，沙門·婆羅門·天·魔·梵或世間之任何者，皆不能覆.」

2) 사대천왕이 한 목소리로 말함

땅에 사는 천인들의 음성을 듣고 사대천왕 천인들도 한 목소리로 말했다. "세존께서 이와 같이 바라나국, 선인이 내려와 머무는 곳, 녹야원에서 위없는 법륜을 굴리시니, 사문·바라문·천인·마라·범천 혹은 세간의 그 누구도 모두 다 가릴 수가 없었다."

Bhummānaṃ devānaṃ saddaṃ sutvā Cātummahārājikā devā

saddam anussāvesuṃ : Etam Bhagavatā Bārāṇasiyam Isipatane Migadāye anuttaraṃ dhammacakkam pavattitam appativattiyaṃ samaṇena vā brāhmaṇena vā devena vā Mārena vā Brahmuṇā vā kenaci vā lokasmin ti.

聞得地居諸天之聲之四大天王諸天，發聲言曰：「世尊如是於波羅捺國仙人墮處鹿野苑，轉無上之法輪，沙門・婆羅門・天・魔・梵・或世間之任何者，皆不能覆。」

3) 33천… 범천 온갖 천인들이 한 목소리로 말함

사대천왕 천인들의 목소리를 듣고 도리천의 천인들… 염마천의 천인들… 도솔천의 천인들… 화락천의 천인들… 타화자재천의 천인들… 범천의 천인들이 한 목소리로 말했다.

"세존께서 이와 같이 바라나국, 선인이 내려와 머무는 곳, 녹야원에서 위없는 법륜을 굴리시니, 사문・바라문・천인・마라・범천 혹은 세간의 그 누구도 가릴 수가 없었다."

Cātummahārājikānaṃ devānaṃ saddaṃ sutvā Tāvatiṃsā devā…pe…Yāmā devā…pe…Tusitā devā…pe…Nimmānaratī devā…pe…Paranimmittavasavattī devā…pe…Brahmakāyikā devā saddam anussāvesuṃ : Etam Bhagavatā Bārānasiyaṃ Isipatane Migadāye anuttaraṃ dhammacakkaṃ pavattitaṃ appativattiyaṃ samaṇena vā brāhmaṇena vā devena vā Mārena vā Brahmunā vā kenaci vā lokasmin ti.

聞得四大天王諸天聲之忉利諸天……焰摩諸天……兜率諸天……化樂諸天……他化自在諸天……梵身諸天發聲言曰：「世尊如是於波羅捺國仙人墮處鹿野苑，轉無上之法輪，沙門·婆羅門·天·魔·梵·或世間任何者，皆不能覆.」

4) 소리가 범천계에 퍼져나감

이와 같이 그 찰나, 그 짧은 시간, 그 잠깐 사이에 범천 세상에까지 그 소리가 퍼져나갔다.

Itiha tena khanena tena layena tena muhuttena yāva Brahmalokā saddo abbhuggacchi.

如是於其刹那，其頃刻，其須臾之間，乃至止於梵世之聲已達.

5) 일만 세계가 크게 진동하고 광채가 세간에 나타남

또 일만 세계가 솟구쳐 진동하였고, 무량 광대한 광명이 세간에 나타나니, 천인들의 위신력을 뛰어넘었다.

Ayañca dasasahassī lokadhātu saṅkampi sampakampi sampavedhi, appamāno ca ulāro obhāso loke pātur ahosi atikkamma devānaṃ devānubhāvan ti.

又，此十千世界涌震動，示現於無量廣大光明之世間，超越諸天之天威力.

7-4 결론 → 아약교진여라 명명한 유래

1) 세존께서 교진여를 찬탄하심

이때 세존께서 칭찬하여 말씀하셨습니다. "교진여는 개오했다. 교진여는 개오했다!"

Atha kho Bhagavā imaṃ udānam udānesi : Aññāsi vata bho, Koṇḍañño aññasi vata bho Koṇḍañño ti.

時，世尊稱讚而曰：「憍陳如悟矣，憍陳如悟矣！」

2) 아약교진여는 이로부터 이름을 얻음

이로부터 곧 구수 교진여를 아야 교진여라고 불렀다.

Iti hidam āyasmato Kondaññassa "AññasiKoṇdañño" tveva nāmam ahosīti.

自此卽名具壽憍陳如，稱爲阿若憍陳如.

B. 단행본 전법륜경

불설전법륜경[174)]

The Dharma Wheel Sūtra

佛說三轉法輪經

이와 같이 나는 들었다. 한때 불·세존께서 바라니사, 선인이 내려와 머무는 곳, 사슴 숲에 머물러 계셨다. 그곳에서 세존께서는 다섯 명의 비구에게 가르침을 베풀고 계셨다.

Thus have I heard these words: At one time the Buddha, the Sublime Master, was residing in the Deer Grove of Sagely Exposition in Vārāṇasī, and it was from there that the Sublime Master bestowed teaching upon the the five-fold group of spiritual mendicants:

如是我聞. 一時薄伽梵在婆羅痆斯仙人墮處施鹿林中. 爾時世尊告五苾芻曰.

제1단계 사성제를 보임의 굴림(示轉)

그대 비구들이여, "이것이 괴로움의 거룩한 진리이다."라는 예전에 들어보지 못한 법에 대해 이치대로 사유하며[175)] **비전을 일으켜서**

---

174) 영역본은 법륜경 티베트어 Colophon'판본을 Erick Tsiknopoulos (2013)이 번역한 것이고 한역본은 삼장법사三藏法師 의정義淨이 번역한 것임.

175) 여리작의(如理作意, yoniso manasikāra) ; 진리처럼 생각되는 것이나, 정법(正法)을 듣고 거기에 통달하도록 발의(發意) 하는 것을 뜻한다. 정리(正理)에 맞는 동기, 선한 동기를 말한다. 진리의 세계에서 나온 가르침을 듣고, 그 내용을 지식 수단에

이해, 알아차림, 앎, 깨달음이 생겼다.

"Seekers of virtue, I gave rise to vision concerning things I had not heard before, as I progressively contemplated, "The noble truth of suffering is this itself." Understanding, awareness, knowledge, and realization arose."

汝等苾芻, 此苦聖諦於所聞法如理作意. 能生眼智明覺.

그대 비구들이여, "이것이 괴로움의 일어남이다. 이것이 괴로움의 소멸이다. 이것이 괴로움의 소멸로 이끄는 길이다"라는 예전에 들어보지 못한 법에 대해 이치대로 사유하며 비전을 일으켜서 이해, 알아차림, 앎, 깨달음이 생겼다.

"Seekers of virtue, I gave rise to vision concerning things I had not heard before, as I progressively contemplated, "Suffering is this itself. The origination of suffering is this itself. The stopping of suffering is this itself. The path leading to the stopping of suffering is this itself." Understanding, awareness, knowledge, and realization arose."

汝等苾芻, 此苦集苦滅順苦滅道聖諦之法. 如理作意能生眼智明覺.

제2 단계 사성제를 두루 행해야 함의 굴림(勸轉)

그대 비구들이여, "나는 괴로움의 거룩한 진리를 직접 알아서 두루

의하여 잘 검토하고 그 의미를 명확히 하며 그 진리를 스스로가 체험한 것처럼 느끼려고 하는 사유의 과정을 말한다.

이해해야 한다."라는 예전에 들어보지 못한 법에 대해 이치대로 사유하며 비전을 일으켜서 이해, 알아차림, 앎, 깨달음이 생겼다.

"Seekers of virtue, I gave rise to vision concerning things I had not heard before, as I progressively contemplated, "I must directly know the noble truth of suffering, and thereby comprehensively understand it." Understanding, awareness, knowledge, and realization arose."

汝等苾芻，此苦聖諦是所了法．如是應知．於所聞法，如理作意能生眼智明覺．

그대 비구들이여, "나는 괴로움의 일어남의 거룩한 진리를 직접 알아서 두루 끊어야 한다"라는 예전에 들어보지 못한 법에 대해 이치대로 사유하며 비전을 일으켜서 이해, 알아차림, 깨달음이 생겼다.

"Seekers of virtue, I gave rise to vision concerning things I had not heard before, as I progressively contemplated, "I must directly know the noble truth of suffering's origination, and thereby comprehensively eradicate it." Understanding, awareness, knowledge, and realization arose."

汝等苾芻。此苦集聖諦是所了法。如是應斷。於所聞法如理作意。能生眼智明覺。

그대 비구들이여, "나는 괴로움의 소멸을 깨닫는 거룩한 진리를 직접 알아서 두루 실현하여야 한다."라는 예전에 들어보지 못한 법에 대해 이치대로 사유하며 비전을 일으켜서 이해, 알아차림, 앎, 깨달음이 생겼다.

"Seekers of virtue, I gave rise to vision concerning things I had not heard before, as I progressively contemplated, "I must directly know the noble truth of realizing suffering's stopping, and thereby comprehensively actualize it." Understanding, awareness, knowledge, and realization arose."

汝等苾芻。此苦滅聖諦是所了法。如是應證。於所聞法如理作意。能生眼智明覺。

그대 비구들이여, "나는 괴로움의 소멸로 이끄는 길의 거룩한 진리를 직접 알아서 두루 닦아야 한다."라는 예전에 들어보지 못한 법에 대해 이치대로 사유하며 비전을 일으켜서 이해, 알아차림, 앎, 깨달음이 생겼다.

"Seekers of virtue, I gave rise to vision concerning things I had not heard before, as I progressively contemplated, "I must directly know the noble truth of the path leading to suffering's stopping, and thereby comprehensively cultivate it." Understanding, awareness, knowledge, and realization arose."

汝等苾芻。此順苦滅道聖諦是所了法。如是應修。於所聞法如理作意。能生眼智明覺。

제3 단계. 사성제를 이미 두루 행함의 굴림(證轉)

그대 비구들이여, "나는 괴로움의 거룩한 진리를 이미 직접 알아서 두루 이해하였다."라는 예전에 들어보지 못한 법에 대해 이치대로 사유하며 비전을 일으켜서 이해, 알아차림, 앎, 깨달음이 생겼다.

"Seekers of virtue, I gave rise to vision concerning things I had not heard before, as I progressively contemplated, "The noble truth of suffering has been directly known, and thereby comprehensively understood." Understanding, awareness, knowledge, and realization arose."

汝等苾芻。此苦聖諦是所了法。如是已知。於所聞法如理作意能生眼智明覺。

그대 비구들이여, "나는 괴로움의 일어남의 거룩한 진리를 이미 직접 알아서 두루 끊었다"라는 예전에 들어보지 못한 법에 대해 이치대로 사유하며 비전을 일으켜서 이해, 알아차림, 깨달음이 생겼다.

"Seekers of virtue, I gave rise to vision concerning things I had not heard before, as I progressively contemplated, "The noble truth of suffering's origination has been directly known, and thereby eradicated." Understanding, awareness, knowledge, and realization arose."

汝等苾芻。此苦集聖諦是所了法。如是已斷。於所聞法如理作意。能生眼智明覺。

그대 비구들이여, "나는 괴로움의 소멸의 거룩한 진리를 이미 직접 알아서 실현하였다."라는 예전에 들어보지 못한 법에 대해 이치대로 사유하며 비전을 일으켜서 이해, 알아차림, 앎, 깨달음이 생겼다.

"Seekers of virtue, I gave rise to vision concerning things I had not heard before, as I progressively contemplated, "The noble truth of suffering's stopping has been directly known, and thereby actualized." Understanding, awareness, knowledge, and realization arose."

汝等苾芻。此苦滅聖諦是所了法。如是已證。於所聞法如理作意。能生眼智明覺。

그대 비구들이여, "나는 괴로움의 소멸로 이끄는 길의 거룩한 진리를 이미 직접 알아서 두루 닦았다."라는 예전에 들어보지 못한 법에 대해 이치대로 사유하며 비전을 일으켜서 이해, 알아차림, 앎, 깨달음이 생겼다.

"Seekers of virtue, I gave rise to vision concerning things I had not heard before, as I progressively contemplated, "The noble truth of the path leading to suffering's stopping has been directly known, and thereby cultivated." Understanding, awareness, knowledge, and realization arose."

汝等苾芻。此順苦滅道聖諦是所了法。如是已修。於所聞法如理作意。能生眼智明覺。

비구들이여, 만약 내가 사성제에 대해 3전 12행상을 차례로 들며 비전을 일으켜서 이해, 알아차림, 앎, 깨달음이 생기지 않았다면 나는 천신 · 마라 · 범천 · 사문 · 바라문 · 인 · 천 중생의 일체 세간으로부터 벗어나지 못했을 것이다. 나는 해방과 궁극적인 구제를 갖지 못하고, 점점 더 왜곡됨이 없이 완전한 자유의 마음에 머물지도 못하여, 비구들이여! 나는 위없는 깨달음과 완전한 불성을 알지 못했을 것이다.

"Seekers of virtue, for so long as I had not given rise to vision, given rise to understanding, awareness, knowledge, and realization in regard to the Four Noble Truths, enumerated into their three phases and consequent twelve modes, I was not emancipated from this world with its Devas, with its Māras, with its Brahmās, with its living beings including spiritual contemplatives and priests, with its gods and humans; I did not have liberation and definitive deliverance, did not increasingly abide with a mind of utter freedom, without distortion, and, O seekers of virtue, I did not know what is called 'the unparalleled authentically complete awakening of manifestly complete Buddha- hood'."

汝等苾芻, 若我於此四聖諦法未了三轉十二相者, 眼智明覺皆不得生, 我則不於諸天魔梵沙門婆羅門一切世間。捨離煩惱心得解脫。不能證得無上菩提。

비구들이여, 내가 사성제에 대해 3전 12행상을 차례로 들며 비전을 일으켜서 이해, 알아차림, 앎, 깨달음이 생겼을 때 나는 천신·마라·범천·사문·바라문·인·천 중생의 일체 세간으로부터 벗어났다. 나는 해방과 궁극적인 구제를 가져, 점점 더 왜곡됨이 없이 완전한 자유의 마음에 머물러서, 비구들이여! 나는 위없는 깨달음과 완전한 불성을 알게 되었다.

"Seekers of virtue, when I had given rise to vision, given rise to understanding, awareness, knowledge, and realization in regard to the Four Noble Truths, enumerated into their three phases and consequent twelve modes, thereafter I was emancipated from this world with its Devas, with its Māras, with its Brahmās, with its living beings including spiritual contemplatives and priests, with its gods and humans; I did have liberation and definitive deliverance, did increasingly abide with a mind of utter freedom, without distortion, and, O seekers of virtue, thereafter I did know what is called 'the unparalleled authentically complete awakening of manifestly complete Buddhahood'."

汝等苾芻。由我於此四聖諦法解了三轉十二相故。眼智明覺皆悉得生。乃於諸天魔梵沙門婆羅門一切世間。捨離煩惱心得解脫。便能證得無上菩提。

세존께서는 이 법문으로 가르침을 베푸실 때 구수 교진여와 8만의 천신들이 먼지와 때를 멀리 여읜 법안을 일으켰다. 이때 부처님께서 교진여에게 가르침을 선사하였다.

When the teaching on this section of Dharma was bestowed, the Venerable Kauṇḍinya and eighty thousand gods gave rise to the dustless and stainless Dharma Eye. Then, the Sublime Master granted instruction to Venerable Kauṇḍinya:

爾時世尊說是法時。具壽憍陳如及八萬諸天。遠塵離垢得法眼淨。佛告憍陳如。

"교진여여! 그대는 이들 법을 다 이해하였느냐?"
[교진여] "세존이시여, 모두 알았습니다."
[부처님] "교진여여, 그대는 모두 이해하였느냐?"
[교진여] "선서이시여, 정말 모두 알았습니다. 정말 모두 알았습니다."

"Kauṇḍinya, have you understood all dharmas?"

[Kauṇḍinya:] "Bhagavān, I have fathomed all."

[The Buddha:] "Kauṇḍinya, have you understood all?"

[Kauṇḍinya:] "Sugata, I have fathomed all indeed, I have fathomed all indeed."

汝解此法不, 答言已解, 世尊. 汝解此法不. 答言已解, 善逝.

존자 교진여가 법을 모두 이해하였기 때문에 그래서 존자 교진여는 별명으로 아야 교진여(모든 것을 이해한 교진여)라고 불리었다.

Because Venerable Kauṇḍinya had understood all of the Dharma, Venerable Kauṇḍinya was therefore dubbed with the moniker Ājñātakauṇḍinya, "All-Understanding Kauṇḍinya".

由憍陳如解了法故。因此卽名阿若憍陳如(阿若是解了義)。

이때 땅에 사는 야차들은 "교진여는 법을 모두 이해하였다"라는 선언을 전파하고서 천인들에게 큰 소리로 노래하였다.

The earth-dwelling yakṣas broadcast the announcement: "Kauṇḍinya has understood all of the Dharma!", and then boomed a song, which went:

是時, 地居藥叉聞佛說已. 出大音聲. 告人天日

"여러분! 마땅히 알라. 세존께서는 바라나사, 선인이 내려와 머무는 곳, 사슴 숲에서 3전 12행상의 법륜을 굴리시니, 천신·마라·범천·사문·바라문 일체 세간의 그 누구도 굴리지 못하는 것이며, 수많은 중생을 돕기 위함이고, 수많은 중생의 행복을 위함이며, 인간과 천신의 이익, 호념, 안녕을 위함이고, 함께 범행을 닦는 사람들은 안온열반의 자리에 빨리 이르게 하기 위함이니, 그래서 천인의 거처는 매우 번영하고, 아소라의 거처는 완전히 사라질 것이라!"

Friends! The Bhagavān, in the Deer Grove of Sagely Exposition, in Vārāṇasī, has turned the Dharma Wheel, imbued with the Dharma, enumerated into its three phases and consequent twelve modes, which has gone unturned in accordance with the Dharma by anyone in the world, whether spiritual contemplatives, priests, gods, Māras, or Brahmās, for the sake of helping many living beings, for the happiness of many living beings, out of compassionate love for the world, for the benefit, support, and welfare of humans and gods, and thus, the abodes of gods shall deeply thrive, and the abodes of anti-gods shall utterly decline!

仁等當知。佛在婆羅痆斯仙人墮處施鹿林中。廣說三轉十二行相法輪。由此能於天人魔梵沙門婆羅門一切世間爲大饒益。令同梵行者速至安隱涅槃之處。人天增盛阿蘇羅減少。

저 땅에 사는 야차들이 이와 같이 소리를 듣고서, 그 선언은 하늘을 나는 야차들의 거처, 사대천왕의 거처, 33천 천인들의 거처, 화락천

타화자재천 천인들의 거처에서 그 찰나, 그 짧은 시간, 그 잠깐 사이에 범천 세상까지 줄곧 그 소리가 퍼져나갔다. 범천의 천인들도 그 소리를 듣고서 앞에서처럼 그 선언을 전파하였다.

"여러분! 마땅히 알라. 세존께서는 바라나시, 선인이 내려와 머무는 곳, 사슴 숲에서 3전 12행상의 법륜을 굴리시니, 천신·마라·범천·사문·바라문 일체 세간의 그 누구도 굴리지 못하는 것이며, 수많은 중생을 돕기 위함이고, 수많은 중생의 행복을 위함이며, 인간과 천신의 이익, 호념, 안녕을 위함이고, 함께 범행을 닦는 사람들은 안온열반의 자리에 빨리 이르게 하기 위함이니, 그래서 천인의 거처는 매우 번영하고, 아소라의 거처는 완전히 사라질 것이라!"

Having heard the uproar of the earth-dwelling yakṣas, the announcement was then resounded from the abodes of the sky-traveling yakṣas, to those of the Four Great Kings, to the heavens of the gods of the Thirty-Three, to those of the gods of Joyous, Conflict-Free, Emanation Delight, and Mastery Over Others' Emanations, within that single moment, within that single instant, within that very second, at that moment, instant, and very second, all the way up to the world of Brahmā. The gods of the Brahmā abode also broadcast the announcement as follows:

Friends! The Bhagavān, in the Deer Grove of Sagely Exposition, in Vārāṇasī, has turned the Dharma Wheel, imbued with the Dharma, enumerated into its three phases and consequent twelve modes, which has gone unturned in accordance with the Dharma by anyone in the world, whether spiritual contemplatives, priests, gods, Māras, or Brahmās, for the sake of helping many living beings, for the happiness of many living beings, out of compassionate love for the world, for the benefit, support, and welfare of humans and gods, and thus, the abodes of gods shall deeply thrive, and the abodes of anti-gods shall utterly decline!

由彼藥叉作如是告。虛空諸天四大王衆皆悉聞知。如是展轉於剎那頃盡六欲天。須臾之間乃至梵天普聞其響。梵衆聞已復皆遍告廣說如前。

세존께서는 이와 같이 바라나시, 선인이 내려와 머무는 곳, 사슴 숲에서 3전 12행상의 법륜을 굴리셨다. 이 때문에 이 경의 이름을 "법륜을 굴림(전법륜)"이라고 하였다. 이때 다섯 비구들과 인천 등은 부처님의 설법을 듣고 기뻐하며 봉행하였다.

Because the Sublime Master had thus turned the Dharma Wheel, imbued with Dharma, enumerated into its three phases and consequent twelve modes, at the Deer Grove of Sagely Exposition in Vārāṇasī, this section of Dharma was designated with the title 'The Turning of the Dharma Wheel'.

因名此經爲三轉法輪。時五苾芻及人天等。聞佛說已。歡喜奉行。

C. 율장 전법륜경

근본설일체유부비내야파승사 권제6[176)]
根本說一切有部毘奈耶破僧事 卷第六

1. 중도행을 내보임(示中道行)

이때, 세존께서 다섯 사람에게 말씀하셨다. "출가한 사람은 두 가지 삿된 스승과 가까이 해서는 안 되나니, 무엇이 둘인가?

爾時，世尊告五人曰：「出家之人不得親近二種邪師. 云何爲二?

첫째, 욕망에 집착하는 것으로 범부처럼 하열하고 세속의 법이며, 음욕처에 빠져 즐기는 것이다. 둘째, 자신의 몸을 고통스럽게 하는 것으로 모든 허물을 짓는 것이고, 또 고귀한 것이 아니며, 행할 만한 법이 아니다. 출가한 사람은 이러한 두 가지 삿된 법을 마땅히 멀리 여의어야 한다.

一者，樂著凡夫下劣俗法，及耽樂婬欲處；二者，自苦己身，造諸過失，並非聖者所行之法. 此二邪法，出家之人當須遠離.

내가 머물러 있는 중도의 법을 익히고 행하는 자는 청정한 법안 및 큰 지혜를 얻어 등정각·적정열반을 이룰 것이다. 무엇이 중도에 머물러 있음인가? 이른바 팔성도라. 무엇이 여덟인가? 이른바 바른

---

176) 한역본 : 대당大唐 삼장법사 의정義淨 스님이 번역한 것임.

견해·바른 사유·바른 말·바른 행위·바른 살림·바른 정진·바른 알아차림·바른 선정이니라.

我有處中之法，習行之者，當得清淨之眼及大智慧，成等正覺寂靜涅槃. 何爲處中法? 所謂八聖道. 云何爲八? 所謂正見、正思惟、正語、正業、正命、正精進、正念、正定.」

이때 세존께서 다섯 사람을 위해 결정심決定心으로 이와 같은 가르침을 설하셨다. 그때 다섯 사람 중에 두 사람은 부처님을 모시며 법을 배웠고, 세 사람은 진시(晨時 : 7시-9시)에 탁발을 하였으며, 본래 자리로 돌아와 여섯 사람은 충분히 식사를 하였다. 또 정오 이후에는 세 사람은 부처님을 모시며 법을 배웠고, 두 사람은 마을에 들어가 탁발을 하고서 본래 자리로 돌아와 다섯 사람은 식사 공양을 하였다. 오직 불·세존만이 때가 아니라 식사를 하시지 않으셨다.

爾時世尊而爲五人以決定心說如是教.時五人中，二人侍佛學法，三人晨時乞飯. 還至本處，充六人食. 又於中後，三人侍佛學法，二人入村乞食. 還至本處，五人共飡. 唯佛世尊不非時食.

2. 사성제의 3전 12행(四聖諦之三轉十二行)

2-1 3전 12행三轉十二行

1) 시전 示轉

이때, 세존께서 다섯 사람에게 말씀하시길,

"저 「고성제」란 법은 내가 들어 본적이 없지만, 그것을 이치대로 사유하며 정진한 힘으로 청정한 안 · 지 · 명 · 각의 생함을 얻었다.

爾時，世尊告五人曰：「此苦聖諦法我未曾聞。由如理作意精勤力故，得淨慧眼、智、明、覺生。

저 「고의 집성제」란 법은 내가 들어 본적이 없지만, 그것을 이치대로 사유하며 정진한 힘으로 청정한 안 · 지 · 명 · 각의 생함을 얻었다.

此苦集聖諦法我未曾聞。由如理作意精進力故，得淨慧眼、智、明、覺生。

저 「고의 멸성제」란 법은 내가 들어 본적이 없지만, 그것을 이치대로 사유하며 정진한 힘으로 청정한 안 · 지 · 명 · 각의 생함을 얻었다.

此苦滅聖諦法我未曾聞。由如理作意精進力故，得淨慧眼、智、明、覺生。

저 「고멸의 도성제」란 법은 내가 들어 본적이 없지만, 그것을 이치대로 사유하며 정진한 힘으로 청정한 안 · 지 · 명 · 각의 생함을 얻었다.

此苦滅道聖諦法我未曾聞。由如理作意精進力故，得淨慧眼、智、明、覺生。」

2) 권전 勸轉

또 다섯 사람에게 이르길,
"저 「고의 성제」란 법은 내가 알아본 적이 없지만, 이제 마땅히 알아야 하나니, 그것을 이치대로 사유하며 정진한 힘으로 청정한 안·지·명·각의 생함을 얻었다.

復告五人：「此苦聖諦法我未曾知，今當應知。由如理作意精進力故，得淨慧眼、智、明、覺生。

저 「고의 집성제」란 법은 내가 끊어 본적이 없지만, 이제 마땅히 끊어야 하나니, 그것을 이치대로 사유하며 정진한 힘으로 청정한 안·지·명·각의 생함을 얻었다.

此苦集聖諦法我未曾斷，今當應斷。如理作意精進力故，得淨慧眼、智、明、覺生。

저 「고의 멸성제」란 법은 내가 증득해 본적이 없지만, 이제 마땅히 증득해야 하나니, 그것을 이치대로 사유하며 정진한 힘으로 청정한 안·지·명·각의 생함을 얻었다.

此苦滅聖諦法我未所證，今當應證。如理作意精進力故，得淨慧眼、智、明、覺生。

저 「고멸의 도성제」는 내가 닦아본 적이 없지만, 이제 마땅히 닦아야 하나니, 그것을 이치대로 사유하며 정진한 힘으로 청정한 안·지·명·각의 생함을 얻었다.

此苦滅道聖諦我未修習，今當應修。如理作意精進力故，得淨慧眼、智、明、覺生。」

3) 증전 證轉

"저 고성제는 내가 이미 두루 알아 다시 알 것이 없지만, 예전에

들은 적이 없나니, 그것을 이치대로 사유하며 정진한 힘으로 청정한 안 · 지 · 명 · 각의 생함을 얻었다.

「此苦聖諦我已遍知，不復更知，先未曾聞。由如理作意精進力故，得淨慧眼、智、明、覺生。

저 고의 집성제는 내가 이미 영원히 끊어 다시 끊을 것이 없지만, 예전에 들은 적이 없나니, 그것을 이치대로 사유하며 정진한 힘으로 청정한 안 · 지 · 명 · 각의 생함을 얻었다.

此苦集聖諦我已永斷，更不復斷，先未曾聞。由如理作意精進力故，得淨慧眼、智、明、覺生。

저 고의 멸성제는 내가 이미 증득하여 다시 증득할 것이 없지만, 예전에 증득 적이 없나니, 그것을 이치대로 사유하며 정진한 힘으로 청정한 안 · 지 · 명 · 각의 생함을 얻었다.

此苦滅聖諦我已作證，更不復證，先未所證。由如理作意精進力故，得淨慧眼、智、明、覺生。

저 고멸의 도성제는 내가 이미 두루 닦았지만, 예전에 들은 적이 없나니, 그것을 이치대로 사유하며 정진한 힘으로 청정한 안 · 지 · 명 · 각의 생함을 얻었다.

此苦滅道聖諦我已修習，先未所習。由如理作意精進力故，得淨慧眼、智、明、覺生。」

2-2 명백히 3전 12행에 의거해 세간을 뛰어넘음

그대 다섯 사람이여! 마땅히 알라. 내가 이 사성제 3전 12행을 얻지 못해 청정한 안·지·명·각이 생기지 않았고, 인천 내지 범천계, 여러 사문·바라문 일체세간의 천인·아수라를 뛰어넘을 수 없었으며, 해탈·출리를 증득하지도 못하고 전도됨을 여의지 못하여, 나는 위없는 정지를 증득하지 못하였다.

「汝等五人！當知我先未得此四諦三轉十二種，未生淨眼、智、明、覺，不能超過人、天乃至梵界，諸沙門、婆羅門，一切世間天人、阿蘇羅，未證解脫、出離，不離顛倒，我不證無上正智。」

그대들이여! 마땅히 알라. 내가 이 사성제 3전 12행을 스스로 닦아 증득하여 곧 청정한 안·지·명이 생겨서 정각을 요달하였다. 이때 나는 곧 인·천·마라·범천계, 및 세간의 사문·바라문을 뛰어넘고 천인·아수라로부터 해탈하고 심소의 전도됨을 벗어나, 나는 바른 지혜·위없는 정각을 얻었다.

「汝等！當知我自修習此四聖諦三轉十二種，證已卽生淨眼、智、明，了達正覺。爾時我便超過人、天、魔、梵界，及世沙門、婆羅門，於天人、阿蘇羅解脫，出離心所顛倒，我得於正智無上正覺。」

2-3 법안정을 얻음

세존께서 이 법을 설하실 때 구수 교진여는 때와 먼지가 없는 법 가운데 청정한 법안을 얻었고, 팔만 천중도 법 가운데 또한 법안을 증득하였다.

世尊說此法時，具壽憍陳如證於無垢無塵法中得法眼淨，及八萬天衆於法中亦證法眼。

2-4「아야」교진여라 부름

이때, 세존께서 교진여에게 이르시길, "너는 법을 증득하였느냐?"
답해 말하길, "세존이시여! 저는 이미 증득했나이다."
부처님께서 다시 이르시길, "교진여여! 그대는 법을 증득하였느냐?"
답해 말하길, "선서이시여! 이미 증득했나이다."
부처님께서 말씀하시길, "구수 교진여는 이미 두루 법을 증득하였다. 이러한 뜻에서 아야 교진여라 부른다."

爾時，世尊告憍陳如曰：「汝證法已？」

答曰：「世尊！我已證。」

佛復告曰：「憍陳如！汝證法耶？」

答曰：「善逝！已證。」

佛言：「具壽憍陳如既遍證法，以是義故，號阿若憍陳如。」

2-5 제천의 선고

이때 땅에 사는 야차 무리가 세존의 말씀을 듣고 한 목소리로 말했다. "어진 자여! 마땅히 알라. 저 불·세존께서 바라나사, 선인이 내려와 머무는 곳, 사슴 숲에서 3전 12행의 법륜을 베푸셨나니, 여러 사문·바라문·인·천·마라·범천이 굴릴 수 있는 것이 아니며, 많은 사람들이 안락에 들도록 하고, 많은 사람들이 이익을 얻도록 하며, 유정들을 불쌍히 여긴 까닭이니, 이러한 뜻으로 인해 천인의 무리는 늘어나고, 아소라는 소멸할 것이다."

爾時，地行藥叉衆聞世尊語，同發聲言：「仁者！當知此佛世尊於波羅痆斯城仙人墮處施鹿林中三轉十二行法輪，非諸沙門、婆羅門，人、天、魔、梵之所能轉。令多人安樂故，令多人利益故，哀愍有情故；由是義故，天衆增益，蘇羅損減。」

이때 하늘을 나는 야차 또한 땅에 사는 야차의 소리를 듣고 또한 한 목소리로 … 내지 사천왕천·33천·염마천·도사천·화락천·타화자재천 및 여러 범천들도 모두 다 같은 때 같은 찰나, 같은 납박 같은 모호율다에177) 한 목소리로 … 아가니타천(유정천)이 이 소리를 듣고 또한 같은 말로 말하였다.

"어진 자여! 마땅히 알라. 저 불·세존께서 바라니사, 선인이 내려와 머무는 곳, 사슴 숲에서 3전 12행의 법륜을 베푸셨나니, 여러 사문·바라문·인·천·마라·범천이 굴릴 수 있는 것이 아니며, 많은 사람들이 안락에 들도록 하고, 많은 사람들이 이익을 얻도록 하며, 유정들을 불쌍히 여긴 까닭이니, 이러한 뜻으로 인해 천인의 무리는 늘어나고, 아소라는 소멸할 것이다."

爾時空行藥叉聞地行聲已，亦同發聲…乃至四天王天、三十三天、炎魔天、覩史天、化樂天、他化自在天及諸梵天皆同時、同剎那、同臘婆、同牟呼栗多發聲…阿迦尼吒

177) 구사론에 따르면, 1찰나(ksana)의 120배를 1달찰나(tatksana)라고 하며, 60달찰나를 1납박(臘縛lava)이라고 하며, 30납박을 1모호율다(牟呼栗多 : muhurta, 須臾)라고 한다.

天聞是聲已，亦同言日：「仁者！當知此佛世尊[於]波羅痆斯城仙人墮處施鹿林中三轉十二行相法輪，非諸沙門、婆羅門，天、人、魔、梵之所能轉。爲令多人得安樂故，爲令多人得利益故，哀愍有情故，天衆增長，蘇羅損減。」

2-6 이 경을 「전법륜」이라 이름함

세존께서 바라니사, 선인이 내려와 머무는 곳, 사슴 숲에서 3전 12행의 법륜을 베푸신 까닭에 이 법·경 및 이 지명의 이름을 전법륜처경이라 한다.

世尊[於]波羅痆斯城仙人墮處施鹿林中三轉十二行相法輪故，因號此法經及此地名爲轉法輪處經。

2-7 사성제의 이름의 뜻에 관한 별석

이때 세존께서 다시 네 사람에게 이르셨다.

"사성제가 있으니, 무엇이 넷인가? 이른 바 고성제·집성제·멸성제·도성제이다.

爾時，世尊復告四人日：「有四聖諦。云何爲四？所謂苦聖諦、集聖諦、滅聖諦、道聖諦。

무엇이 고성제인가? 이른바 태어나는 괴로움·늙는 괴로움·병드는 괴로움·죽는 괴로움·사랑하는 사람과 이별해야 하는 괴로움·원망하고 미워하는 사람을 만나야 하는 괴로움·구하는 것을 얻지 못하는 괴로움, 내지 오취온의 괴로움이다. 이렇게 응당 알기 위해서는 팔정도, 이른바 바른 견해 · 바른 사유 · 바른 말 · 바른 행위 · 바른 살림 · 바른 정진 · 바른 알아차림 · 바른 선정을 닦아야 한다.

云何苦聖諦？所謂生苦、老苦、病苦、死苦、愛別離苦、怨憎會苦、求不得苦，乃至五取蘊苦。如此應知，修習八聖道，所謂正見、正思惟、正語、正業、正命、正精進、正念、正定。

무엇이 집성제인가? 이른바 갈애로서, 욕망으로 다시 후세의 몸을 받는 갈애 · 기쁨과 탐욕을 함께 행하는 갈애 · 이러저러한 즐거움에 물드는 갈애이다. 이러한 갈애를 버리기 위해서는 팔정도를 닦아야 한다.

云何名集聖諦？所謂愛，欲更受後有愛、喜貪俱行愛、彼彼欣樂染愛。爲捨離故，應修習八正道。

무엇이 멸성제인가? 이른바 갈애와 욕망으로 다시 후세의 몸을 받고, 기쁨과 애욕이 상응하여 반연에 염착함에, 이를 멸하고, 무너뜨리며, 쉬고, 영원히 없애며, 여의어서 증득을 보고자 팔정도를 닦아야 한다.

云何滅聖諦？所謂愛，欲更受後有、喜愛相應、攀緣染著，爲滅、壞、休息、永沒、離，欲見證故，修習八正道。

무엇이 도성제인가? 이른바 팔정도로 응당 이를 닦아야 한다.

云何道聖諦？所謂八聖道，應當修習。」

2-8 아야교진여는 모든 번뇌가 다함을 증득함

세존께서 이 사제법을 설하실 때 아야 교진여는 마음으로 해탈을 얻었다. 네 사람은 이 법에 먼지와 때를 여의고, 청정안을 증득하였다. 이때 세간에는 두 사람의 응공이 있었으니, 한 분은 세존이시고, 다른 한 분은 교진여이다.

世尊說此四諦法時，阿若憍陳如證諸漏盡，心得解脫。四人於此法中離諸塵垢，證清淨眼。爾時，世間中有二應供：一是世尊，二是憍陳如。

3. 오취온의 무아 등의 상을 보임

3-1 무아의 상을 보임

이때 세존께서는 다시 네 명의 비구에게 말씀하셨다. "그대들이여! 색에는 내가 없음을 알라. 만약 색에 내가 있다면 병고가 생기지 않아, 색중에 이와 같은 색을 지을 수도 있고 이와 같은 색을 짓지 못할 수도 있다. 이런 까닭에 그대들이여! 색에는 내가 없고 여러 병고가 생김을 알라. 이와 같은 색을 지을 수 없고 이와 같은 색을 짓지 못한다. 수·상·행·식도 또한 이와 같음을 알라.

爾時，世尊復告四人曰：「汝等！當知色無我。若色有我，不應生諸疾苦；能於色中作如是色，不作如是色。是故，汝等！知色無我故，生諸疾苦；不能作如是色，不作如是色。受、想、行、識亦復如是應知。」

3-2 무상 · 고의 상을 보임

이때 세존께서 다시 네 명의 비구에게 말씀하셨다. "그대의 뜻은 어떠한가? 색은 항상한가, 무상한가?"
비구들은 답하였다. "대덕이시여! 색은 무상합니다."
부처님께서 말씀하셨다. "색이 무상하다면 고인가? 고가 아닌가?"
비구들은 답하였다. "대덕이시여! 고입니다."
부처님께서 말씀하셨다. "색이 무상이고 고라면 변하여 허물어진다. 많이 들어 아는 제자들이라면 색에 집착하는 것은 나이고, 나에게는 색들이 있으며, 색은 나에게 속하니, 나는 색 가운데 있는가?"
비구들은 답하였다. "없습니다."
부처님께서 말씀하셨다. "이와 같은 수 · 상 · 행 · 식은 항상한가? 무상한가?"
비구들은 답하였다. "대덕이시여! 무상합니다."
부처님께서 말씀하셨다. "내지 식 등은 고인가? 고가 아닌가?"
비구들은 답하였다. "고입니다. 대덕이시여!"

爾時，世尊復告四人曰：「於意云何，色爲是常，爲無常耶？」

答曰：「大德！色是無常。」

告曰：「色若無常者，爲苦，非苦？」

答曰：「大德！是苦。」

告曰：「色若無常、苦者，卽是變壞，若多聞弟子者，執色是我，我有諸色，色屬於我，我在色中不？」

答曰：「不也。」

世尊告曰：「如是受、想、行、識爲是常耶？爲無常耶？」

答曰：「大德！無常也。」

告曰：「乃至識等無常者，爲苦，非苦？」

答曰：「是苦，大德！」

3-3 오취온이 나 · 나의 것을 떠남을 보임

부처님께서 말씀하셨다. "식 등이 무상이고 고라면 변하여 무너진다. 많이 들어 아는 제자들이라면 색 내지 식에 집착하는 것은 나이고, 나에게는 식 등이 있으며, 식 등이 나에게 속하니, 나는 색 가운데 있는가?"
비구들은 답하였다. "없습니다."
부처님께서 말씀하셨다. "이런 까닭에 마땅히 알라. 모든 색들은 - 혹 과거 · 혹 미래 · 혹 현재, 혹 안 · 혹 밖, 혹 거친 것 · 혹 미세한 것, 혹 수승한 것 · 혹 하열한 것, 혹 가까운 것 · 혹 먼 것 - 이와 같은 색들은 내가 아니고 나의 것이 아니며 나에게 속하지 않아서 나는 색에 있는 것이 아니라. 이에 여실하게 두루 알고 이와 같이 보아야 한다. 내지 수 · 상 · 행 · 식도 또한 이와 같이 보아야 한다. 그대들이여! 성문제자, 다문을 구족한 이는 오취온이 나이니, 나의 것이니 하는 것을 떠남을 관한다."

告曰：「識等無常、苦者，卽是變壞，若有多聞弟子，執色乃至識是我，我有識等，識等屬我，我在識等中不？」

答曰：「不也，大德！」

告日：「是故，當知諸所有色——若過去、若未來、若現在，若內、若外，若麁、若細，若勝、若劣，若近、若遠——如是諸色非我，非我所有，非屬於我，我不在色。由如實遍知，應如是見；乃至受、想、行、識亦如是見。汝等！聲聞弟子具足多聞，觀五取蘊離我、我所。」

3-4 아라한과를 증득함

"이와 같이 관하고, 여러 세간은 실로 취할 수 없음을 알라. 취할 수 없는 까닭에 두려움이 생기지 않는다. 두려움이 없는 까닭에 안으로 원적을 증득한다. 나의 생은 이미 다하였고, 범행은 이미 섰으며, 할 일은 이미 마쳐, 후세의 몸을 받지 않을 것이다."

「如是觀已，知諸世間實無可取。無可取故，不生怖畏。無怖畏故，內證圓寂。我生已盡，梵行已立，所作已辦，不受後有。」

이때 세존께서 이 법을 설하실 때 저 네 명의 비구들은 이 법을 듣고서 마음으로 해탈을 얻었고, 아라한과를 증득하였다. 이때 세간에는 여섯 명의 아라한이 있었으니 부처님께서 첫 번째 아라한이었다.

爾時，世尊說此法時，彼四人等聞此法已，心得解脫，證阿羅漢果。是時，世間有六阿羅漢，佛爲第一

불광대장엄경 권제11[178)]

*方廣*大莊嚴經卷第十一

*전법륜품*轉法輪品 *제26의 1*

부처님께서는 비구들에게 말씀하셨다. 여래께서 초저녁에 한동안 침묵하며 계셨고, 한밤중에 대중을 안심시키고 기쁘게 하셨으며, 새벽에 다섯 현인을 불러서 말씀하셨다.

佛告諸比丘：「如來於初夜時默然而過，於中夜分安慰大眾令生歡喜，至後夜已喚五跋陀羅而告之言：

“그대들은 마땅히 알라! 출가한 이에게는 두 가지 장애가 있으니, 무엇이 둘인가? 첫째는 마음이 욕망의 경계에 집착하여 떠날 수 없음이니, 이는 하열한 사람의 무식하고 미련하며 비천한 행으로 도리에 맞지 않아서, 해탈의 인이 아니고, 이욕의 인이 아니고, 신통의 인이 아니고, 성불의 인이 아니고, 열반의 인이 아니다. 둘째 바르게 사유하지 않는 것으로, 그 몸을 스스로 괴롭게 하여 세상에서 벗어남을 구하여 과거 · 현재 · 미래에 모두 다 고의 과보를 받는다.

『汝等應知！出家之人有二種障。何等為二？一者心著欲境而不能離，是下劣人無識凡愚非聖所行，不應道理，非解脫因，非離欲因，非神通因，非成佛因，非涅槃因。二者不正思惟，自苦其身而求出離，過現未來皆受苦報。

---

178) 당唐 천축삼장天竺三藏 지파가라地婆訶羅 스님이 번역한 것임. 경문은 CBETA 전자불전집성 電子佛典集成 대정장 제3책 No.0187 제11권.

비구들이여! 너희들은 이와 같이 양변을 버릴지라. 나는 지금 너희들을 위해 중도에 대해 설하겠으니, 너희들은 잘 듣고 항상 부지런히 닦을지라. 무엇을 중도라고 하는가? 바른 견해 · 바른 사유 · 바른 말 · 바른 행위 · 바른 살림 · 바른 정진 · 바른 알아차림 · 바른 삼매 이와 같은 여덟 가지 법을 중도라고 한다."

比丘！汝等當捨如是二邊，我今為汝說於中道，汝應諦聽常勤修習。何謂中道？正見、正思惟、正語、正業、正命、正精進、正念、正定，如是八法名為中道。』」

☸

부처님께서는 비구들에게 말씀하셨다. "무엇이 넷인가? 고성제 · 고의 집성제 · 고의 멸성제 · 고멸의 도성제를 증득함이다. 비구들이여 무엇을 고성제라 하는가? 이른바 태어나는 괴로움 · 늙는 괴로움 · 병드는 괴로움 · 죽는 괴로움 · 사랑하는 사람과 이별해야 하는 괴로움 · 원망하고 미워하는 사람을 만나야 하는 괴로움 · 구하는 것을 얻지 못하는 괴로움 · 오성온의 괴로움이다.

佛告諸比丘：「有四聖諦。何等為四？所謂苦諦、苦集諦、苦滅諦、證苦滅道諦。比丘！何等名為苦聖諦？所謂生苦、老苦、病苦、死苦、愛別離苦、怨憎會苦、求不得苦、五盛蘊苦，如是名為苦聖諦。

무엇이 고의 집성제인가? 이른바 갈애로 기쁨과 탐욕에 집착하고, 소유하고 싶어 하며, 더불어 더 뛰어난 즐거움을 희구하니 이와 같아서 고의 집성제라 한다.

何等名為苦集聖諦？所謂愛取有喜與貪俱悕求勝樂，如是名為苦集聖諦。

무엇이 고의 멸성제인가? 이른바 갈애로 기쁨과 탐욕에 집착하고, 소유하고 싶어 하며, 이와 함께 더 뛰어난 즐거움을 희구하는 이들 일체가 다하니, 이와 같아서 고의 멸성제라 한다.

何等名為苦滅聖諦？所謂愛取有喜與貪俱悕求勝樂，盡此一切，如是名為苦滅聖諦。

무엇이 고멸의 도성제인가? 곧 팔성도는 이른바 바른 견해 내지 바른 삼매이니, 이것이 곧 고멸의 도성제를 증득함이다."

何等名為證苦滅道聖諦？即八聖道，所謂正見乃至正定，此即名為證苦滅道聖諦。

또 비구들에게 말씀하셨다. "이와 같은 고의 법을 나는 먼저 남을 따라 듣지 않고 잘 수순하여 이치대로 사유함으로 말미암아 지가 생기고, 안이 생기고, 명이 생기고, 변이 생기고, 혜가 생기고, 광이 생겼다.

「復告比丘：『如是苦法，我先不從他聞，由善隨順如理思惟，生智生眼生明生遍生慧生光。

비구들이여! 이와 같은 고의 집법을 나는 먼저 남을 따라 듣지 않고 잘 수순하여 이치대로 사유함으로 말미암아 지가 생기고, 안이 생기고, 명이 생기고, 변이 생기고, 혜가 생기고, 광이 생겼다.

比丘！如是苦集法，我先不從他聞，由善隨順如理思惟，生智生眼生明生遍生慧生光。

비구들이여! 이와 같은 고집의 멸법을 나는 먼저 남을 따라 듣지 않고 잘 수순하여 이치대로 사유함으로 말미암아 지가 생기고, 안이 생기고, 명이 생기고, 변이 생기고, 혜가 생기고, 광이 생겼다.

比丘！如是苦集滅法，我先不從他聞，由善隨順如理思惟，生智生眼生明生遍生慧生光。

비구들이여! 이와 같은 고멸의 증도를 나는 먼저 남을 따라 듣지 않고 잘 수순하여 이치대로 사유함으로 말미암아 지가 생기고, 안이 생기고, 명이 생기고, 변이 생기고, 혜가 생기고, 광이 생겼다.

比丘！如是苦滅證道，我先不從他聞，由善隨順如理思惟，生智生眼生明生遍生慧生光。

또 비구들이여! 고를 마땅히 알고, 집을 마땅히 끊고, 멸을 마땅히 증득하며, 도를 마땅히 닦는 이와 같은 네 가지 법을 나는 먼저 남을 따라 듣지 않고 잘 수순하여 이치대로 사유함으로 말미암아 지가 생기고, 안이 생기고, 명이 생기고, 변이 생기고, 혜가 생기고, 광이 생겼다."

復告比丘！苦應知、集應斷、滅應證、道應修，如是四法我先不從他聞，由善隨順如理思惟，生智生眼生明生遍生慧生光。』

또 비구들에게 말씀하셨다. "나는 고를 이미 알았고, 집을 이미 끊었으며, 멸을 이미 증득했으며, 도를 이미 닦았다. 이와 같은 네 가지 법을 나는 먼저 남을 따라 듣지 않고 잘 수순하여 이치대로 사유함으로 말미암아 지가 생기고, 안이 생기고, 명이 생기고,

변이 생기고, 혜가 생기고, 광이 생겼다."

「復告比丘：『我已知苦、已斷集、已證滅、已修道，如是四法我先不從他聞，由善隨順如理思惟，生智生眼生明生遍生慧生光。』

또한 비구에게 말씀하셨다. "나는 예전에는 사성제를 보지 못하여 아뇩다라삼막삼보리를 깨닫지 못했을 때 바른 지혜가 생기지 않았다. 나는 사성제 법륜을 증견하고 난 후 마음으로 해탈을 얻었고, 지혜로 해탈을 얻었으며, 다시는 물러나서 잃지 않고서, 바른 지혜로써 아뇩다라삼막삼보리를 얻었다. 나의 생은 이미 다하였고, 범행은 이미 섰으며, 할 일은 이미 마쳐, 후세의 몸을 받지 않을 것이다."

「復告比丘：『我先未見四聖諦，未得阿耨多羅三藐三菩提時，正智未生；我從證見四聖諦法輪已，心得解脫，慧得解脫，不復退失，而以正智得阿耨多羅三藐三菩提。我生已盡，梵行已立，所作已辦，不受後有。』

❁

이때 세존께서 범음의 소리를 내셨다. 이와 같은 범음은 무량공덕으로 성취한 것으로 무량겁 이래 진실을 닦아서 스승에게 빌지 않고 자연히 깨달은 것으로 미묘한 소리로 교진여 등에게 말씀하셨다.

「爾時世尊出梵音聲，如是梵音從無量功德之所成就，無量劫來修習真實，不假於師自然而悟，發是妙聲，語憍陳如等言：

"눈은 무상 · 고 · 공 · 무아[179]이고, 무인 · 무중생 · 무수명으로

179) 16행상 중의 고성제에서의 4가지의 행상. 일체만유는 다 핍박성이 있는 것이기

마치 썩은 풀과 잡토로 담장을 지은 것과 같이 실하지 못해 무너진다. 눈과 같이 귀·코·혀·몸·생각도 또한 이와 같다. 교진여여! 일체 법은 인연을 좇아 생기므로 체성이 없나니, 허공과 같이 상견을 여의고 단견을 여의어 비록 짓는 자와 받는 자가 없을 지라도 선악의 법은 패망하여 사라지지 않는다.

『眼是無常苦空無我、無人無衆生無壽命，猶如腐草，雜土為牆危脆不實，如眼，耳鼻舌身意亦復如是。憍陳如！一切法從因緣生無有體性，離常離斷猶如虛空，雖無作者及以受者，善惡之法而不敗亡。

교진여여! 색은 무상·고·공·무아이고, 수·상·행·식 또한 이와 같다. 갈애가 물이 되어 인연중생을 적시어서 고가 증장된다. 만약 성도를 얻는다면 제법의 체성이 모두 공함을 증견한 즉 이와 같은 온갖 고를 영원히 끊을 수 있다.

憍陳如！色是無常苦空無我，受想行識亦復如是，由愛為水潤漬因緣衆苦增長；若得聖道證見諸法體性皆空，即能永滅如是衆苦。

교진여여! 저 분별로 말미암아 바르게 사유하지 못하여서 무명이 생긴다. 다시 남은 것이 없어 무명의 인이 되지만, 저 분별은 무명에 이르지 못한다. 또 무명으로 말미암아 제행이 생기지만, 이 무명은 제행에 이르지 못한다. 내지 행을 연하여 식이 있고, 식을 연하여 명색이 있고, 명색을 연하여 육처가 있고, 육처를 연하여 촉이 있고, 촉을 연하여 수가 있고, 수를 연하여 애가 있고, 애를 연하여

때문에 고, 내 것이라고 간주할 것이 없기 때문에 공, 변천하지 않을 수 없으므로 무상, 영구적인 주체가 없기 때문에 무아라고 한다.

취가 있고, 취를 연하여 유가 있고 유를 연하여 생이 있고 생을 연하여 노·사·우비고뇌가 있다. 이와 같은 등이 세간의 인이 되고, 다시 남은 것이 없음이 그 인이 될 수 있다. 비록 제법이 생하지만 인은 법에 이르지 못하고, 마침내 아·인·중생·수자가 없어 이 몸을 버리고 저 온에 이른다.

憍陳如！由彼分別不正思惟而生無明，更無有餘為無明因，而此分別不至無明。復由無明而生諸行，而此無明不至諸行，乃至行緣識，識緣名色，名色緣六處，六處緣觸，觸緣受，受緣愛，愛緣取，取緣有，有緣生，生緣老死憂悲苦惱，如是等為世間因，更無有餘能為其因。雖生諸法而因不至法，竟無我人眾生受者，捨於此身而至彼蘊；

이치대로 사유하여 분별이 없으면 무명이 소멸하고, 무명이 소멸함으로 말미암아 행도 소멸하고, 행이 소멸한 즉 식도 멸하며, 식이 멸한 즉 명색이 멸하고, 명색이 멸한 즉 육처가 멸하고, 육처가 멸한 즉 촉이 멸하고, 촉이 멸한 즉 수가 멸하고, 수가 멸한 즉 애가 멸하고, 애가 멸한 즉 취가 멸하고, 취가 멸한 즉 유가 멸하고, 유가 멸한 즉 생이 멸하고, 생이 멸한 즉 노·사·우비고뇌가 멸한다.

如理思惟無所分別，即滅無明，由無明滅即行滅，行滅即識滅，識滅即名色滅，名色滅即六處滅，六處滅即觸滅，觸滅即受滅，受滅即愛滅，愛滅即取滅，取滅即有滅，有滅即生滅，生滅即老死憂悲苦惱滅。

만약 이와 같이 온계처에 대해 인연을 깨달을 수 있다면 이때 다타아가도·아라한·삼막삼불타를 얻을 것이다. 이와 같이 심심미묘의 법은 여러 다른 외도가 깨달을 수 있는 것이 아니다.

若能如是於蘊界處了悟因緣，爾時得成多陀阿伽度、阿羅訶、三藐三佛陀。如是甚深微妙之法，非諸異道所能了悟。』

이때 세존께서는 교진여를 위해 3전 12행 법륜을 굴리시니, 교진여 등은 모두 제법의 인연을 요달하여 번뇌가 다하고 뜻이 풀리어 아라한이 되었다. 곧 이때에 삼보가 출현하였으니 바가바(세존)는 불보가 되고, 3전 12행 법륜은 법보가 되며, 5발타(현인)는 승보가 되었다. 부처님께서 법륜을 굴리실 때 60구지(억) 욕계 제천·60구지 색계제천·8만4천 인이 모두 다 먼지와 때를 멀리 여의고 법안정을 얻었다.

「爾時世尊為憍陳如，三轉十二行法輪已，憍陳如等皆悉了達諸法因緣，漏盡意解成阿羅漢。即於是時三寶出現，婆伽婆為佛寶，三轉十二行法輪為法寶，五跋陀羅為僧寶。佛轉法輪時，六十拘胝欲界諸天、八十拘胝色界諸天，八萬四千人，皆悉遠塵離垢得法眼淨。」

부처님께서는 여러 비구들에게 말씀하셨다. "여래께서 미묘한 범음으로 법륜을 굴리시니 그 소리가 시방불토에 두루 이르렀고, 저 여러 여래께서 각각 3전 12행의 미묘한 범음의 소리를 듣고, 모두 세존께서 바라나, 녹야원에 머물러 계시며 법륜을 굴리시는 것을 보았다.

佛告諸比丘：「如來以妙梵之音轉于法輪，其聲遍至十方佛土，彼諸如來各聞三轉十二行妙梵之聲，咸見世尊住波羅奈鹿野苑中而轉法輪。

부록3

『전법륜경轉法輪經』 우바제사憂波提舍180)

천친보살天親菩薩 지음

원위元魏 천축삼장天竺三藏 비목지선毘目智仙 번역

이와 같이 나는 들었다. 한때 바가바(bhagavat ; 석가모니 세존)께서 왕사성 기사굴산 중에 계셨다. 대비구 무리, 대보살 무리와 함께 모여 계셨나니, 이때 세존께서 지원대해요설변재(智員大海樂說辯才 ; 지혜가 큰 바다와 같이 원만하고 요설변재를 구족한) 보살에게 말씀하셨다.

"지원대해요설변재여, 두 가지에 주지함(住持 ; 잘 머물도록 간직하여 수호함)이 있어 여래께서 법륜을 굴리신다. 무엇이 두 가지인가? 첫째 중생에 주지함이고, 둘째 법에 주지함이다. 지원대해요설변재여, 이 두 가지에 주지함으로 여래께서는 법륜을 굴린다. 나아가 수다라(sūtra ; 경전)가 다하도록 말씀하신다."

이 『정법륜의 수승한 수다라(正法輪勝修多羅)』를 무슨 뜻이 있는 까닭으로 말씀하셨는가? 저 석가모니 법왕께서 불가사의하고, 칭할 수도 없고, 말할 수도 없고, 헤아릴 수도 없으며, 허공같이 끊어짐도 이어짐도 없이 순입順入의

---

180) 세친 보살이 주석한 『전법륜경』의 저본은 전해지지 않는다.

인연으로 적정 · 수승한 적정 · 가장 수승한 적정 · 으뜸인 적정에 들어가 진리(諦)를 여실하게 알고 허망하지 않아서 여래께서 위없는 법륜을 굴려 이 수다라를 말씀하셨다. 여래의 제자, 성문의 사람, 성문의 제자와 여러 선인仙人들 등의 찬탄을 받았다. 이러한 인연 때문에 나는 지금 이 경전을 해석한다.

어떻게 해석할 것인가?

한량없는 공덕을 지니신 석가모니 법왕께서는 무슨 뜻이 있는 까닭에 불가사의하고, 칭량할 수 없으며, 제일 적정에 들어 객진의 때를 모두 청정하게 여읜 선무구善無垢의 법륜을 굴리셨는가?

1. 무슨 뜻이 있는 까닭에 '수승한 수다라(勝修多羅)'라고 하는가?

2. 무슨 뜻이 있는 까닭에 세존이라고 부르는가?

3. 원래 세 번째는 (경문에) 빠져 있다.

4. 여래께서 무슨 까닭에 왕사성 기사굴산에 계시면서 두 가지에 주지함에 이 법륜을 굴리시고, 다른 곳에는 계시지 않았는가?

5. 무슨 뜻이 있는 까닭에 여래라고 하는가?

6. 무슨 뜻이 있는 까닭에 법륜이라고 하는가?

7. 또 다시 세존께서는 몇 번 굴리시고, 몇 번 행하면서 법륜을 굴리셨는가?

8. 또 다시 세존께서는 그곳에서 굴림(轉)을 말씀하셨다. 무슨 까닭에

여래의 불생법문不生法門은 일체 법을 굴리지도 돌리지도 않는다(一切法不轉不迴)고 말씀하시는가? 응당 이와 같이 안다면 끝내는 일어나지 않을 것이다. 만약 이렇게 굴리는 것이라면 어떻게 저 수다라를 피할 수 있겠는가? 저 수다라는 곧 피하지 못한다.

9. 또한 만약 이렇게 중생에 주지함을 말한다면 법에 주지함은 어떠한가?

『반야바라밀』 중에서, 여래께서는 저 수보리에게 말씀하시길, "여래께서 설사 겁이 지나가도록 중생에게 말씀하시더라도 그런 중생이 자못 있어서 중생이 생하고 멸하는가?"라고 하셨다. 수보리가 말하길, "그렇지 않습니다. 세존이시여, 일체 중생은 무시이래로 청정합니다." 라고 하였다.

여래께서는 다시 『무구명칭수다라(無垢名稱修多羅 ; 유마경)』에서 "만약 법이라고 하는 생각에 머문다면 이것은 큰 병이다(若住法想 此則大病)"라고 말씀하셨습니다. 만약 중생과 법을 모두 얻을 수 없다(不可得)면 세존께서는 어느 곳에 주지하면서 법륜을 굴리겠는가? 이것을 해석해야 한다.

10. 또 다시 세존께서는 무슨 뜻이 있는 까닭에 저 넓고 넓은 갖가지 승묘한 화수華樹로 장엄한, 한량없는 수승한 사람들의 여러 무리들이 모인 곳을 버리고, 바라나(波羅奈)에서 작은 무리가 모인 곳, 녹야원 중의 파타라 나무 그늘 아래에서 법륜을 굴리셨는가? 이러한 인연을 또한 해석해야 한다.

11. 또 다시 세존께서 어느 곳에 처음 앉아 법륜을 굴리셨는가?

12. 또 다시 세존께서 법륜을 굴리실 때 얼마나 많은 중생이 악을 버리고 선을 행하였는가?

13. 요점을 말하면 어떻게 중생에 주지함과 법에 주지함을 나타내 보이는가?

14. 이것은 모두 (경문에 빠져 있어 언급하기) 어렵다.

지금부터 해석한다.

1.

저 법을 지금 말한다. **무슨 뜻과 까닭으로 저 가장 제일이고, 때가 없으며, 광대하고 넓으며, 칭량할 수 없으며, 불가사의하며, 파괴할 수 없는, 심심부동甚深不動의 정각正覺인가?** 세존께서 이 경전을 말씀하시고, 또 다시 지금 수승하고, 때가 없으며, 광대하고 넓으며, 칭예할 수 없고, 삼계 중생이 찬탄함을 말씀하시니, 세존께서는 무슨 까닭에 저 칭량할 수 없고 일체의 허물을 여윈 수승한 수다라(不可稱量離一切過勝修多羅)를 말씀하시는가?

지금 이 뜻을 해석하겠다. 세존께서는 저 회중會衆에 있는 천신 · 아수라 · 용 및 야차 · 구반다 등이 법륜 굴리심을 듣고서 마음에 의심이 생겨 세존께서 몇 가지에 주지하면서 법륜을 굴리시는지 알지 못할까 염려하셨다. 세존께서는 중생의 의심을 관찰하시고, 이 의심을 끊고자 하셨다. 이런 까닭에 두 가지에 주지함을 말씀하시고, 법륜을 굴리셨다. 이 뜻은 어떠한가? 게송으로 말하면,

세간의 사람 및 천신이
의심하는 마음에 법주法主를 관하니
그 의심을 끊어 주고자하는 뜻으로
이 수다라를 말씀하시네.

世間人及天 疑心觀法主 爲斷疑義故 說此修多羅

또 다시 세존께서 큰 자비의 힘이 있어 중생을 이롭게 하는 까닭에 이 경을 말씀하셨다. 어떻게 세존께서 큰 자비의 힘으로 이 뜻을 말씀하셨는가? 지금 말하겠다. 세존께서는 이와 같이 모든 중생들에게는 중생(이란 자성)이 없고, 제법이 모두 건달바성乾闥婆城과 같음을 알고 계셨다. 이와 같이 중생들에 주지하고 법에 주지함을 아시고 법륜을 굴리셨다.

이 뜻은 어떠한가? 게송으로 말하면,

세간에는 아我가 없고
허깨비 · 건달바성과 같음을 아시고
중생과 법에 주지하면서
여래께서 큰 자비의 힘으로 말씀하시네.

知世間無我 如幻乾闥婆 衆生法住持 如來大悲說

자력自力을 나타내 보이신 까닭에 이 뜻을 말씀하실 수 있다. 세간에는 다시 주지할 수 있는 자가 없다. 오직 부처님만이 두 가지에 주지함을 지을 수 있지, 어느 누구도 법륜을 굴릴 수 없다. 나와 같이 굴린다는 또 다른 뜻이 있다. 게송으로 말하면,

하늘의 궁전도 아니고
아수라의 집도 아니며
사람 사는 곳도 용궁도 아니다.
이와 같은 중생이 있네.

非是天宮殿 非阿修羅舍 非人處龍宮 有如是衆生

제일이고 칭할 수 없으며
허물을 여의고 세 가지 괴로움을 멸하여
천인이 공경하여 예를 올리니
제일 법륜을 잘 굴리시네.

第一不可稱 離過滅三苦 天人恭敬禮 善轉第一輪

또 한량없는 괴로움을 한량없이 갖춘 후에야 아뇩다라삼먁삼보리를 얻는 까닭에 처음 행하는(始行) 보살이 이를 듣고 이미 마음에 겁약(怯弱)이 생겼다면 여래께서는 저 겁약을 제거하고자 이 뜻을 나타내 보이신다. 때가 없는 청정한 깨달음이 만약 한량없는 괴로움을 한량없이 갖추어서 아뇩다라삼먁삼보리를 얻는다면 한량없는 공덕으로 이 법륜을 보이신다. 게송으로 말하면,

금 · 구슬 · 진주 등과
처자와 국가를 보시하고
머리 · 동분의 눈 · 골수와
손과 발 등을 수승하게 보시하시네.

金珠真珠等 妻子國城施 頭分眼骨髓 手足等施勝

갖가지 괴로움에도 계율 지켜
희유하게 부처님 몸을 얻고서
공덕은 이루 말할 수 없으므로
의심에 겁내는 자를 위해 보이시네.

種種苦持戒 希有得佛身 功德不可稱 爲疑怯者示

부처님께서 증상하는 뜻(增上意)으로 중생의 마음을 관하시고 한량없는 공덕으로 법륜을 굴리셨다. 또 다시 아직 보리심을 내지 않은 사람이나 성문 · 연각승에게 열반이 머무는 곳(涅槃舍)에 들어가고자 하면 대승에 주지하여서 뜻을 나타내 보이셨다. 또 다시 수승한 뜻(勝意)으로 만약 성문 · 연각 등의 승乘이 열반이 머무는 곳에 들어갔다면 다시 위없는 법륜을 굴리지 않을 것이다. 게송으로 말하면,

작은 마음으로 자비 등을 여의고
두 가지 열반에 들어가고자 하니
성인께서 이 경전을 말씀하시어

그들로 하여금 제일 승에 머물게 하시네.

小心離悲等 欲入二涅槃 牟尼說此經 令住第一乘

또한 이 복인福人을 기쁘게 하고 이롭게 하고자 이 뜻을 나타내 보이신다. 일체 세간에서 가장 수승한 견줄 자 없는 법륜을 굴리는 스승(轉法輪師)도 우리 스승만 못하다. 게송으로 말하면,

이미 부처님께 귀의하였다면
지금 귀의하고 다시 귀의하라.
성인께서 그 사람을 기쁘게 하고자
이 수다라를 말씀하시네.

若已歸依佛 今歸當復歸 牟尼喜彼人 說此修多羅

만약 달리 외도에 의지하는 사람이라면 그를 데리고 가서 이롭게 하고자 이 뜻을 나타내 보이신다. 때가 없는 공덕으로 장엄한 미묘한 몸으로 법륜을 굴리시니, 그대의 스승은 견주지 못한다. 그대의 스승은 그대가 무루無漏의 선법善法을 획득하도록 할 수 없다. 게송으로 말하면,

악지식에 의지하면
여래는 세간을 보시고
그 사람을 이끌고자

이 보배경전을 말씀하여 주시네.

依止惡智識 如來見世間 爲引彼人故 爲說此經寶

일체지一切智를 얻었다고 교만에 빠진 자를 적정에 들어가게 하여 이롭게 하고자 이 뜻을 나타내 보이신다. 나는 일체지로서 지금 위없는 법륜을 새로 굴린다. 어찌 그대가 일체지를 얻은 사람(一切智人)인가? 게송으로 말하겠다.

부처님께서 처음으로 법륜을 굴리시니
단견과 상견의 전도를 제거할 수 있네.
청정한 법륜을 굴릴 수 없다면
그것은 일체지가 아니라네.

佛初轉法輪 能除斷常倒 不能轉淨輪 彼非一切智

넓고 수승한 과보를 구하는 위없는 복전으로 이롭게 하고자 불가사의한 과보를 나타내 보여서 베풀 수 있다. 만약 어떤 사람이 위없는 법륜을 굴릴 수 있다면 그 사람에게 보시하면 큰 과보를 얻을 것이다. 게송으로 말하면,

만약 어떤 사람이
위없는 정법륜을 굴릴 수 있다면

이와 같은 사람에게 조금만 보시해도
견줄 수 없는 과보를 얻으리라.

若有人能轉 無上正法輪 少施如是人 得無比果報

또한 보살행으로 과보를 얻어 이롭게 하고자 이 뜻을 나타내 보인다. 세존께서 말씀하시길, "나는 이 법륜으로 크게 이롭게 할 수 있다. 무량억 나유타 동안 백천의 고행을 이미 행하여 버리기 어려운 것을 능히 버렸다. 비유컨대 마치 바다를 퍼내는 것과 같이 마음이 쉬지 않는다."고 하셨다.

또 말씀하시길, "전생에 마나바카(Mānavaka)로 태어나 몸과 처자를 나는 모두 평등 보시(捨施)하였다."

또 말씀하시길, "전생에 범득왕梵得王으로 태어나 사랑하는 두 아들을 나는 평등 보시하고 마음속으로 후회하지 않았다." 고 하셨다.

또 말씀하시길, "전생에 선아善牙 왕으로 태어나 가장 단정한 여인 중에서 수승하고 미묘한 손타리孫陀利라 이름하는 여인을 바라문에게 보시하였다."

또 말씀하시길, "전생에 덕장왕德藏王으로 태어나 다라니를 얻고 나는 7천년 동안 한 번도 옆구리를 대고 눕지 않았다."

또 말씀하시길, "전생에 부사의공덕보덕왕不思議功德寶德王의 태자로 태어나 동자의 몸으로 나는 일체 논의論義를 모두 이미 터득하여 중생을 위해 설하였다."

또 말씀하시길, "전생에 신즙선身汁仙으로 태어나 몸·손·발이 잘려도

성내거나 원한을 품지 않아 인욕법(忍法)을 설해주었다.

또 말씀하시길, "전생에 월광왕月光王으로 태어나 머리를 버리고 보시하여도 성내거나 원한을 품지 않았다."

또 말씀하시길, "전생에 일체중생희견왕一切衆生所喜見王 동자의 몸으로 태어나 나는 12년 향식香食을 하였고 불법을 위해 소신공양하였어도 후회하지 않았다."

또 말씀하시길, "전생에 요병왕療病王의 몸으로 태어나 일체 염부제 사람들의 일체 병고病苦를 치료하였다."

이와 같이 갖가지 한량없는 고뇌를 이미 모두 다 지어서 크게 이롭게 함이 있었다. 나는 이미 증득하여 이와 같이 보살의 갖가지 고행의 과보 얻음을 나타내 보이고, 이롭게 함을 나타내 보였다. 세존께서는 이 수다라를 말씀하셨다. 게송으로 말하길,

만약 이와 같은 최초 인으로서
고행으로 널리 몸을 버리고
가난하여 구걸하는 자에게
응하는 바에 따라 베풀어 주네

若如是初因 苦行廣捨身 貧窮乞匃者 隨所應施與

일체 허물을 여의는
제일 적정의 법륜인

제일 승을 비방하지 말라 말하니
이런 까닭에 나는 지금 굴리네.

離一切諸過 第一寂靜輪 說不毁第一 是故我今轉

2.

무슨 뜻이 있는 까닭에 세존이라 하는가? 공양을 받을 만한 까닭에 세존이라 한다. 또 다른 뜻이 있으니, 『보리심 우바제사(菩提心憂波提舍)』 그곳에서 나타내 보인 것과 같다.

3.

여래께서는 무슨 까닭에 왕사성 기사굴산에 계시며, 두 가지에 주지하면서 법륜을 굴리시는가? 다른 곳에 계시지 않음은 어려워서 상응하지 못하기 때문이다. 어느 곳에 계신가에 따라 이 어려움은 끝이 없다. 세존께서 만약에 다른 곳으로 떠돌아 다니셨다면 또한 그 어려움이 있었고 곧 끝이 없었을 것이다. 다시 다른 뜻이 있으니, 『보리심 우바제사(菩提心憂波提舍)』 그곳에서 나타내 보인 것과 같다.

4.

무슨 뜻이 있는 까닭에 여래(如來)라고 하는가? 그 뜻을 지금 말한다. 여실하게 왔으므로 여래라고 한다. 어떤 법을 '여(如)'라고 하는가? 열반을 '여'라고 한다. 중생과 법, 저것이 둘이라면 '여'하지 않다. 세존께서 "비구들이여, 제일성제第一聖諦로 허망하지 않은 법을 열반이라 한다."라고 말씀하신 것과 같다. 알기 때문에 '래來'라고 한다. 성론聲論 학파나 지자론知字論 학파처럼 세상 사람이 말하는 것과 다르다. 이 사람이 와서 태어난다. 이는 어떤 뜻을 밝히는가? 이는 지혜를 구족함을 밝힌다. '래'의 뜻이 이와 같다. **열반을 '여'라고 하며 지해知解를 '래'라고 한다.** 열반을 정각正覺한 까닭에 여래라고 한다. 또한 공空·무상無相·무원無願을 '여'라고 한다. 저것과 같은 일체행인 까닭에 여래라 한다. 또한 사성제四聖諦, 저것을 '여'라고 한다. 다른 사람은 저 일체행을 보지 못하므로 여래라고 한다. 또 다시 일체 이와 같은 불법, 이것을 '여'라고 하고, 저것에서 이 사람이 오기 때문에 여래라고 한다. 또 다시 '여'를 육바라밀六波羅蜜이라고 하고, 보시布施·지계持戒·인욕忍辱·정진精進·선정禪定·반야般若 저것에서 정각이 오므로 여래라고 한다. 진실로 버려(實捨) 열반의 지혜(寂慧)에 편안히 머뭄(安住)이 '여'라고 하고, 저것과 같은 무상정변지無上正遍知가 오므로 여래라고 한다. 일체 이와 같은 보살의 환희歡喜·이구離垢·명明·염焰·난승難勝·현전現前·원행遠行·부동不動·선혜善慧·법운法雲 등 10지(十地), 저것을 '여'라고 하고, 저것과 같은 무상정변지가 오는 까닭에 여래라고 한다. 팔정도(八道)와 같이 오는 까닭에 여래라고 한다. 반야바라밀을 만족하고 방편을 만족함이 있음으로 오는 까닭에 여래라고 한다. 혹 여거如去라고 하기도 한다. '여거'라고 말하는 것은 혹 말씀 한 대로(tathā-gata)이므로 '여거'라고 한다. 또 '여거'란 가서 다시 오지 않으므로 '여거'라 한다.

]

5.

무슨 뜻이 있는 까닭에 법륜이라고 하는가? 그 뜻을 지금 말한다. 법이 본체인 수레바퀴이므로 법륜이라 한다. 비유컨대 동이 본체인 병이므로 동병銅甁이라 한다. 나무가 본체인 수레바퀴이므로 목륜木輪이라 한다. 저것 또한 이와 같아서 법을 본체로 삼는 수레바퀴이므로 법륜이라 한다. 이와 같이 나타내 보인다.

무엇이 법인가? 37보리분법菩提分法을 일컫는다. 저 법이 수레바퀴이므로 법륜이라 한다. 또한 일체법의 자체각自體覺이란 뜻이 법륜의 뜻이다. 또한 일체법의 수승한 장엄이란 뜻, 또 취하고 버림이란 뜻, 이와 같은 등의 뜻을 법륜이라고 한다. 어떤 것을 버림이란 유위有爲를 버림이라 일컫는다. 어떤 것을 취함이란 열반을 취함이라 일컫는다.

또한 일체번뇌를 파괴할 수 있는 까닭에 수레바퀴(輪)라고 한다. 시운과 같은 수레바퀴(如時運輪)·법왕통치의 수레바퀴(法王治輪)·여륜如輪·왕륜王輪·일체세간에 광명이 비추는 수레바퀴(一切世間光明照輪)·성수와 같은 수레바퀴(如星宿輪) 또한 설법의 수레바퀴(說法輪)이다.

부단상륜不斷常輪은 양변二邊이 정해지지 않음이다. 또한 불생륜不生輪은 인연생因緣生과 같다. 또 불이륜不二輪은 눈과 색이 내지 의와 법이 둘이 아님을 마땅히 알아야 한다. 불가득륜不可得輪은 삼세의 법을 얻을 수 없기 때문이다. 또 다시 공륜空輪은 모든 견해를 여읜 까닭이다. 또한 무상륜無相輪은 일체 상을 관하여 모든 상을 여읜 까닭이다. 또한 무원륜無願輪은 삼계를 여읜 까닭이다. 일체분별불별이륜一切分別不別異輪은 일체법은 분별되지 않은 까닭이다.

세존께서는 다시 『아나바달다용왕수다라阿那婆達多龍王修多羅』 중에서 용왕에게 말씀하셨다. "현면용왕賢面龍王이여, 또한 법륜이란 실로 무너지지 않는 행이 이와 같은 수레바퀴라 하는데, 삼세에 동등한 까닭이다. 무자체륜無自體輪은 유와 무의 두 가지 견해를 여읜 까닭이다. 또한 다시 이륜離輪은 몸이 물들지 않은 까닭이다. 또 불착륜不著輪은 심 · 의 · 의식 등을 여읜 까닭이다. 무처소륜無處所輪은 일체 행함이 있는 생을 버린 까닭이다. 또한 다시 실륜實輪은 크게 진실한 견해인 까닭이다. 또한 제륜諦輪은 올바로 닦아서 부서지지 않은 까닭이다. 또 부진륜不盡輪은 다하지 않음을 보여 주는 까닭이다. 또 법계륜法界輪은 일체법이 모두 행해지는 까닭이다. 또 실제륜實際輪은 전후제前後際가 제際가 아닌 수레바퀴인 까닭이다. 또 여여륜如如輪은 모든 법의 자체(自體; 자성)에 자체가 없기 까닭이다. 이무위륜已無爲輪은 일체의 의심과 염려가 정해진 까닭이다. 또한 다시 상륜常輪은 성성(聖性; 무루지의 종자)이 모인 까닭이다. 또한 다시 공륜空輪은 안과 밖의 일체 사물이 보이지 않는 까닭이다. 또한 무상륜無相輪은 일체 상을 분별하지 않는 까닭이다. 또한 무원륜無願輪은 일체 법에 반연攀緣하지 않는 까닭이다. 또한 무위륜無爲輪은 일체 언어로 말한 것은 모두 공하여서 말할 수 없는 까닭이다." 이와 같이 세존께서 말씀하신 법륜 등이 모두 이 법륜의 뜻이다.

6.

또 다시 세존께서는 몇 번 굴리고, 몇 번 행하면서 법륜을 굴리셨는가? 이 뜻을 지금 말하겠다. 법륜을 세 번 굴리시고, 12번 행함이 있다.

이것이 고성제苦聖諦이고, 이것이 집성제集聖諦이며, 이것이 멸성제滅聖諦이고, 이것이 고의 멸에 이르는 도성제道聖諦이다. 이것이 첫 번째 굴림(示轉)이다. 이것이 고의 성제를 응당 알아야 함(應知)이다. 이것이 고의 집을 마땅히 끊어야 함(應斷)이다. 이것이 고의 멸에 이르는 도를 마땅히 닦아야 함(應修)이다. 이것이 두 번째 굴림(勸轉)이다. 이것이 고의 성제를 이미 알았음(已知)이다. 이것이 고의 집을 이미 끊었음(已斷)이다. 이것이 고의 멸을 이미 증득하였음(已證)이다. 이것이 고의 멸에 이르는 도를 이미 닦았음(已修)이다. 이것이 세 번째 굴림(證轉)이다. 이렇게 3전三轉이 이와 같음을 말하였다.

고의 지혜 · 집의 지혜 · 멸의 지혜 · 도의 지혜가 이와 같다. 고제에도 3전의 지혜가 이와 같이 있다. 집제에도 이와 같고, 멸제에도 이와 같다. 도제에도 3전의 지혜가 있다. 저것(사성제)을 이와 같이 말하여 12행十二行이 있다고 한다. 무슨 까닭인가? 이와 같은 다른 행(異行)은 고제 중에서 3전의 지혜가 있다. 다른 행의 집제, 다른 행의 멸제, 다른 행의 도제에 모두 3전의 지혜가 있다. 이렇게 이와 같이 말하여 12행이 있다.

'고苦'라고 하는 것은 오음五陰을 말한다. 오음의 괴로운 모습(苦相)을 고라고 한다. 저 고의 모습은 공하다. 이 공을 통달하는 것이 고지苦智의 성제聖諦이다. 저 오음의 인과 갈애(愛) · 번뇌(使) · 견해(見)의 인을 집集이라고 한다. 만약 분별하지 않고 분별하지 않아서 취하지도 접촉하지도 않으면 갈애의 인과 견해의 인은 집지集智의 성제聖諦)라고 한다. 만약 저 오음이 끝내다 소멸해 과거(前際)는 가지 않았고 미래(後際)는 오지 않았으며 현재(中際)는 얻지 못함을 멸이라고 한다. 저것이 이와 같음을 아는 것을 멸지(滅智)의 성제聖諦라고 한다. 만약 도를 얻고 나면 고지 · 집지 · 멸지를 반연攀緣하면서도 저 평등상平等相이자 저 불이지不二智이니 이것을 고의 소멸에 이르는 지혜(苦滅道智)의 성제라고 한다.181) 또 다시 어떤 까닭에 적지도 많지도

181) "5취온(趣蘊)에 대하여 비상(非常) · 고(苦) · 공(空) · 비아(非我)를 생각해서 일으키는 무루지(無漏智)이니, 이것을 고지라 한다.… 유루의 원인[因]에 대하여 인(因) · 집

않은가? 저 성제가 이와 같음을 말하여 그것을 분별하면 끝이 없을 것이다. 또 다시 이와 같이 사성제를 알면 해탈을 얻는다. 이른바 고 · 고의 인 · 고의 멸을 안 후 방편을 얻는다. 이와 같이 4성제는 저 이와 같은 뜻을 차제次第로 말하는 것이다. 또한 평등상은 무엇인가? 성제이므로 허망하지 않은 법이라 한다. 허망하지 않은 까닭에 제諦라고 한다. 각각 자상이 모두 허망하지 않으며 이와 같이 허망하지 않은 법이 평등상이다. 또 다시 승상勝相이니 무엇이 승상인가? 고는 다그치는 모습(逼迮相), 집은 능히 생성하는 모습(能生相), 멸은 적정의 모습(寂靜相)이고, 도란 벗어나는 모습(出相)이다. 또한 12행은 혹 순관(逆)으로 혹 역관(順)으로 12분의 인연(十二分因緣)이 생함과 굴림이 있는 것이다. 또 다시 『광보수다라廣普修多羅』에서 정분별(正分別 ; 정사유)과 능분별(能分別; 인식)을 말한다.

"잘 관찰하지 못함은 무명에서 생기지만 생김의 법(生法)이 있는 것이 아니다. 이와 같이 나아가서 큰 고의 무더기(苦聚)가 모이는 것이니, 거린야(居隣若 ; 교진여)여, 저 유와 멸은 이와 같이 법륜 12행이 굴러서 삼보를 구족함을 알아라."

(集) · 생(生) · 연(緣)을 생각하여 일으키는 무루지이니, 이것을 집지라 한다.… 모든 택멸(擇滅)에 대하여 멸(滅) · 정(靜) · 묘(妙) · 이(離)를 생각하여 일으키는 무루지이니, 이것을 멸지라 한다.… 무루의 도[無漏道]에 대하여 도(道) · 여(如) · 행(行) · 출(出)을 생각하여 일으키는 무루지이니, 이것을 도지라 한다." 『아비달마집이문족론』 제7권/5. 「사법품」.

7.

또 다시 세존께서는 그곳에서 굴림(轉)을 말씀하셨다. 무슨 까닭에 여래의 불생법문不生法門은 일체 법을 굴리지도 돌리지도 않는다(一切法不轉不迴)라고 말씀하시는가? 응당 이와 같이 안다면 끝내는 이와 같은 차제로 일어나지 않을 것이다. 그 뜻을 지금 해석한다. 전자는 진제眞諦의 말씀이고 후자는 세속제(世諦)의 말씀이다. 또한 후자는 때에 맞는 말씀(時說)이고 또한 후자는 믿고 받아들임(信受)을 다스리기 위해서 이 뜻을 말한 것이다. 이미 이를 설하였으므로 지금 설한다. 또 다시 후자는 초업보살(初業菩薩 ; 초발심 보살)을 위해 이와 같이 말하였다. 대지大地를 얻은 사람(십지보살)은 이와 같이 다투지 않는다.

8.

만약 중생과 법을 모두 얻을 수 없다면 세존께서는 어느 곳에 주지하면서 법륜을 주지하시는가? 그 뜻을 이제 해석한다. 부처님께서는 큰 자비로써 중생을 취하지도 법을 취하지도 않으신다. 그러므로 항상 중생과 법에 주지하시면서 법륜을 굴리신다. 또 다시 세존께서는 『용왕문수다라龍王問修多羅』에서 말씀하셨다.

"허공처럼 굴림을 법륜을 굴림이라 한다."

또 다시 이것은 세존의 방편이니, 모든 법은 이름이 없는데 이름으로써 말씀하신다. 그러므로 게송으로 말한다.

모든 법은 이름이 없는데
이름을 가설하여 법이라 부르네

一切法無名　設名以名法

세존께서는 법 그대로 중생을 취하지 않으면서 중생을 다스려 그를 위해 말씀하신다. 비록 법을 취하지 않더라도 항상 널리 일체 제법을 말씀하신다. 또 다시 『반야바라밀경般若波羅蜜經』과 『무구명칭수다라無垢名稱修多羅』에서 말씀하시길, "진제를 알기 위해서 세속제를 말한다"고 하시니, 이와 같아서 허물이 없다.

9.

또 다시 세존께서는 무슨 뜻이 있는 까닭에 저 넓고 넓은 갖가지 승묘한 화수華樹로 장엄한, 한량없는 수승한 사람들의 여러 무리들이 모인 곳을 버리고, 바라나에서 작은 무리가 모인 곳, 녹야원 중의 파타라 나무 그늘 아래에서 법륜을 굴리셨는가? 그 뜻을 지금 해석한다. 세존께서는 옛날에 이미 그곳에서 60천억 나유타 회 널리 보시를 행하였으며, 또 그곳에서 아미 일찍이 60천억 나유타의 부처님께 공양하셨으며, 또한 그곳에는 이미 91억천 부처님께서 계시면서 법륜을 굴리셨다. 그곳은 항상 적정하여 선인仙人들이 매우 많이 있었다. 이와 같은 등 여러 큰 공덕이 있으니, 이 때문에 세존께서는 그곳에 계시면서 법륜을 굴리셨다. 이러한 뜻을 이미 해석하였지만 지금 다시 말한다. 또한 『광보경廣普經』(보살처태경菩薩處胎經)에서 게송으로 말씀하셨다.

나는 60천억
나유타 회 보시하였고
60천억 나유타의
모든 부처님 공양하였네

我六十千億 那由他會施
供六十千億 那由他諸佛

바라나 수승한 곳에
수승한 옛 선인들 계셨으니
으뜸가는 천룡 등이
설법처를 항상 찬탄하네

波羅奈處勝 有勝舊仙人 第一天龍等 常讚說法處

91억 부처님 앞에서
나는 위없이 수승함 억념하였으니
이 미묘한 숲속에서
위없는 법륜을 굴리니라

九十一億前 我憶無上勝 於此妙林中 轉無上法輪

여기는 나유타의
적정에 든 수승한 선인들이

항상 녹야원에 있기 때문에
선인이 머무는 곳이라 말하네.

此有那由他 寂靜勝仙人 常在鹿苑中 故名仙人處

이와 같은 수승한 숲속에서
위없는 법륜을 굴리니라.

如是勝林中 轉無上法輪

이와 같이 굴리고 나서 또 법과 사람을 위해 이와 같이 이미 굴렸다.

10.

또 다시 세존께서는 어느 곳에 처음 앉아서 법륜을 굴리셨는가? 그 뜻을 지금 해석한다. 세존께서는 저 대원전大圓殿의 한량없는 청정하고 미묘한 색의 진귀한 보배로 장엄한 사자좌 위에 앉아서 법륜을 굴리셨다. 이는 어느 곳에서 말씀하셨는가? 『광보경』 중에서 이와 같이 말씀하셨다.

"비구들이여! 여러 하늘과 땅이 있다. 바라니에서 법륜을 굴리고자 하니, 큰 이로움이 있음을 알고 대원전을 설치하라." 갖가지 장엄으로 광대하고 넓으며 장엄하고 수려하였으니, 그 대원전은 그 넓이가 가로 세로 7백 유순이나 되고, 보개와 당번으로 장엄하였다. 상공에서 욕계의 천자들이 8만 4천의 사자좌들을 여래께 받들어 보시하였고, 여래께 보시한 뒤

일일이 청해 말씀드렸다. “원하건대 여래께서 이 사자좌에 앉으셔서 법륜을 굴리소서.” 한 사람 한 사람 천자는 저마다 세존께서 그 보시받은 사자좌 위에 앉으셔서 법륜을 굴리시는 것을 보았다.

세존께서는 이와 같이 일체 천자들의 뜻을 만족시켰다.

11.

또 다시 세존께서 법륜을 굴리실 때 얼마나 많은 중생이 악을 버리고 선을 행하였는가? 그 뜻을 지금 해석한다. 교진여 등 다섯 비구가 있었고, 또 천신들이 60억 수가 있었고, 색계의 천신이 80억 수가 있었으며, 또 84천억의 사람이 있었다. 이는 어느 곳에서 말씀하셨는가? 저 『광보경』에서 계송으로 말씀하셨다.

아야교진여 등
다섯 비구와
60억 여러 천들은
모두 법안이 청정해짐을 얻었네.

阿若居隣等 如是五比丘 六十億諸天 皆得法眼淨

80억의 색계천이
청정하고 위없는 법안을 얻었고
청정하고 수승한 법안을

얻은 이가 8만 4천억이네

八十億色天 淨無上法眼 淨勝法眼人 八萬四千億

12.

요점을 말하면, 중생에 주지함은 중생에게 법을 설함을 보임이고, 법에 주지함은 설법을 나타내 보인 것이다. 또 다시 뜻이 있으니, 중생에 주지함이 나타내 보이는 것은 중생의 심행心行이 8만 4천 가지임을 알게 하는 것이다. 법에 주지함이 나타내 보이는 것은 8만 4천 법취法聚의 광명이 이롭게 함이 많음을 알게 하는 것이다. 또 다시 뜻이 있으니, 중생에 주지함이 나타내 보이는 것은 중생이 평등함을 나타내 보이는 것이고, 법에 주지함은 법이 평등함을 보이는 것이다. 또 다시 이 두 가지는 세속제를 나타내 보인 것이다.

전법륜경 우바제사 1권

부처님께 깨달음의 길을 묻다
– 전법륜경 강기 轉法輪經講記

1판 1쇄 펴낸 날 2017년 4월 28일
강의 담마디파스님 편역 도영스님
발행인 김재경 교정 · 교열 허만항 편집 김성우 디자인 김상인 제작 대명인쇄
펴낸곳 도서출판 비움과소통
경기도 파주시 하우고개길 151-17 예일아트빌 103동 102호(야당동 191-10)
전화 031-945-8739 팩스 0505-115-2068
홈페이지 blog.daum.net/kudoyukjung 이메일 buddhapia5@daum.net
출판등록 2010년 6월 18일 제318-2010-000092호

ISBN 979-11-6016-018-5 03220